DELPHI
bei Droemer Knaur

Ute York

Die Botschaft der Wunder

Wenn der Glaube Berge versetzt

Delphi bei Droemer Knaur

Herausgegeben von Gerhard Riemann

Die Folie des Schutzumschlages sowie die Einschweißfolie
sind PE-Folien und biologisch abbaubar.
Dieses Buch wurde auf chlor- und säurefreiem Papier gedruckt.

Lektorat: Ralf Lay, Mönchengladbach
Umschlaggestaltung: Vision Creativ, München
Umschlagfoto: TCL/Bavaria, Gauting
Satz: Ventura Publisher im Verlag
Druck und Bindung: Ebner Ulm
Printed in Germany
ISBN 3-426-29017-0

5 4 3 2 1

Inhalt

Teil 3:
Wunder, die aus Händen fließen

Teil 4:
Wundermittel quer durch die Geschichte

Vorwort: Gebt dem Wunder eine Chance!

Wunder sind natürlich.
Wenn sie nicht geschehen,
ist etwas fehlgegangen.
Ein Kurs in Wundern

Dies ist ein Buch über Wunder. Genauer gesagt: über wundersame Heilungen. Sie finden zahlreiche Fälle, Geschichten und Dokumentationen, in denen Menschen, die alle Hoffnung aufgegeben hatten, auf eine Weise geheilt wurden, die sich jeder rationalen Erklärung entzieht.

Natürlich steht es jedem frei zu sagen: Das glaube ich nicht. Es gibt keine Wunder. Bestenfalls geschehen manchmal Dinge, die wir bisher noch nicht verstehen können. Aber es ist eine reine Frage der Zeit, bis die Wissenschaft auch dafür eine Erklärung hat. Lange Zeit hat die Naturwissenschaft das ja selbst geglaubt. Doch inzwischen ist selbst die Medizin an einem Punkt angekommen, wo eine Welt, in der Wunder Platz haben, wesentlich leichter zu erklären ist als ein Weltbild, in dem Wunder nicht vorkommen dürfen. (Zwar spricht sie offiziell nicht von Wundern, sondern von »Spontanremissionen« oder »unerklärlicher Heilung«, aber wir wissen natürlich, daß das gleiche gemeint ist.) Sie befinden sich also, wenn Sie an Wunder glauben, in guter Gesellschaft.

Nur die Kirchen wollen merkwürdigerweise mit Wundern möglichst wenig zu tun haben. Ausgerechnet die Instanz, die fast zweitausend Jahre die Wunder so gut wie gepachtet hatte, gibt sich plötzlich päpstlicher als der Papst und verhält sich Wundern gegenüber sehr distanziert. Bei den »modernen« ist sie besonders kritisch: Im Vatikan wird geflüstert, es sei mittlerweile leichter, in Rom heiliggesprochen zu werden, als daß in Lourdes ein Wunder anerkannt wird. Selbst wenn es um die Heilwunder Christi geht, eine der Säulen des Christentums, sprechen moderne Theologen inzwischen viel lieber von »Mythen« als von Fakten.

Doch fast immer werden auch die abgebrühtesten Rationalisten ganz klein, wenn bei ihnen selbst oder einem Menschen, den sie lieben, die moderne Wissenschaft mit ihrem Latein am Ende ist – und dieser Punkt wird, wie wir alle wissen, meist sehr schnell erreicht. Wenn keine Hoffnung mehr besteht und nur noch ein Wunder uns retten kann, wer wäre dann nicht bereit, auf ein solches Wunder zu hoffen? Manche sprechen in solchen Fällen ein Gebet. Da spielt es dann keine Rolle mehr, daß sie zuletzt als Kind gebetet haben oder schon vor Jahren aus der Kirche ausgetreten sind und in vielen tiefschürfenden Diskussionen die Existenz Gottes so vehement wie wortgewaltig bestritten haben. Da falten sie die Hände und sagen die schlichten Worte, die sie noch aus ihrer Kindheit im Gedächtnis haben: »Bitte, lieber Gott, mach meine Frau (oder mein Kind oder mich) wieder gesund.«

Andere wenden sich nicht an Gott, sondern erhoffen sich das Wunder, das die Schulmedizin nicht bewirken kann, von kosmischen Energien oder alternativen Therapien, von Heilströmen, Ärzten aus dem Jenseits oder einer Pilgerfahrt zu einem buddhistischen Heiligtum. Wieder andere suchen bei einem Wunderheiler am anderen Ende der Welt die Hilfe, die ihnen in der Heimat versagt bleibt. Und viele ergreifen gleich mehrere derartige Maßnahmen und klammern sich an jeden Strohhalm. Wenn man die Geschichten solcher verzweifelten Versuche weiterverfolgt, so fällt einem auf, daß längst nicht bei allen, aber bei einem gewissen Teil das ersehnte Wunder tatsächlich eintritt.

Dieser Trend ist so eindeutig, daß die Wissenschaft mittlerweile versucht, Wunder zu quantifizieren und herauszufinden, unter welchen Voraussetzungen sie am ehesten stattfinden: Hilft womöglich Beten am besten? Oder Visualisation? Ernährungsumstellung? Positives Denken? Wieviel Prozent werden in Lourdes geheilt? Wie viele

Fälle von Krebs verschwinden durch Hypnosetherapie? Durch Ayurveda? Kann man die Kräfte der angeblichen Wunderheiler wissenschaftlich testen? Welche Rolle spielt der Glaube? Und an wen oder was muß man denn eigentlich glauben: an Gott? An die Selbstheilungskräfte? An den Arzt oder Heiler? An den Erfolg der Therapie? An sich selbst?
Bisher haben solche Untersuchungen nicht viel gebracht. Wunder, soviel steht fest, haben keinen erkennbaren gemeinsamen Nenner. Sie halten sich weder an Naturgesetze noch an Spielregeln und unterliegen keinen wissenschaftlichen Kriterien. Wundersame Heilungen sind ein unerwartetes Geschenk. Ein Akt der Liebe oder ein Akt der Gnade, wie auch immer Sie es bezeichnen mögen. Eben – Wunder.
Wir können sie uns nicht verdienen, nicht erarbeiten, nicht erspenden. Erkaufen können wir sie schon mal gar nicht. Wir brauchen, so scheint es zumindest manchmal, nicht einmal unbedingt daran zu glauben. Und falls wir »reif« für ein Wunder sein müssen, damit es uns vielleicht widerfährt, so bleiben uns die Kriterien, die dafür gelten mögen, jedenfalls verborgen. Wunder kommen aus einer Dimension, die sich unserem Zugriff entzieht.
»Können wir es uns noch leisten, an Wunder zu glauben?« fragt das renommierte amerikanische Magazin *Time* in seiner Titelgeschichte über »Miracles« (in der Ausgabe vom 10. 4. 1995). Ganz ohne Zweifel hilft der Glaube, und wie Sie bald lesen werden, versetzt er manchmal tatsächlich Berge. Aber hier und da wurde auch schon jemand auf wunderbare Weise geheilt, der behauptet hatte, daß er an nichts und niemand glaube. Das bedeutet: Auch wenn wir nicht glauben können, dürfen wir trotzdem auf Wunder hoffen. Und falls sie uns eines Tages begegnen, dann brauchen wir sie nur zuzulassen. Mit offenen Augen und offenem Herzen. Wenn man genau hinschaut, ist die Geschichte der Heilung voller Wunder. Ich denke deshalb, daß *Time Magazine* die Frage falsch gestellt hat. Sie müßte vielmehr lauten: »Können wir es uns leisten, *nicht* an Wunder zu glauben?«

Teil 1:
Wenn der Glaube Berge versetzt

Lourdes: Wo Wunder meldepflichtig sind

> Es ist eine Tatsache, daß vor dem Gnadenbilde der Mutter Gottes in Lourdes Unzählige ihre Krankheit verloren, die von den weltlichen Ärzten aufgegeben wurden …
> Es gibt Orte auf der Erde, die ein einmaliges, bestimmtes Schicksal haben, an dem einen werden die Kranken gesund, an dem anderen verwesen die Leichname nicht.
>
> *Dr. Hans Blüher*

Lourdes, an jedem beliebigen Tag des Jahres: Unzählige Autos zwängen sich lärmend und nach Abgasen stinkend durch unvorstellbare Menschenmengen. Das Gemurmel der sich zäh dahinschleppenden Massen von Pilgern und Touristen mischt sich mit dem Kreischen von Bremsen und dem Quietschen ungezählter Rollstühle und Tragbahren. Hunderte von Hotels und Souvenirläden säumen die Geschäftsstraßen, Tandler und Krämer bieten eine Unmenge von frommer Kunst und frömmelndem Kitsch feil: die Muttergottes als Medaillon, Püppchen oder Spieldose, Plastikkanister für heiliges Wasser, Rosenkränze, Hüte und Halstücher. Und so wurde der Vergleich mit einem religiösen Disneyland mehr als einmal gezogen. Tatsache ist: Wer ohne ein Herzensanliegen (und auch ohne Sinn für Humor) nach Lourdes kommt, dem wird der gnadenlose Rummel sehr wahrscheinlich auf die Nerven gehen. Zumindest auf den ersten Blick.

Biegt man jedoch aus einer dieser Geschäftsstraßen in den sogenannten Heiligen Bezirk ein, so fühlt man sich jählings in eine andere Welt versetzt. Die Weite der Esplanade und des Rosenkranzplatzes, die verschiedenen Kirchen, die Grotte mit ihrer unbeschreiblichen Weihe, die auch Nichtkatholiken spüren, die demütig knienden Menschen, die brennenden Kerzen und der Duft von Wachs, die Prozessionen mit ihren mitreißenden Litaneien, die Predigten, die unzähligen Kranken auf ihren Rollstühlen, die ankommenden oder abziehenden Wallfahrtsgruppen, die immer wieder das Ave Maria anstimmen, und nicht zuletzt die geballte Hoffnung in zahllosen von Leid und Krankheit gezeichneten Gesichtern – all das berührt selbst diejenigen, die in der festen Absicht gekommen sind, die Ereignisse im Zusammenhang mit Lourdes als »Hysterie« oder Massensuggestion abzutun.

> *Es gibt wohl keinen Bach in England, der sich nicht eines ebenso hohen Anteils an Heilungen rühmen könnte wie der Bach von Lourdes, wenn die Patienten in gleicher Anzahl und im gleichen psychologischen Zustand erwartungsvoller Erregung dorthin kämen.*
>
> K. D. Weatherhead

Es gibt, überall in der Welt und längst nicht nur im Christentum, andere Pilgerorte, von denen sich Kranke Heilung erhoffen: Fatima in Portugal, Garabandel in Spanien und Medjogurje im ehemaligen Jugoslawien, wo ebenfalls Maria vor Jugendlichen erschienen sein soll. Die Moslems pilgern nach Mekka, die Hindus zum heiligen Berg Kailash im Himalaja, die Buddhisten zum Bodhi-Baum in Bodh-Gaya, wo Buddha die Erleuchtung fand, und von all diesen heiligen Orten wird glaubwürdig berichtet, daß dort ebenfalls wundersame Heilungen stattfanden. Aber die Anziehungskraft von Lourdes ist einmalig in der ganzen Welt. Hunderte von Menschen aller Hautfarben und aller Nationalitäten treffen Tag für Tag dort ein: Mönche und Nonnen, Pfarrvereine, neugierige Touristen, fromme Pilgergruppen, kirchliche und weltliche Prominenz, Regierungschefs und Wissenschaftler, Bischöfe und Kardinäle. Doch mehr als andere bestimmen die Kranken das Bild dieser Stadt der Wunder und der Hoffnung auf Heilung. Nirgends sonst kann man so grausam und lebensnah erfahren, wie erlösungsbedürftig der Mensch ist. Lourdes ohne die Kranken wäre nicht Lourdes. Auf Schritt und Tritt begegnet man den Leidenden und Gekrümmten, den Verstümmelten und Gelähmten.

An diesem Ort geschehen zweifellos Dinge von höchster medizinischer Bedeutung ... die ein völlig neues Licht auf die geheimnisvolle Rolle des Nervensystems werfen.

Dr. Alexis Carrel, Nobelpreisträger

Viele Zehntausende kranker Pilger werden jährlich in drei großen Spitälern und Hospizen gepflegt. Unendliche Verzweiflung und seelische Not ballt sich Tag für Tag auf dem engen Raum zusammen, Hunderttausende tragen ihr Leid und ihre unheilbaren Leiden, ihre Sorgen und auch ihre Sünden dorthin. Lourdes und die Armen, Bedrückten, Kleinen, die armen Sünder gehören unzertrennlich zusammen. Bei der Grotte von Massabielle hat die Muttergottes das Hirtenmädchen Bernadette, das selbst von Hunger und Krankheit gezeichnet war, eingeladen, mit ihr gemeinsam den Rosenkranz zu beten, der von der Erlösung handelt. Und heute wie damals ist die zentrale Botschaft von Lourdes die Erlösung. Wovon auch immer.

Bernadette wurde hier nicht geheilt

Zwei Stätten in Lourdes gelten als besonders gnaden- und wunderreich: die Grotte und die Beichtkapelle. In Massabielle, dem Ort der Erscheinungen, war zu Bernadettes Zeiten wenig mehr als ein rauher und wilder Felsen, in dessen Inneren eine ziemlich geräumige Höhle verborgen lag. Diese Höhle, die später durch die himmlische Erscheinung glorifiziert wurde, war bis dahin ein schäbiger, mißachteter Ort gewesen, die Bewohner von Lourdes pflegten von einem rohen oder dummen Menschen geringschätzig zu sagen: »Man meint, er wäre in der Höhle von Massabielle zur Welt gekommen!«

Bernadette, die heute Weltberühmte, galt als eine »von denen aus der Höhle von Massabielle« – unscheinbar von Gestalt, kaum einen Meter vierzig groß, das Kind eines armen Taglöhners, gezeichnet von Cholera, Hunger, Arbeitslosigkeit, völligem sozialen Abstieg: Die Familie Soubirous ist ständig in Schwierigkeiten. Mit dreizehn ist Bernadette noch Analphabetin, haust mit ihrer ganzen Familie in einem kleinen Loch, das früher mal die Gefangenenzelle des Ortes war, bevor die Gemeinde entschied, daß der Ort selbst für Taschendiebe und Kleinkriminelle zu trostlos und unhygienisch wäre. Die Dreizehnjährige wird als Dienstmädchen zu einer Tante geschickt, später muß sie sich als Hirtenmädchen verdingen.

Die verzweifelte Armut treibt die Vierzehnjährige zur Grotte von Massabielle. Sie will dort Holz und Knochen sammeln, als ihr – im Jahre 1858 – die Madonna im weißen Gewand mit blauem Gürtel begegnet, im Gesicht ein Lächeln, in den Händen hält sie den Rosenkranz. Staunend steht das Kind vor der himmlischen Erscheinung. Insgesamt achtzehnmal erscheint ihr in den nächsten Monaten die Jungfrau, die Madonna, die »schöne Dame«, wie das junge Mädchen sie in ihrer Naivität nennt, und überbringt ihr Botschaften.

Nach anfänglichen Zweifeln lauscht die gesamte katholische Welt, der Papst und die Kardinäle, gebannt den Worten des Mädchens, dem man in der Armenschule gesagt hatte, sie sei zu dumm, um zur Kommunion zu gehen. Doch die Botschaften handeln nicht, wie bei anderen Marienerscheinungen, von Gottes Zorn und der Mahnung zur Umkehr, sie sind ganz schlicht und ziemlich unspektakulär. »Gehen Sie«, befahl die Jungfrau – sie sagte tatsächlich »vous«, »Sie«, zu dem Kind der »Asozialen« –, »zu den Priestern. Sagen Sie, man solle in Prozessionen hierherkommen und hier eine Kapelle bauen.« Und dann zeigte sie ihr noch, an welcher Stelle der Grotte sie eine Quelle finden würde. Das war alles.

Im Jahr 1858 erschien in einer Höhle
bei Lourdes dem Bauernmädchen
Bernadette Soubirous die Jungfrau Maria.

Ein Teil der Bevölkerung von Lourdes war skeptisch, verspottete das verstörte Kind. Pfarrer und Richter verhörten sie, versuchten, sie einzuschüchtern, als Schwindlerin zu entlarven, doch das Mädchen stand unerschütterlich zu seinen Aussagen. Bei der fünfzehnten Erscheinung strömten bereits zwanzigtausend Menschen zur Grotte von Massabielle, keiner von ihnen hat die Jungfrau je gesehen, sie war nur für Bernadette erfahrbar.

Seitdem pilgern die Menschen singend und betend in nicht enden wollenden Prozessionen hierher, wie es die Erscheinung gewünscht hatte, und sie bringen ihre Kranken mit, obgleich die Jungfrau nie ausdrücklich von Heilung gesprochen hatte. Das trostlose Provinznest am Fuße der Pyrenäen wird zu einem der berühmtesten Wallfahrtsorte der Erde.

Bernadette, die erst im Jahr 1933 heiliggesprochen wird, hält den Rummel nicht aus. Mit 22 Jahren verläßt sie Lourdes für immer, tritt im Nachbarort Nevers in den Orden »Sœrs de la Charité« ein, bleibt dort eine kränkelnde und innerhalb der Klosterhierarchie wenig geachtete Person. Die Oberin beschwert sich beim Bischof: »Sie taugt zu nichts.« Da sagt der Bischof, der ein bemerkenswerter Mann gewesen sein muß, zu Bernadette: »Ich erteile Ihnen den Auftrag zum Gebet.« Bernadette trägt schwer an ihrem Los: »Es tut weh, so unnütz zu sein«, sagt sie cinmal, »ich kann nur beten und leiden.« Ihr ganzes kurzes Leben lang (sie starb mit 35 Jahren) war sie krank: Asthma, chronischer Husten, Erstickungsanfälle, Blutspucken, Knochentuberkulose, schmerzhafte Abszesse an den Beinen – Bernadette selbst ist an dem Ort der Wunder nicht geheilt worden. Aber ein anderes Wunder läßt die frommen Christen erschauern, die nach Nevers pilgern, um an ihrem gläsernen Sarg zu beten: Da ruht Bernadettes Körper, seit nun über hundert Jahren ohne ein Zeichen der Verwesung.

Heute versammeln sich in der Krypta von Lourdes (die erste Kapelle, die über dem Erscheinungsort erbaut wurde) jeden Morgen unzählige Pilger. Zum großen internationalen Gottesdienst in der Piusbasilika kommen Tag für Tag zwanzigtausend Gläubige und singen miteinander das Credo. Ihre frommen Gebete, Gesänge und Lobpreisungen, die langen Menschenschlangen vor der Grotte, vor den Wasserhähnen und den vierzehn Kammern der Badehallen, in denen Tausende geduldig ausharren, die Gesichter leuchtend vor Hoffnung und Verzückung, das Meer von flackernden Kerzen, weißen Blumen, der Duft von Weihrauch, all das bewirkt eine Stimmung, die jedes Herz berührt.

Phänomenale, ja, wundersame Heilungen sind durchaus nicht ungewöhnlich. Wie andere hatte auch ich mit Fällen zu tun, die unter geeigneten Umständen zur Errichtung eines Schreins oder zur Einweihung einer Wallfahrtsstätte hätten führen können.

Dr. William Osler

Niemand mag bezweifeln, daß an diesem Ort Wunder geschehen sind. Doch eines der größten Wunder von Lourdes ist die Nächstenliebe, die einem auf Schritt und Tritt begegnet. Hier hat man Platz und Zeit und ein Herz für die Kranken. Es gibt das Stadtspital, das Asyl Unserer Lieben Frau und das Sieben-Schmerzen-Spital, die ausschließlich für die schwerbehinderten und kranken Pilger gebaut wurden. Es ist beeindruckend, wie viele Freiwillige sich dort der Kranken annehmen. Etwa 150 000 Helfer und Helferinnen arbeiten unentgeltlich und geben durch ihren liebevollen Umgang mit den Schwerbehinderten ein Beispiel an Selbstlosigkeit. Viele Vereine haben es sich zum Ziel gesetzt, Kranken die Reise nach Lourdes zu ermöglichen. Es gibt die verschiedensten Organisationen von Pflegeschwestern, die auf eigene Kosten dorthin kommen, umsonst arbeiten und diesen Dienst als Ehre ansehen. »Aber das Geschenk der Kranken an die Gesunden« – so der Priester Josef Heinzmann, der zahllose Pilgergruppen nach Lourdes begleitet hat – »ist oft noch größer. Wer die Hunderte von Leidenden und Behinderten sieht, vergißt oft, daß er ein schweres Los zu tragen hat, und empfängt in

Lourdes dankbar sein eigenes Kreuz. Weil er gesehen hat, daß das der anderen um vieles schwerer ist.«
Für mittellose Pilger gibt es, wie es sich Bernadette gewünscht hat, eine kostenlose Herberge, die Cité-Secours de Saint-Pierre, die Platz für 700 Menschen bietet. Hunderte freiwilliger Mitarbeiter lassen ihnen eine liebevolle Betreuung angedeihen, und pro Jahr werden über 150 000 Mahlzeiten kostenlos verteilt.

Die Wunder

Man geht davon aus, daß jeder vierte, der nach Lourdes pilgert, in der Hoffnung auf Heilung hierherkommt. Das bedeutet: Jedes Jahr schleppen sich über zwei Millionen oft schwerstkranker Menschen zur Grotte mit der heiligen Quelle, nehmen ein Bad in den eiskalten Piscinen, trinken aus dem Pilgerbrunnen und hoffen zumindest insgeheim darauf, daß gerade ihnen ein Wunder widerfährt.
Nun sind die Wunder in der Tat so manches Mal eingetreten. Das erste geschah bereits drei Tage nach Entspringen der Quelle: Der erblindete Steinklopfer Bouriette wusch sein erloschenes Auge mit dem Quellwasser und konnte wieder sehen. Ihm folgten viele, viele andere: Weit mehr als sechstausend Menschen haben sich bei dem »ärztlichen Konstatationsbüro« gemeldet, das bereits im Jahre 1882 in Lourdes zur Registrierung der Wunder gegründet wurde.
Und dann geschah etwas Merkwürdiges: Die – vorsichtig ausgedrückt – »angeblichen« Heilungen waren nicht nur den aufgeklärten Ärzten ein Dorn im Auge, sondern auch der Kirche. Die Schulmediziner setzten alles daran, die in Lourdes Geheilten als Neurotiker, »Sofaheilige« oder Hypochonder zu entlarven und die Genesung als eine Folge von Selbsthypnose, Suggestion oder »Spontanremission« zu erklären. Sie behaupteten, es handele sich bei den auf wunderbare Weise geheilten Leiden nicht wirklich um unheilbare (nach medizinischen Kriterien), sondern um »potentiell heilbare Erkrankungen«, wie etwa die Tuberkulose. Daß die Ärzte gegenüber Heilungserfol-

gen, die nicht auf ihren Einsatz zurückzuführen sind, bisweilen eine fast feindliche Einstellung an den Tag legten, erscheint vielleicht nicht weiter verwunderlich. Weitaus erstaunlicher ist, daß auch die katholische Kirche die Wunder fast von Anfang an mit größter Skepsis betrachtete und ihr möglichstes tat, den Wunderglauben ihrer Schäfchen zu entmutigen, und allen Katholiken davon abriet, in der Hoffnung auf Heilung nach Lourdes zu pilgern.

Daran hat sich bis heute nichts geändert. Ausgerechnet die Kirche, die den Glauben an das größte aller Wunder, die Auferstehung Christi von den Toten, in den Mittelpunkt ihrer Botschaft stellt, gibt sich bei der Anerkennung vergleichsweise viel kleinerer Wunder höchst bedeckt. Das mag zum Teil daran liegen, daß die Faszination der Wunder als Feind des wahren Glaubens gilt. Wenn man Zeuge eines Wunders wird, ist es ziemlich einfach zu glauben, und so gab es zu allen Zeiten Menschen, die nach Wundern gierten. Schon Christus hatte resigniert gesagt: »Wenn ihr nicht Zeichen und Wunder seht, glaubt ihr nicht« (Johannes 4,48), aber der Sehnsucht der Gläubigen immer wieder nachgegeben: »Und der Herr ... bekräftigte das Wort durch die mitfolgenden Zeichen [= Wunder]« (Markus 16,20). Die Kirche dagegen, weniger großmütig als Jesus, verlangt Anhänger, die glauben, ohne dafür Beweise zu fordern. »Der wahre Glaube«, so der Priester Josef Heinzmann, »bedarf des Wunders nicht, wohl aber das Wunder des Glaubens.«

Und so gibt es außer dem Konstatationsbüro in Lourdes, das alle Heilungen offiziell erfaßt, noch zwei weitere Instanzen, die für die Überprüfung der Wunder zuständig sind. 1925 wurde die »Internationale Ärztevereinigung von Lourdes« gegründet und im Jahre 1947 die »Internationale Medizinische Kommission« (IMK) mit Sitz in Paris, der über dreißig Wissenschaftler aus der ganzen Welt angehören. Sie alle sind im Auftrag der katholischen Kirche damit beschäftigt, die gemeldeten Wunder von Lourdes auf Glaubwürdigkeit zu überprüfen, sie kritisch und nach allen nur denkbaren wissenschaftlichen Kriterien abzuklopfen. Diese Kriterien stammen aus dem 18. Jahrhundert und wurden von Papst Benedikt XIV. in der an sich

ehrbaren Absicht erstellt, die damalige Inflation an vorgeblichen Wundern auf ein erträgliches Maß zu dämpfen.
Damit eine Heilung als wunderbar – das heißt medizinisch nicht erklärbar – anerkannt werden kann, muß sie ganz bestimmte Voraussetzungen erfüllen: Die Krankheit muß lebensbedrohend und nach aktuellem medizinischen Wissen unheilbar sein. Die Heilung muß plötzlich, nach menschlichem Wissensstand unerklärlich, ohne ärztliche Behandlung und ohne das Übergangsstadium einer Genesung erfolgen und durch alle nur denkbaren Tests und Röntgenbilder nachgewiesen werden. Sie muß von Dauer sein (mindestens drei bis vier Jahre), und es muß sich eindeutig um eine organische (und nicht etwa um eine psychisch bedingte) Krankheit handeln, wie immer man das unterscheiden mag. Das bedeutet: Wer Wert darauf legt, daß seine Heilung ein kirchlich beglaubigtes Wunder ist, hat einen langen, mühevollen und frustrierenden Weg durch diverse medizinische und kirchliche Instanzen vor sich.
Zwei, die diesen mühevollen Weg auf sich nahmen, sind der Italiener Vittorio Micheli und die Sizilianerin Delizia Cirolli.
Der 22jährige Soldat Vittorio aus Verona wurde 1962 mit einem riesigen Sarkom am Oberschenkel ins Krankenhaus eingeliefert. Der Krebs hatte den Knochen so weit zerfressen, daß eine Behandlung nicht mehr möglich war. Das Bein war nur noch eine breiige Masse von Geschwülsten. Der junge Mann wurde von den hilflosen Ärzten ruhiggestellt, das Bein bis zur Hüfte eingegipst, und so verbrachte er über ein Jahr im Krankenhaus. Niemandem fiel ein, was man sonst noch mit ihm hätte tun können.
Was Vittorio plötzlich dazu veranlaßte, die beschwerliche Reise nach Lourdes auf sich zu nehmen, ist nicht bekannt. Man weiß jedoch, daß der vom Tode gezeichnete junge Mann augenblicklich spürte, wie ein Gefühl von »Hunger und elektrischer Spannung« durch seinen Körper fuhr, als er – mitsamt seinem Gips – in das eiskalte Wasser der Piscinen von Lourdes eintauchte. Er hätte sofort gewußt, erzählte Vittorio später, daß er geheilt sei.
Innerhalb eines Monats konnte Vittorio wieder laufen. Trotzdem

blieben seine Ärzte skeptisch. Die Röntgenbilder zeigten einen unveränderten Befund. Doch acht Monate später mußten sie staunend zugeben, daß sich – nicht zu glauben, aber unübersehbar – das zerstörte Knochengewebe im Becken neu gebildet hatte. Vittorio verließ das Krankenhaus, nahm seine Arbeit wieder auf und konnte später sogar Sport treiben. Seinen Gehstock brauchte er auch nicht mehr. Die Ärzte sprachen von einer unerklärlichen Spontanremission. Für die katholische Kirche gehörte Vittorios Fall, nachdem er die endlosen Formalitäten und Untersuchungen der Überprüfungskommissionen durchlaufen hatte, zu den wenigen offiziell anerkannten Wundern.

Das vorläufig letzte erlebte die kleine Sizilianerin Delizia. Im Jahr 1976 wurde bei der Dreizehnjährigen ein Neuroblastom am rechten Schienbein diagnostiziert. Der Arzt empfahl der Familie, das Bein des Kindes amputieren zu lassen. Die Eltern lehnten entsetzt ab, ließen sich aber zu einer Kobaltbestrahlung überreden. Doch als Delizia in die radiologische Abteilung eingeliefert wurde, ging es ihr bereits so schlecht, daß ihre Familie beschloß, auf die Behandlung zu verzichten und das Kind zum Sterben nach Hause zu holen.

Es ist für mich unfaßbar, daß es ausgerechnet mir passiert ist.

Delizia Cirolli

Im Sommer dieses Jahres 1976 sammelten die Menschen in ihrem Dorf Geld, damit das sterbenskranke Kind mit seiner Mutter auf eine Pilgerreise nach Lourdes gehen konnte. Vier Tage lang tauchte Delizia die Hand in das heilige Wasser, ohne daß sie eine Besserung verspürte, und auch die Röntgenaufnahme, die nach der Heimkehr gemacht wurde, zeigte keinerlei Besserung. Doch die Familie gab nicht auf: Zwar nähten die Frauen, alter Sitte entsprechend, ihr Sterbekleidchen, aber gleichzeitig gab ihr die Mutter täglich von dem heiligen Wasser zu trinken, das sie aus Lourdes mit nach Hause

gebracht hatte. Das Wunder geschah knapp vier Monate nach der Rückkehr aus Lourdes: Delizia, die nur noch 49 Pfund wog, stand plötzlich auf, in einigen Tagen schwand die Schwellung an ihrem Knie, und innerhalb weniger Wochen war sie so weit wiederhergestellt, daß man sie für geheilt erklärte – ein Ereignis, das die verblüfften Ärzte als »einmaligen, erstaunlichen Fall« bezeichneten.
Es ist nicht bekannt, ob diese wundersame Heilung die Familie mit tiefer, demütiger Dankbarkeit erfüllte, und wir können auch nicht sagen, ob das Wunder in allen Betroffenen eine tiefgreifende Veränderung bewirkt hat. Wir wissen nur, daß Delizias Mutter ihre Tochter nun Jahr für Jahr nach Lourdes schleppte und sich im Konstatationsbüro »vehement« dafür einsetzte, daß bei ihrer Tochter ein Wunder geschehen war, welches der offiziellen Anerkennung bedürfe. Wir fragen uns vielleicht insgeheim, warum ihr die wunderbare Heilung ihres sterbenskranken Kindes nicht genügt haben mag ohne den offiziellen Ruhm. Wie auch immer: Wir können davon ausgehen, daß sie allen Verantwortlichen kräftig auf die Nerven gegangen ist. Letzten Endes mit Erfolg: Im Jahre 1982 entschied das Comité Médical International von Lourdes mit Zweidrittelmehrheit, daß Delizias Heilung »unerklärlich« sei. Von »Wundern« dürfen die Mitglieder der Ärztekommission nicht sprechen, das steht nur der Kirche zu. Die aber prüfte noch weitere sieben Jahre, bis sie 1989 Delizias Heilung den Status des vorläufig letzten offiziellen Wunders zusprach.

Die Wunder werden immer rarer

Von den mehr als sechstausend gemeldeten Wunderheilungen wurden nur 65 offiziell anerkannt. 65 Fälle, in denen es als erwiesen gilt, daß die nach dem Wissen ihrer Zeit als unheilbar krank bezeichneten Menschen nach einem Besuch in Lourdes ohne ärztliche Hilfe genasen. Vor der Entdeckung der Antibiotika litten viele wundersam Geheilte an der damals nicht kurierbaren Tuberkulose. Offiziell

geheilt wurden in Lourdes aber auch Kranke mit multipler Sklerose, Querschnittslähmung, Blindheit und Taubheit. Bei zwei der letzten drei Fälle handelt es sich um Patienten mit Krebs.
65 »offizielle Wunder«. Statistisch gesehen mag das nach nicht viel klingen. Doch die Zahl der »inoffiziellen Wunder« liegt wesentlich höher; die Rede ist von weit mehr als zweitausend bekannten Fällen, die zwar in den Augen der Geheilten selbst, ihrer Ärzte und ihrer Familien, nicht aber nach Auffassung der Kirche ein Wunder sind. Es ist überaus wahrscheinlich, daß noch etliche hinzukommen, die sich gar nicht erst die Mühe gemacht haben, ihren Fall im Konstatationsbüro von Lourdes zu melden.
Eine von ihnen ist Lilo Müller-Slumiok aus Düren im Rheinland, von der später noch die Rede sein wird, denn Lilo ist inzwischen selbst Heilerin. Die zarte Frau mit den schlohweißen Haaren über einem jungen Gesicht fährt fast jedes Jahr nach Lourdes. Sie gehört zu den Menschen, die dort so manches andere Wunder erlebt haben, das nicht in den Annalen der wissenschaftlichen Prüfungskommission erfaßt ist. Eines davon betraf sie selbst. 1993 erfuhr sie, daß das, was sie für harmlose Hämorrhoiden gehalten hatte, Darmkrebs im Endstadium war. Der Professor, ein enger Freund der Familie, war erschüttert an ihr Bett getreten, hatte ihr die Schreckensmitteilung gemacht und ihr zugleich schonend erklärt, daß eine Operation aussichtslos sei, der Krebs sei bereits zu sehr fortgeschritten. Sie könne gern einen befreundeten Spezialisten an der Hamburger Universitätsklinik konsultieren, aber sie müsse damit rechnen, daß er ihr die gleiche Prognose stelle. Er würde ihr als Freund raten, ihre Angelegenheiten zu regeln und zu versuchen, in den letzten Monaten, die ihr blieben, ihren Frieden mit der Welt zu machen. Was die Linderung der Schmerzen beträfe, so würde er ihr so weit helfen, wie es in seinen Kräften stünde. Lilo reiste nach Hamburg. Der zweite Professor bestätigte die Diagnose.
Da beschloß sie, trotz ihrer Krankheit – oder vielmehr gerade deswegen – nach Lourdes zu pilgern, wie das die gläubige Katholikin schon seit vielen Jahren getan hatte. Sie badete in den Piscinen,

entzündete Kerzen, betete inbrünstig zur Jungfrau Maria und machte sich, auch als sie keinerlei Besserung verspürte, trotzdem getröstet auf den Heimweg.

Aber als sie zu Hause angekommen war, wußte sie mit einem Mal, was sie gegen ihren Krebs unternehmen könnte: »Ich hatte die Ärzte im Krankenhaus gefragt, was denn die Krebspatienten zu essen bekämen. Sie hatten mir gesagt: ›Was sie wollen.‹ Das war mir nicht richtig erschienen. Ich beschloß, meine Ernährung völlig umzustellen und künftig nur noch das zu essen, was meine gesunden Zellen stärken würde. Was gut für mich wäre, habe ich plötzlich intuitiv gewußt.«

Die Änderung der Ernährungsweise war anfangs hart für sie: kein Fleisch, kein Zucker, kein weißes Mehl und kaum Fett, statt dessen Vollwertnahrung und Gemüse. Doch sie, die das gute Essen so geliebt hatte, hielt sich eisern daran – und stellte bei den regelmäßigen Kontrollen staunend fest, daß ihre Werte immer besser wurden. Nach einem Jahr mußten die Ärzte zugeben, daß sie nach menschlichem – oder ärztlichem – Ermessen geheilt war.

Das liegt nun schon einige Jahre zurück, und Lilo hat nicht nur ihre Ernährung, sondern ihr ganzes Leben geändert. Sie gab ihren Job als hochbezahlte Innenarchitektin im großen Familienbetrieb auf und ließ sich als Heilpraktikerin ausbilden. Sie arbeitet mittlerweile selbst mit großem Erfolg als Heilerin. Und jedes Jahr fährt sie nach Lourdes.

»Dort zünde ich zum Dank eine Kerze an für meine Heilung und eine für jeden Patienten, der sich in schwerer Not befindet, und ich bitte Gott, ihnen zu helfen.«

Wunder wie dieses werden natürlich nirgends offiziell erfaßt, weil die Betroffenen kein Bedürfnis nach wissenschaftlicher Anerkennung haben. Und so läßt sich in den letzten Jahren ein klarer Trend erkennen: Nicht nur die Zahl der anerkannten Wunder geht zurück, auch die gemeldeten werden immer weniger. Zwischen 1892 und 1917 wurden noch 1536 unerklärliche Heilungen überprüft. Während der achtzehn Jahre dauernden Präsidentschaft des vorletzten

Vorsitzenden der Kommission von Lourdes, Dr. Mangiapan, waren es nur noch drei. Das liegt unter anderem an den Fortschritten der modernen Medizin: Fast alle Menschen, die ernsthaft erkranken, lassen sich zunächst ärztlich behandeln. Erst nachdem sie erkannt haben, daß ihnen dort nicht geholfen werden kann, wenden sie sich an »höhere Instanzen«.
Doch selbst wenn sie nach einer Pilgerfahrt auf unerklärliche Weise genesen und jeder Arzt das bestätigt, haben sie keine Chance, als wunderbar Geheilte anerkannt zu werden: Sie waren ja vorher beim Arzt, um sich behandeln zu lassen, und haben sich nach Auffassung der Prüfungskommission dadurch als Empfänger göttlicher Gnade disqualifiziert. Der Fall, daß Gott dort eingreift, wo der Arzt nicht weiterhelfen kann, ist in den Regeln von Lourdes offenbar nicht vorgesehen. Selbst Dr. Mangiapan glaubt, daß nicht die Wunder abgenommen haben, sondern daß die Meßlatte für die kirchliche Anerkennung zu hoch gehängt wurde. Doch seiner Empfehlung, die 250 Jahre alten Bewertungskriterien den Erfordernissen unserer Zeit anzupassen, ist der Vatikan bislang nicht nachgekommen.
Auch der jetzige Vorsitzende der Ärztekommission findet, daß die Regeln zu streng sind: »Wir haben«, so Roger Pilon, Chef des Komitees von Lourdes, das sich nur mit Wundern befaßt, die auf die Jungfrau Maria zurückzuführen sind, »seit 1989 kein Wunder mehr anerkannt, während der Vatikan [der für die Anerkennung von Wunderheilungen durch andere Heilige zuständig ist, siehe dazu das Kapitel »Die Heiligen: Direktleitung zum lieben Gott?«] allein im Jahre 1994 zwölf Fälle als Wunder vorgeschlagen hat. Arbeiten wir wirklich nach den gleichen Kriterien?«
Dr. Pilon sagt, er bedaure die Entwicklung. Die Tatsache, daß man durch die Fortschritte in Medizin und Psychologie für immer mehr »Wunder« eine scheinbar rationale Erklärung parat hat, hält er für nachteilig. Fern aller unkritischen Wundergläubigkeit und ohne seine eigenen strengen Maßstäbe zu lockern, plädiert Roger Pilon dafür, daß die Kirche all jenen Fällen eine Chance gibt, in denen göttliches Eingreifen der Krankheit eine Wende zum Guten gegeben hat, selbst

dann, wenn es sich dabei nicht um die einzige Intervention handelt. Und dann spricht er das aus, was, obgleich von zeitloser Gültigkeit, die katholische Kirche offensichtlich grundsätzlich nicht akzeptieren mag: »Die Menschen sehnen sich nach Zeichen und Wundern.«

Und was sagt die Wissenschaft dazu?

Mit wieviel Theorien hat man vergeblich versucht, die Wunder von Lourdes nicht auf göttliches Eingreifen, sondern auf natürliche Ursachen zurückzuführen! So wurde stets aufs neue vermutet, das Wasser aus der heiligen Quelle müsse wie auch immer geartete Heilkräfte besitzen. Aber so häufig die Wasserproben auch von Chemikern analysiert wurden, das Ergebnis war jedesmal dasselbe: Das Wasser von Lourdes enthält weder chemische noch radioaktive oder sonstige Heilstoffe. Es handelt sich um ganz gewöhnliches Trink- oder Regenwasser.

Allerdings ist auch kein einziger Fall bekannt, daß jemand sich durch das Baden in den Piscinen von Lourdes, in denen es von Krankheitserregern nur so wimmeln muß, angesteckt hätte. Ein Forschungsteam von der amerikanischen Universität Naples hat, so wird berichtet, für einen Test Wasserproben von Lourdes und normales Leitungswasser mit tödlichen Keimen behandelt und dieses Wasser dann Meerschweinchen injiziert. Angeblich sind alle Tiere, die normales Wasser bekommen hatten, gestorben, während das mit Keimen infizierte Wasser aus Lourdes den Versuchstieren nichts ausgemacht haben soll. Ob's stimmt? Wie auch immer: Menschliches Wissen reicht offenbar nicht aus, um zu erklären, warum Kranke durch das Wasser von Lourdes (manchmal) gesund werden und warum sich Gesunde nicht an den Krankheitserregern der Badenden anstecken. Wenn also offensichtlich nicht auf das Wasser, worauf kann man dann die Heilung zurückführen?

Die immer wieder geäußerte Behauptung, bei den angeblich unheilbaren Krankheiten, die in Lourdes geheilt wurden, müsse es sich ausnahmslos um Fehldiagnosen gehandelt haben, kann nicht einmal die größten Skeptiker überzeugen. Ebensowenig wie die Erklärung, die in Lourdes geheilten Leiden seien meist solche gewesen, von denen bekannt ist, daß es dabei gelegentlich zu Spontanremissionen kommt, zum Beispiel die Tuberkulose. Und auch die These, bei den Krankheiten ginge es nicht um organische, sondern um »funktionelle«, also psychisch bedingte Symptome, ließ sich dank der rigorosen Standards der Untersuchungskommissionen nicht aufrechterhalten. Also wurde – und wird auch heute noch immer wieder – die These von der Suggestibilität, der Beeinflußbarkeit der Kranken angeführt. Das heißt im Klartext entweder, sie waren gar nicht krank, sie haben es sich nur eingebildet, oder aber, sie sind gar nicht wirklich geheilt, sie bilden es sich nur ein.

Daß es dazu kommen konnte, erklären die Verfechter dieser Theorie mit der suggestiven Kraft der Rituale, die fester Bestandteil der Pilgerfahrt sind: »Dem Patienten wird nicht erlaubt, sich den Präliminarien zu entziehen. Er darf nicht sofort eine Reliquie berühren oder das heilige Wasser trinken. Es gibt erst eine Zeit der Vorbereitung. Am Tor der Kapelle ist eine lange Warteschlange, der Kranke muß Predigten lauschen und an langen Gebeten teilnehmen. Während dieser langen Wartezeit hören die Kranken viel über angebliche Wunder und haben Gelegenheit, die zahllosen Dankopfer zu betrachten. Ihr Geist wird also ganz langsam und allmählich auf das Geschehen eingestimmt.«

Nicht alle Ärzte rümpfen über diese Rituale die Nase. Der renommierte Neurologe Jean Martin Charcot beispielsweise schickte seine Patienten gelegentlich nach Lourdes, weil er davon überzeugt war, daß »bei ihnen die Autosuggestion wirksamer wäre als jede Psychotherapie«. Der amerikanische Psychiater A. Castiglioni schrieb im Jahre 1947 *(Adventures of the Mind)*: »Einen größeren Beitrag zum Erfolg leisten die begleitenden Handlungen und Gegenstände, weil sie mit dem Glanz übernatürlicher Mächte umgeben sind und dadurch den Geisteszustand erzeugen, in dem die Kräfte des Heilers zum Tragen kommen können.«

Viel kritischer äußerte sich der brillante amerikanische Kosmologe, Autor und nimmermüde Zweifler Carl Sagan, der kürzlich, nur 64 Jahre alt, an Leukämie starb. Er schrieb im Jahre 1994 in einem Zeitschriftenartikel*: »Wenn wir ernsthaft krank sind, wer von uns würde nicht eine Behandlung akzeptieren, die auf Glaube und Gebet basiert, vor allem dann, wenn konventionelle Medizin nichts mehr für uns tun kann? Aber ist der Wunsch wirklich ausreichend? Wenn ja, brauchen wir mehr davon. Wenn nicht, ist der Glaube an Geistheilung gefährlich und betrügerisch …

Ungefähr 10 Millionen Menschen waren in den letzten 136 Jahren in Lourdes. Viele in der Hoffnung auf Heilung von Krankheiten, die die Medizin nicht zu heilen imstande war. Die römisch-katholische Kirche hat nur 64 Heilungen beglaubigt. Die Chance, geheilt zu werden, ist nach dieser Rechnung 1 : 1 Million. Ungefähr so groß, wie im Lotto zu gewinnen oder bei einem Linienflug abzustürzen. Der Anteil der Spontanremissionen bei Krebs, alle Arten zusammen, ist ungefähr 1 : 10 000 bis 1 : 100 000. Wenn nur ein Prozent aller Lourdesbesucher Krebs hatte, hätte es ungefähr 10 bis 100 Wunderheilungen an Krebs geben müssen. Da die Mehrzahl der Heilungen, die dokumentiert sind, nicht Krebs waren, ist die Zahl der Heilungen kleiner als die Spontanremissionen, die Kranken hätten genausogut zu Hause bleiben können. Wenn du einer von den 64 bist, ist es natürlich schwer, dir klarzumachen, daß die Fahrt nach Lourdes nicht die Ursache deiner Heilung war. Vielleicht sind falsche Diagnosen und Spontanheilungen, Krankheiten, die das Immunsystem ohnehin geheilt hätte, hinter allen 64 Fällen.«

Abgesehen davon, daß die Zahlen in Carl Sagans Text nicht ganz genau stimmen – es sind 65 Heilungen anerkannt, nicht 64, wie er, der sonst so präzise Wissenschaftler, schreibt, und die Zahl der Besucher in den letzten 136 Jahren lag wesentlich höher als bei zehn Millionen –: All diese Erklärungsversuche klingen so halbherzighilflos, daß es fast leichter scheint zu akzeptieren, daß sich die

* Aus *Parade*, 4. 12. 1994

Unzählige Kranke pilgern
in der Hoffnung auf wundersame Heilung
zur heiligen Grotte nach Lourdes.

Jungfrau Maria persönlich bei Gottvater für diesen oder jenen hoffnungslos Kranken eingesetzt hat.
Wer nicht an göttliche Wunder und den Einfluß der Jungfrau Maria glauben mag und auch nicht daran, daß Gottvater die Katholiken unter seinen Kindern bevorzugt, dem leuchtet vielleicht am ehesten die Erklärung von Dr. Harald Wiesendanger ein: »Die nicht enden wollenden Lichterprozessionen von täglich 20 000 Pilgern, ihre frommen Gebete, Gesänge, Lobpreisungen, die langen Schlangen vor den Grotten, vor den Wasserhähnen und den 14 Badehallen, in denen Tausende geduldig ausharren mit Gesichtern voller Hoffnung und Verzückung, das Heer von 150 000 freiwilligen Helferinnen und Helfern, die in Lourdes bei der Krankenbetreuung freiwillig und unentgeltlich mitarbeiten ... auf Schritt und Tritt religiöse Symbole, Weihrauchschwaden, brennende Kerzen und immer wieder fremde Menschen, die spontan aufeinander zugehen, sich trösten, umarmen und Beistand anbieten ... auch wenn vorher Zweifel bestanden – spätestens jetzt wird der Glaube an die Heilung unerschütterlich. Und genau dann wird Heilung am ehesten möglich: eine Selbstheilung, psychisch in Gang gesetzt durch einen erweiterten Bewußtseinszustand.«
Wie auch immer: Zweifler wie Gläubige sind sich darin einig, daß die Chancen, in Lourdes geheilt zu werden, nicht größer sind als die, im Lotto zu gewinnen. Aber so, wie die Menschen trotzdem Wochenend für Wochenend hoffnungsvoll ihren Lottoschein ausfüllen, so kommen die Pilger und die Kranken dennoch in hellen Scharen nach Lourdes, Jahr für Jahr, Tag für Tag. Und selbst wenn sie, was fast immer der Fall ist, so krank wie zuvor zurückkehren, manchmal durch die anstrengende Reise sogar noch kränker, so sind viele doch auf eine wunderbare Art getröstet. Und das scheint mir das größte Wunder von Lourdes zu sein: daß so viele Schwerkranke, die vergeblich den mühsamen Weg zur heiligen Quelle angetreten haben, dennoch zufrieden, getröstet und mit neuer Zuversicht heimkehren, manchmal sogar dankbar sind für das Kreuz, das sie tragen müssen. Denn sie haben gesehen, daß andere in noch viel größerer Not sind.

Ihnen mag es so ergehen wie den Bürgern jenes kleinen chassidischen Dorfes, denen Gott der Überlieferung nach eine besondere Gnade gewährt hatte: Jeder, der mit seinem Schicksal unzufrieden war, hatte die Gelegenheit, sein Päckchen zu nehmen, es an den »chassidischen Baum« zu hängen, der voller Schicksalspäckchen hing, und gegen ein anderes einzutauschen. Einer nach dem anderen eilten die Bürger zum Schicksalsbaum, begierig, ihr Los gegen ein anderes, besseres auszuwechseln. Einer nach dem anderen ging um den Baum herum, betrachtete die zahllosen Päckchen, die dort hingen – und kehrte getröstet mit seinem eigenen nach Hause zurück.

Der Ruhrpott: Wo Jesus heute noch Wunder tun darf

Wenn ihr in mir bleibt
und meine Worte in euch bleiben,
werdet ihr bitten, was ihr wollt,
und es wird euch widerfahren.

Johannes 15,7

Als die Bibel noch unumstößlich als Gottes Wort galt, hatten es die Christen – aus der Sicht von uns Heutigen – »leicht«, ebenso die Theologen: Alles, was in der Bibel stand, war für sie die reine Wahrheit. Natürlich auch die Geschichten von den Wundern Jesu. Und je größer und unglaublicher ein Wunder war, als desto bedeutender wurde es erachtet. Zweifel waren streng verboten. Doch als dann im Laufe der Jahrhunderte das Wissen der Menschen über das Universum zunahm, kam es zum Konflikt zwischen der Naturwissenschaft, die sich auf die gültigen Naturgesetze berief, und der Religion, die darauf pochte, daß Gott die Naturgesetze jederzeit außer Kraft setzen kann und das auch immer wieder tut – eben durch Wunder.

Zuerst verteidigte die Kirche ihre Wunder mit Zähnen und Klauen. Doch als die Naturwissenschaftler, wie es schien, unwiderlegbare Beweise auf den Tisch brachten, fingen auch die Theologen allmählich an, sich den Argumenten zu beugen und selbst nach natürlichen, »rationalen« Erklärungen für die Wunder im Neuen Testament zu suchen. Das klang dann etwa so: Wenn zur Zeit Christi etwas geschah, das die Menschen nicht erklären konnten, beriefen sie sich kurzerhand auf das Übernatürliche und redeten von einem Wunder. In Wirklichkeit wäre der Sachverhalt ganz simpel so gewesen: Als Jesus die Tochter des Jairus vom Tode erweckte, war sie in Wirk-

lichkeit gar nicht tot, sie lag nur im Koma. Als er einen Sturm besänftigte, war es reiner Zufall, daß just in dem Moment, als er »Friede« sagte, eine plötzliche Windstille eintrat.
Das sagten, wohlgemerkt, die aufgeklärten Theologen! Aber jedem war nach dem ersten Aha-Erlebnis klar, daß diese »vernünftigen« Argumente kaum überzeugender waren als der alte Wunderglaube. Eigentlich klangen sie sogar eher jämmerlich und weit hergeholt. Aber bessere gab es nicht. Also begann die Theologie als nächstes damit, die Bedeutung der Wunder Jesu herunterzuspielen: Schließlich hätte er es gar nicht nötig gehabt, Wunder zu tun, es habe sich dabei um reine Gefälligkeit gehandelt – und außerdem seien Wunder der Feind des wahren Glaubens. Echte Christen würden auch ohne Wunder glauben. Die Wunder seien, wie gesagt, in Wirklichkeit gar keine übernatürlichen Ereignisse gewesen, sondern nur so dargestellt worden.

Fürchte dich nicht;
glaube nur, so wird sie gesund!
Lukas 8,50

Alte religiöse Inhalte im neuen Gewand. Heute ist es der modernen Theologie fast ein bißchen peinlich, über die Jungfrauengeburt zu predigen, über den Stern von Bethlehem oder darüber, daß Jesus nach der Kreuzigung von den Toten auferstand, ohne hinzuzufügen, daß es sich dabei natürlich um Mythen handele. Über die Wunder, die Jesus bewirkt hat, fegt sie am liebsten ganz hinweg. Das sei nichts weiter gewesen als eine Konzession an den Zeitgeist, der auf Wunder nicht verzichten wollte. Und im übrigen hätten die Evangelisten das »falsch verstanden«.
Jesus konnte nur Glaubensheiler sein, so der scharfsinnige Expriester und Bestsellerautor Peter de Rosa, »weil er und die Menschen seiner Zeit darauf programmiert waren, an Besessenheit durch Dämonen zu glauben ... Was wir in den Evangelien haben, ist erstens eine völlig

bereinigte Version der Geschehnisse. Jünger verweilen nicht bei den Mißerfolgen ihres Helden. Zweitens, und das ist wichtiger, waren die Heilungen nicht als Beschreibungen dessen gemeint, was Jesus vor langer Zeit getan hatte, sie waren die mythischen Darstellungen dessen, was Jesus heute und jeden Tag tut ... Jesus heilte nie jemanden, um zu beweisen, daß seine Botschaft von Gott war. Er wollte und konnte niemanden heilen, wenn der Glaube nicht bereits da war.«* Und schließlich: »Weil die Evangelien Bekenntnisdokumente sind, wissen wir von keiner bestimmten Heilung Jesu ... Ob er jeden heilte, der zu ihm kam, oder ob die Teil- oder Vollheilungen lange anhielten, können wir nicht sagen.«
Und wortgewaltig fährt Peter de Rosa fort: »Natürlich mußte jeder, der damals Wunder bewirkte, übernatürliche Mächte bemühen, entweder von Gott oder vom Teufel. Heute wissen wir, daß die Krankheit nicht vom Beelzebub, dem Herrn der Fliegen, verursacht wird, sondern oft schlicht durch Fliegen. Viele von Jesus ausgetriebene Dämonen kamen nicht aus der Hölle, sondern aus offenen Aborten. Wenn jemand an einem Tag gesund und am nächsten sterbenskrank war, führten die Zeitgenossen Jesu dies nicht beispielsweise auf ein Virus zurück, sondern sie fragten, ob seine Eltern gesündigt hatten. Krankheit war eine Strafe. Das ist der Hintergrund vom Heilungswunder.«

Theologischer Overkill?

Ähnlich scharfsinnig (oder kleingläubig?) argumentiert auch die brillante Theologin Uta Ranke-Heinemann**: »Bei einem Messias bzw. bei einem Menschen, in dem man den Messias sehen wollte, gab es nach Auffassung der Juden zur Zeit Christi und gibt es nach

* Peter de Rosa: *Der Jesus-Mythos*, München 1991, Seite 326 f.

** Uta Ranke-Heinemann: *Nein und Amen. Anleitung zum Glaubenszweifel*, Hamburg 1992

Auffassung vieler Christen noch heute Kriterien und Merkmale. Diese Kriterien glaubte man damals und glaubt man heute in bestimmten alttestamentarischen Verheißungen zu finden, z. B.: Die Augen der Blinden werden aufgeschlossen, und die Ohren der Tauben werden aufgetan (Jes. 35,5). Zu den Kriterien gehört also in erster Linie die Macht, Wunder zu tun ... Denn niemand glaubt einem Messias bedingungslos. Auch der Glaube verlangt nach Garantien. Jedenfalls gilt das grundsätzlich, denn es gibt eine Alternative: demjenigen, den man als den Messias hinstellen will, Wundertaten zuzuschreiben, die er gar nicht vollbracht hat.
Jesus, der kein Messias sein wollte, lehnte auch Wunder zum Erweis der Wahrheit seiner Botschaft ab: Wenn ihr nicht Zeichen und Wunder seht, dann glaubt ihr nicht (Johannes 4,48). Für ihn ist Glaube auf Wunder hin kein Glaube. Mit dieser Ablehnung Jesu stimmt überein, daß die Apostelbriefe, allen voran Paulus, der früheste neutestamentarische Schriftsteller, von Wundertaten Jesu nichts berichtet. Indessen hat, was die Evangelien betrifft, die Wunderdistanz Jesu nichts genutzt: Nach den Evangelien hat er an Wundern mehr als genug getan, um nach der Absicht der Evangelisten als Messias erkennbar zu sein.«
Gemäß den Evangelien hat Jesus also die damalige wie heutige Erwartung von Wundern in reichlichem Maße befriedigt. Aber oft seien diese Phänomene Phantasieprodukte einer naiven Mirakelsucht, vor allem wenn die Geschehnisse an Zauberei grenzen oder wenn es solche sind, die anderswo von anderen Wundertätern berichtet werden wie zum Beispiel bei der Hochzeit zu Kana: der angeblichen Verwandlung von Wasser in Wein im Johannesevangelium (Johannes 2,1–12). Es ging dabei, so Frau Ranke-Heinemann, »um ziemlich viel Wasser und ziemlich viel Wein, nämlich um 6 Krüge mit jeweils ›zwei oder drei Maß pro Krug‹.« Je nachdem, ob die Krüge zwei oder drei Maß faßten, ergäbe das insgesamt 472,68 bis 709,02 l Wein (1 Maß = 39,39 l). Es handele sich um ein Wunder, von dem die übrigen Evangelisten nichts wissen, jedenfalls nichts berichten. Und es passe auch nicht zu den sonst im Johannesevange-

lium berichteten Heilungs- und Nothilfewundern, es sei denn, daß man es für eine echte menschliche Not halte, wenn Leute, die ohnehin schon betrunken seien (Joh. 2,10), nicht noch mehr zu trinken bekämen. David Friedrich Strauß habe mit Recht dieses Wunder als Luxuswunder bezeichnet. Zumal im Evangelium noch hervorgehoben werde, daß es sich um Wein vom Allerfeinsten handele.
Über dieses Wunder von Kana haben viele Leute viel geschrieben. Aber niemand sei bis heute so recht dahintergekommen, was es denn bedeute. Und so sei anzunehmen, daß es weiter nichts bedeute, außer daß hier eben eine Art Zauberkunststück beschrieben werde.
Die »sympathischsten« Wunder sind uns angesichts der Leiden der Kranken die unerklärlichen Heilungen. Doch auch die sind Frau Ranke-Heinemann zufolge – »Wundermärchen sind zugleich Wandermärchen« – Jesus »einfach zugewandert«. Sie seien vorher von anderen erzählt und dann Jesus zugeschrieben worden und stehen nun im Neuen Testament. Manche Wunder, die man von Jesus berichtet, haben im Alten Testament ihre Vorbilder. Elisa zum Beispiel soll auch Tote auferweckt und Blinde sehend gemacht haben (2. Könige 6,18 ff.).
»Von Jesus werden uns etwa 30 Wunder berichtet. Die gliedern sich in Heilungswunder, die die Mehrzahl der Wunderberichte ausmachen, dann Dämonenaustreibungen, Totenerweckungen und Naturwunder. Bei den Heilungen und den Dämonenaustreibungen kann ein historischer Kern vermutet werden. Zwischen Besessenheit und Krankheit wurde, dem medizinischen Wissen der Zeit entsprechend, nicht eigentlich unterschieden.« Doch die Dämonenaustreibung, wie der Teufel in die Säue fuhr, die sich dann selbst ertränkten, bezeichnet Frau Ranke-Heinemann als eine Entgleisung der Phantasie (Matthäus 8,30–31, Markus 5,11–13, Lukas 8,32–33).

Warum überleben unheilbar Krebskranke?

Die amerikanische Biochemikerin Carlyle Hirshberg ist Expertin auf dem Gebiet der sogenannten spontanen Remission, das heißt einer Heilung, für die die Medizin keine Erklärung hat. Bei einer Befragung von 45 geheilten Krebspatienten versuchte sie herauszufinden, welche Aktivitäten zu der überraschenden Heilung geführt haben könnten. Diese Tätigkeiten wurden auf ihrem Fragebogen am häufigsten angekreuzt:

Beten	*68 Prozent*
Meditation	64 Prozent
Sport	64 Prozent
Geführte Imagination	59 Prozent
Spazierengehen	52 Prozent
Musik	50 Prozent
Streßabbau	50 Prozent

»Daß Beten bei vielen unerklärlichen Genesungen eine Rolle spielt, läßt sich nur schwer ignorieren. Es ist interessant, daß Beten oft mit jenen seelischen Zuständen einhergeht, die wir auch bei anderen ungewöhnlichen Heilungsmethoden gefunden haben: die besondere Konzentration auf einen Gegenstand, seelische Entspannung und Entlastung, Ausschalten des rationalen Denkens, Visualisierungen, aktive Imagination und einheitliche Intentionen, ganz zu schweigen von noch unbekannteren Energien oder dem ›Wirken höherer Mächte‹. Mit anderen Worten: Beten scheint wie dafür geschaffen, das Heilsystem zu stimulieren.«

(Aus: Hirshberg/Barasch: Unerwartete Genesung)

Die Totenerweckungen – nichts weiter als eine Fehldiagnose?

Reine Legenden sind nach Frau Ranke-Heinemann auch die Schilderungen der Totenerweckungen und der Naturwunder Jesu. »Es wird von drei Totenerweckungen erzählt. Von der 12jährigen Tochter des Synagogenvorstehers Jairos (Mk 5,22), dann von einem jungen Mann aus Nain (Lk 7,12) und schließlich von Lazarus (Joh 11,1). Der Vergleich der Geschichten zeigt einiges Bemerkenswertes, nämlich zur Steigerung des Wunderbaren. Wenn Jesus über die Tochter des Jairos sagt, ›das Kind ist nicht tot, sondern es schläft‹, so ist mindestens theoretisch denkbar, daß Jesus meinte, was er sagte, nämlich daß das Mädchen nicht tot, sondern nur bewußtlos war. Und daß Jesus dann nicht eine Tote auferweckte, sondern nur eine im Koma Liegende errettete.«

Gegen Ende des Kapitels findet die katholische Theologieprofessorin, die mit den Wundern Jesu so gnadenlos ins Gericht geht, sogar noch deutlichere Worte: »Manche Leute stören sich an den Wundergeschichten und wollen mit ihnen das ganze Neue Testament über Bord werfen, andere verteidigen sie mit Zähnen und Klauen und gebärden sich so, als hinge das Christentum im allgemeinen und die Wahrheit der Botschaft Jesu davon ab, daß jedermann an diese Wunder glaubt. Die Evangelisten wollen Jesus durch die Wunderberichte herausstreichen und groß und imposant machen ... Und haben doch nur eine Menge kleiner Wünderchen vor das eine wahre Wunder gestellt, auf das es Jesus selbst ankommt: das Wunder der Liebe Gottes. Man hat mit den Wundergeschichten nicht den Blick auf Jesus geöffnet, sondern ihn versperrt.«

Kategorische Sätze, die, wenn auch brillant formuliert, vielen gläubigen Menschen nicht nur den Glauben, sondern auch die Hoffnung auf Heilung zerstören könnten – würde man ihnen vorbehaltlos Glauben schenken. Der Duisburger Gynäkologe Dr. Wolfgang Schuler ist einer von denen, die absolut davon überzeugt sind, daß Uta Ranke-Heinemanns Theorien nichts weiter sind als eben – Theorien.

Für ihn ist jedes Wort, das über die Heilwunder Jesu im Neuen Testament steht, wortwörtlich wahr. Wie er das behaupten kann? Dr. Schuler, der Arzt, hat sich persönlich davon überzeugt.

Und wo er in Dörfer, Städte und Höfe hineinging, da legten sie die Kranken auf den Markt und baten ihn, daß sie auch nur den Saum seines Kleides anrühren dürften; und alleine, die anrührten, wurden gesund.

Markus 6,56

Heilen durch die Kraft des Glaubens

Wolfgang Schuler, der viele Jahre als leitender Oberarzt in einer großen Klinik im Ruhrgebiet tätig war, hat auch in seiner Praxis noch Zeit und ein offenes Ohr für die Probleme seiner Patientinnen. Das allein wäre zwar schon erfreulich, aber nicht besonders erwähnenswert. Außergewöhnlich ist jedoch, daß er zusätzlich zu einer schulmedizinischen Behandlung heilt oder zumindest Schmerzen lindert, indem er seinen Patientinnen (und allen anderen, die es nötig haben) die Hand auflegt und ein kurzes stilles Gebet spricht. Daß er betet, merkt man ihm allerdings nicht an, ich weiß das nur, weil er es mir selbst einmal erzählt hat: keineswegs etwa unter dem Siegel der Verschwiegenheit, sondern so selbstverständlich, als würde er ein hochwirksames Schmerzmittel verordnen. Und genauso schnell wirkt seine »Methode« auch.
Ich kenne ihn mittlerweile seit fünfzehn Jahren, und ich konnte schon zu oft erleben, wie zuverlässig dieses Mittel funktioniert; deshalb habe ich längst aufgehört, mich darüber zu wundern. Mir ging es da so wie seinen Kollegen, die ihn im Ärztezimmer gelegentlich ganz offen darum baten, etwas gegen ihre Kopfschmerzen zu tun. Bei etlichen seiner Behandlungen war ich selbst dabei und habe mit

eigenen Augen erlebt, welche »Wunder« er auf diese Weise vollbrachte.
Irgendwann, vor Jahren, hat er mir einmal beiläufig gesagt: »Ich kann es allerdings nicht in allen Fällen. Das ist ganz merkwürdig: Bei Zahnschmerzen darf ich helfen, bei orthopädischen Problemen, bei Sehstörungen, bei vielen inneren Krankheiten und ganz besonders oft bei Schmerzen. Das sind alles Bereiche, von denen ich wenig Ahnung habe, und gerade da hat meine Bitte Erfolg. Nur in meinem eigenen Fachgebiet, der Gynäkologie, klappt es häufig nicht. Mittlerweile denke ich, ich weiß auch, warum. Der liebe Gott, der mir diese Gabe verliehen hat, will offenbar, daß ich zunächst einmal sorgfältig meine Arbeit mache. Erst wenn ich mit meinem Latein am Ende bin, hilft er mir weiter.«
Das liegt nun schon einige Jahre zurück. Manchmal rufe ich ihn an und frage neugierig: »Klappt's noch?« Und dann antwortet er regelmäßig, daß er immer noch heilen »darf«. Und fügt immer gleich hinzu: »Aber das kann doch jeder!« Und dann erklärt er mir jedesmal aufs neue geduldig, wie es geht, und wenn ich es nicht mit eigenen Augen erlebt hätte, würde ich ihm das nie und nimmer abnehmen.
Irgendwann bekam ich es dann einmal schriftlich: Wolfgang Schuler bat mich, ihm bei der Übersetzung eines Vortrags behilflich zu sein, den er in englischer Sprache auf einem Weltkongreß für Naturheilkunde in Havanna halten sollte. Ich war nur zu gern bereit dazu, aber auch sehr überrascht.
»Was haben Sie denn mit der Naturheilkunde zu tun?« fragte ich erstaunt.
»Ich persönlich sehr wenig«, sagte er schmunzelnd. »Aber jemand anders sehr viel. Sie werden schon sehen. Das Thema heißt: ›Ein traditionelles holistisches Behandlungskonzept aus dem Nahen Osten und seine klinische Anwendbarkeit‹.«
Ich war, muß ich zugeben, an dem Thema nur mäßig interessiert, aber das änderte sich sehr schnell, als ich begriff, was hinter diesem holistischen Konzept steckte: nämlich eine Erklärung für seine eigene Heilmethode.

Darüber wollte er allen Ernstes auf einem Weltkongreß für Mediziner sprechen, ohne Angst, sich lächerlich zu machen?
Ich war beeindruckt von seinem Mut, sich vor einem internationalen Gremium von Kollegen zur Glaubensheilung zu bekennen. Aber je weiter ich im Text kam, desto größer wurde meine Bewunderung nicht nur für seinen Mut, sondern auch für seine Fähigkeit, praktizierendes Christentum mit präzisem naturwissenschaftlich-schulmedizinischem Denken zu verbinden. Dies ist der Vortrag, den Dr. Wolfgang Schuler in Havanna hielt:

Moderne Wunderheilung nach dem Vorbild Christi

»Unter traditioneller holistischer Medizin verstehen wir im allgemeinen eher die großen heilkundlichen Traditionen des Fernen Ostens, etwa die Akupunktur, die Moxibustion und die spezielle Kräutertherapie Chinas. Kaum einer würde ein ähnlich effektives Konzept aus dem Bereich des Nahen Ostens vermuten. Während das traditionelle chinesische Konzept im Verlaufe mehrerer Jahrhunderte entwickelt wurde, mit großen Beiträgen zahlreicher Experten, wurde das hier zu erörternde Konzept im wesentlichen von einer einzigen Persönlichkeit etabliert. Hinzu kommt, daß dieser Person lediglich etwa drei Jahre des öffentlichen Wirkens zur Verfügung standen, bevor diesem ein außerordentlich tragischer Tod ein jähes Ende bereitete. Nichtsdestoweniger begründete dieser Mann eines der wohl faszinierendsten Heilungskonzepte der Weltgeschichte, dessen Grundprinzipien unschwer von jedem erlernt werden können, der sich für effektive heilkundliche Methoden interessiert.
Die Person, von der hier die Rede ist, ist eine altbekannte historische Persönlichkeit mit weltweiter Reputation. Wenn wir im Hinblick auf das gegenwärtige Jahr von 1990 sprechen, so bedeutet diese Zahl die genaue Anzahl von Jahren, die seit dem angenommenen Geburtstermin jener Persönlichkeit verstrichen sind. Ich

Beten für ein Wunder

Die kleine Elizabeth Jernigan war erst wenige Monate alt, als sie an einem extrem seltenen und sehr bösartigen Gehirntumor erkrankte, einem Melangiom, das bisher für jeden den sicheren Tod bedeutet hatte. Eine Operation wurde nur angesetzt, um die Schmerzen des kleinen Mädchens auszuschalten, und vielleicht auch, weil ihr Großvater ein bekannter Arzt und Absolvent der berühmten Harvard Medical School war.

In dem ebenso sachlichen wie anrührenden Bericht, den die renommierte amerikanische Zeitschrift *Time* (im April 1995) veröffentlichte, wird geschildert, wie sich Eltern, Großeltern, Freunde und Gemeindemitglieder zu Gebetskreisen zusammensetzten und inbrünstig um Heilung oder doch zumindest um Linderung und Kraft für das sterbenskranke Kind baten.

Am Tag vor der geplanten Operation bildete sich der Tumor plötzlich zurück. Bei der Gewebeuntersuchung waren die Neurochirurgen sprachlos: Keinerlei kanzerogenes Gewebe war mehr vorhanden. Elizabeth ist heute fünfzehn Jahre alt und völlig gesund.

spreche von Jesus von Nazareth, einem außerordentlich erfolgreichen Laienheiler und genialen Lehrer aus Galiläa, einer kleinen unbedeutenden Provinz im Norden des alten Palästina. Heute haben sich seine Ideen und die Geschichten um seine Person um die ganze Welt verbreitet.

Ich möchte in diesem Zusammenhang nicht auf die verschiedenen religiösen Aspekte seines Wirkens und Handelns eingehen, was seither bis in unsere Zeit Gegenstand leidenschaftlicher Diskus-

sionen war und immer noch von höchster Aktualität ist. Als Arzt bin ich vor allem an seiner außerordentlichen Heilungsfähigkeit interessiert, die er als Lehrer großzügig an jene weitervermittelte, die bereit waren, seine Grundsätze und Empfehlungen ernst zu nehmen und auch anzuwenden.

Verglichen mit anderen Gestalten jener Zeit, besitzen wir über ihn erstaunlich solide und detaillierte Dokumente, so daß wir seine grundlegenden Ideen und sein konkretes praktisches Vorgehen recht genau erforschen und nachvollziehen können. Diese Dokumente sind im Neuen Testament zusammengestellt, eine Schriftensammlung, die aus 27 Einzeldokumenten besteht. Die relevantesten hiervon sind jene vier Berichte, die auch als Evangelien bezeichnet werden und den Autoren Matthäus, Markus, Lukas und Johannes zugeschrieben werden. Einer von ihnen, Lukas, war ein ausgebildeter Arzt. Ihm verdanken wir einige der aufschlußreichsten Details über die Heilungspraxis und Lehrtätigkeit Jesu.

Bei seinen öffentlichen Auftritten heilte Jesus mit größter Kompetenz und außerordentlichem Erfolg, wie dies bisher in ähnlicher Weise noch von niemandem in der ganzen Weltgeschichte jemals erreicht wurde. Von Anfang an war diese Art des Heilens ein wesentliches Element seines öffentlichen Wirkens. Fast alle Spezialgebiete der modernen Medizin sind bereits in den genannten Berichten repräsentiert, einschließlich Neurologie, Psychiatrie, innere Medizin, Gynäkologie, Hals-Nasen-Ohren-Heilkunde, Orthopädie, Ophthalmologie und Chirurgie. Ja, sogar einige spektakuläre, gut dokumentierte Fälle von Totenerweckungen, vollzogen an definitiv Verstorbenen, sind überliefert. An den Namen des wohl spektakulärsten Falles dieser Art (siehe Johannes 11,1–44) erinnert hier in Havanna, Kuba, sogar ein Straßenname, nämlich ›San Lazaro‹. Es ist jene Straße, die zu den breiten Stufen zu Füßen der schönen Statue der Alma mater am Eingang der hiesigen Universität führt.

Jesus machte nie einen Hehl aus der wahren Quelle seines außerordentlichen Erfolges. Als begnadeter Lehrer erläuterte er seine

Vorstellungen auf eindrucksvolle, allgemeinverständliche Weise anhand einfacher, anschaulicher Beispiele. Aus seiner holistischen, ganzheitlichen Betrachtungsweise heraus erläuterte er die wichtigen, aber wenig bekannten Fakten bezüglich der unsichtbaren spirituellen Welt mit Vergleichen aus dem täglichen Leben. Seine Schüler waren vorwiegend einfache, ungebildete Leute. Dennoch hatten sie wenig Mühe, seine Ausführungen zu verstehen, und bald schon erzielten sie in Sachen Heilkunde ähnliche Erfolge.

Seit jener Zeit gab es im Verlaufe der Jahrhunderte viele Beispiele für die erfolgreiche Anwendung dieses Konzeptes (siehe zum Beispiel Schamoni 1976 und Läpple 1989). Meist wurde es auf sehr bescheidene Weise praktiziert, so daß es nie große Anerkennung oder offizielle Beachtung innerhalb der bedeutenden medizinischen Traditionen gewinnen konnte. In unserer Zeit haben einige Fernseh-Evangelisten von sich reden gemacht, vor allem in den USA, manchmal mit recht eindrucksvollen Beispielen ihrer Heilungsfähigkeit. Allerdings haben auch Scharlatane unter ihnen die echte Heilungsgabe erheblich diskriminiert.

Es ist charakteristisch für die Lehrweise Jesu, daß er alles mit sehr einfachen Worten zu erklären versteht. Er faßt seine zahlreichen Richtlinien, Hinweise und Empfehlungen zur Heilkunde in einem einzigen übergeordneten Prinzip zusammen, das alle anderen beinhaltet … Dieses Prinzip ist: Liebe deinen Schöpfer über alles, und – von gleich großer Wichtigkeit – liebe deinen Nächsten wie dich selbst (Matthäus 19,16 und Lukas 10,27). Der zweite Teil dieses Doppelprinzips wurde von ihm auch so formuliert: ›Was ihr von anderen erwartet, das tut auch ihnen‹ (Lukas 6,31 und Matthäus 7,12). Diese prägnant formulierte Empfehlung wurde inzwischen weltweit als die Goldene Regel zum geflügelten Wort.

Dieses genannte übergeordnete Prinzip hat auch in seiner Lehre zum Thema Heilkunde die oberste Bedeutung. Sein heilkundliches Konzept enthält zwei wichtige Komponenten, die beide eng mit-

einander verknüpft sind und einander ergänzen. Im einzelnen sind diese:

1. *Heilen aus praktischer und rationaler Sicht, geleitet von Nächstenliebe und Sympathie, und*
2. *Heilen aus Vollmacht, einem zusätzlichen Geschenk des liebenden Gottes, das dieser unter ganz bestimmten Umständen auf Wunsch gewährt.*

Das erste Konzept stellt sozusagen die solide Grundlage des Gesamtkonzeptes dar und klingt uns recht vertraut, entspricht es doch den meisten medizinischen Traditionen der verschiedenen Kulturen dieser Welt, sowohl der östlichen Traditionen (Kräuterheilkunde, Akupunktur, Moxibustion etc.) als auch der westlichen Traditionen (wissenschaftliche Medizin einschließlich der zahlreichen Fachdisziplinen). Doch er betont dabei ein wichtiges Element, das allzuoft vernachlässigt wird, nämlich Liebe und Sympathie sollen das tragende Motiv bei jeder Behandlungsmethode sein. Wenn wir ohne Liebe und Sympathie behandeln, ist selbst die beste Methode oder Technik weniger wert oder sogar völlig wertlos.

Die Frage, wie wir den Nächsten lieben sollen, beantwortet Jesus mit der berühmten Geschichte des guten Samariters. Hier zeichnet er – vor fast zweitausend Jahren – das gesamte System der modernen medizinischen Versorgung vor, dargestellt am Beispiel eines polytraumatisierten Patienten, nämlich: Erste Hilfe, Krankentransport, Hospitalisierung, Krankenhauspflege, Krankenversicherung und sogar Nachsorge (nachzulesen bei Lukas 10,30 bis 37).

Die zweite komplementäre Komponente des neutestamentlichen Heilens ist außerordentlich faszinierend und stellt den eigentlichen Weg dar, wie Jesus und später auch seine Schüler selber Heilkunde praktizierten. Dies übersteigt bei weitem die Grenzen der gesamten Naturheilkunde und der modernen wissenschaftli-

Mit Jesus begann die Tradition
der christlichen Glaubensheilungen.

Heilende Gebete

Zu den dokumentierten Glaubensheilungen aus jüngerer Zeit gehört der Fall einer Klosterschwester aus Darmstadt. Beim Bau einer Kapelle war sie durch die frisch betonierte Decke gestürzt und auf einem Holzbalken gelandet. Sie wurde eilends ins Krankenhaus gebracht. Die Röntgenaufnahmen zeigten, daß sie einen überaus komplizierten Beckenbruch erlitten hatte.

Die anderen Schwestern hielten eine Gebetsvigil, die die ganze Nacht andauerte. Obwohl die Ärzte darauf bestanden, daß sie mehrere Wochen lang im Streckverband ruhen müsse, nahmen die Klosterschwestern sie nach zwei Tagen mit heim und behandelten sie weiterhin mit Handauflegen und Gebeten.

Zur allgemeinen Verwunderung stand die Schwester sofort nach dem Handauflegen auf, befreit von den quälenden Schmerzen und offensichtlich geheilt. Nach nur zwei Wochen war sie völlig wiederhergestellt. Sie ging ins Krankenhaus und präsentierte sich den staunenden Ärzten.

chen Medizin und ist nicht leicht zu verstehen, es sei denn, daß wir den Erklärungen dieses einzigartigen Lehrers nachgehen.
Aus seiner ganzheitlichen Betrachtungsweise heraus spielt die nicht sichtbare spirituelle Welt eine sehr wichtige, ja eine entscheidende Rolle. Ähnlich wie im Taoismus spricht er ebenfalls von einer höchsten Macht, die dem gesamten Universum übergeordnet ist und alle Macht in Händen hält. Doch im Gegensatz zur Lehre des Taoismus lehrt er, daß diese Macht ausdrücklich personalen Charakter hat. Er nennt dieses oberste übernatürliche Wesen seinen Vater, und er besteht darauf, daß seine erstaunlichen Heilungen in Wirklichkeit von ihm, seinem mächtigen Vater, bewirkt werden, und zwar lediglich auf seine Bitte hin.
Offen bietet Jesus seinen Schülern an, ähnliche oder sogar noch höhere Heilungen bewirken zu können, wenn sie von ihm lernen, sich an seinen Richtlinien orientieren und wenn sie auf diese Weise zu ihm eine ähnlich innige Verbindung pflegen wie er zu seinem Vater.

Klinische Anwendung

Im Englischen gibt es ein beliebtes Sprichwort: The proof of the pudding is in the eating. Ob ein Pudding gut ist, erkennt man erst beim Probieren. Wenn wir dieses einfache, aber wirkungsvolle Konzept selber ausprobieren wollen, brauchen wir nur zwei Dinge zu tun:

1. *Dem Patienten zunächst mit unseren eigenen Möglichkeiten zu helfen, so gut wir können, auf dem Boden pragmatischer Erfahrungen und/oder mit Hilfe rational begründeter Methoden, ganz nach dem Grad unserer Erfahrung, Fähigkeit, Ausbildung usw. Dies sollte aus einem Motiv der Liebe und Sympathie erfolgen, ähnlich wie in der Geschichte des guten Samariters. Hierum sind wir bei unseren Patienten ohnehin bemüht. Dies*

ist sozusagen die Basis jeder effektiven naturheilkundlichen und medizinischen Therapie.

2. *Ergänzend zu diesem ersten Schritt sollen wir die angebotene intensive Verbindung zu jenem größten aller Heilkundigen pflegen, indem wir uns an seine Worte und Richtlinien halten und sie uns zu eigen machen. Hiermit erfüllen wir die Voraussetzung, an die die Zusage von Johannes 15,7 geknüpft ist, nämlich daß wir das erhalten, um was auch immer wir in diesem Sinne bitten.*

   Entsprechend einer Empfehlung Jesu ziehe ich es vor, dies heimlich, also für andere unbemerkt, zu tun, um eine unnötige Verwirrung der Patienten zu vermeiden. Gleichzeitig wird so eine Atmosphäre der Objektivität geschaffen, ähnlich wie bei einer wissenschaftlichen Doppelblindstudie. Nicht immer, aber doch sehr häufig resultiert hieraus eine beachtliche Veränderung im Befinden des Patienten in Richtung Besserung oder Heilung, entweder unmittelbar sofort oder innerhalb eines kurzen Zeitraums.

Die Zuverlässigkeit dieses Konzepts wurde kürzlich von dem Kardiologen Prof. R. Byrd (1988) in einer randomisierten Doppelblindstudie an einer großen Zahl kardiologischer Patienten einer Intensivstation überprüft. Seine wissenschaftlich ausgewerteten Daten liefern einen eindrucksvollen Beweis. Jeder heilkundlich Tätige kann dies ohne großen Aufwand auf seinem eigenen Spezialgebiet selber überprüfen.

Einige klinische Fallbeispiele

Im folgenden möchte ich einige Fallbeispiele aus meiner eigenen Tätigkeit vorstellen, um einen konkreten Eindruck des Gesagten zu vermitteln. Ich bin an der geburtshilflich-gynäkologischen Abteilung eines Schwerpunktkrankenhauses als Oberarzt tätig.

Wir praktizieren ein weites Spektrum moderner geburtshilflicher und gynäkologischer Behandlungsmethoden. Die hier beschriebene Methode setzen wir als eine integrierte ergänzende Komponente mit den regulären Behandlungsmethoden ein, zum Beispiel um Schmerzen oder andere unangenehme Symptome zu beseitigen oder zu lindern und wenn möglich auch den Heilungsprozeß zu unterstützen.

Fall 1: Karin. *Eine 25jährige Frau, die sich einer Reduktionsplastik ihrer übergroßen Brüste unterziehen mußte (Methode nach Peixoto). Wegen einer akuten Blutung wurde nach 48 Stunden eine zweite Operation notwendig. Zwei Tage später wurde ich zu ihr wegen erneut aufgetretener heftiger Schmerzen in der rechten Brust gerufen. Nach entsprechender Untersuchung und einigen beruhigenden Worten berührte ich ganz leicht die schmerzhafte Region und wandte die oben beschriebene Methode an, heimlich, und die Schmerzen verschwanden. Sie fühlte sich sehr erleichtert, und es trat ein leichtes Schwindelgefühl auf. Der weitere Verlauf war völlig komplikationslos.*

Fall 2: Anna. *Eine 56jährige Frau, bei der ein zweites Lokalrezidiv eines Brustkrebses auftrat. Wir mußten eine tiefe und weite Exzision des Tumorgewebes vornehmen, und der Defekt wurde mit Hilfe einer TRAM-Lappen-Technik gedeckt. Hierbei wurde der lange gerade Bauchmuskel mit dem dazugehörigen Segment zur Deckung verwendet. Nach dieser mehrstündigen Operation hatte sie beträchtliche Schmerzen im Bereich der Bauchwunde, wo sich bald eine oberflächliche Nekrose mit Entzündung abzeichnete. Sie konnte nicht mehr aufrecht gehen vor Schmerzen. Ich setzte die beschriebene Behandlungsmethode ein, und die Schmerzen verschwanden innerhalb weniger Augenblicke. Sie konnte sich sogar wieder völlig normal aufrichten und war darüber sehr glücklich. Nachdem das nekrotische Gewebe entfernt wurde, bot die weitere Wundbehandlung keine Probleme mehr.*

Wenn ihr Glauben habt
wie ein Senfkorn
und saget
zu diesem Maulbeerbaum:
Reiß dich aus und versetze dich ins Meer!
So wird er euch gehorsam sein.

Lukas 17,6

Fall 3: Marie. *Eine andere Frau mit Brustkrebs. Sie war 58 Jahre alt. Nach Entfernung des Tumors und Beendigung der Strahlenbehandlung entwickelte sie ein ausgedehntes loko-regionales Rezidiv in der Gegend um die Klavikula und bis in die seitliche Halsregion. Ihre Haut wurde steinhart, bedingt durch fortgeschrittene Tumorinfiltration sowie als Folge der Bestrahlung, und sie litt unter heftigen Schmerzen in diesem Bereich. Mit Hilfe dieser Methode – leichte Berührung, verbunden mit heimlichem, intensivem Gebet – wurden ihre Schmerzen erheblich gelindert. Sie konnte Schulter und Hals wieder besser bewegen, und nach einer kurzen Behandlungsserie dieser Art, verteilt über die nächsten Tage, fühlte sie sich für einige Wochen wieder recht wohl, obgleich sich ihr klinischer Befund nicht erkennbar besserte. Schließlich verstarb sie an den Folgen von Komplikationen, die sich aufgrund multipler Metastasen in den inneren Organen entwickelten.*

Wir alle stehen selbst eines Tages vor der Krise unseres physischen Todes. Das soll keineswegs verdrängt werden. Der Einsatz dieser Methode soll keinesfalls die Auseinandersetzung mit diesem wichtigen Augenblick unseres Lebens verhindern. Im oben beschriebenen Fall wurde der armen Patientin die letzte Lebensphase mit Hilfe dieser einfachen Methode zumindest erheblich erleichtert. Als sie schließlich starb, hatte sie ein so wunder-

bares Lächeln auf den Lippen, als ob sie genau gewußt hätte, wohin sie geht.
Diese Serie ließe sich noch lange fortsetzen, doch soviel mag genügen, um klarzustellen, wie nützlich diese einfache Behandlungsmethode in der täglichen klinischen Arbeit ist.

Eine gründliche Durchsicht der Weltliteratur zeigt eindeutig, daß in der gesamten Geschichte niemand jemals erstaunlichere Heilerfolge erzielte als Jesus von Nazareth. Er stellt sozusagen den Goldenen Standard für das Gebiet der Heilkunde dar. Abgesehen von seinen außerordentlichen Heilungsfähigkeiten war er gleichzeitig auch der unübertroffene Lehrer des von ihm vertretenen Konzepts, das zwei Komponenten enthält und im vollsten Sinne des Wortes holistisch, also ganzheitlich ist. Die im Neuen Testament gesammelten Dokumente enthalten alle Informationen, die wir benötigen, um selber Experten in dieser Behandlungsmethode zu werden.
Teil 1 dieses Zwei-Komponenten-Systems stellt sozusagen die Basis dar und besteht in einem pragmatisch oder rational orientierten Behandlungskonzept auf der Grundlage der Goldenen Regel als tragendes Motiv. Dies bedeutet, daß wir jede uns verfügbare und geeignete Hilfe für den Patienten einsetzen, je nach Grad unserer Möglichkeiten und Fähigkeit, getragen von Nächstenliebe und Mitgefühl unseren Patienten gegenüber.
Teil 2 dieses Konzeptes verhält sich hierzu komplementär und eröffnet eine außerordentlich faszinierende Perspektive: Heilen mit Vollmacht. Jesus als der kompetenteste Lehrer auf diesem Gebiet zeigt hierzu den Weg auf, wie dieses höchste Ziel zu erreichen ist, das sich ein engagierter Therapeut überhaupt vorstellen kann.
Im Bericht des Johannes (15,7) faßt er dieses in einem einzigen Satz zusammen: ›Wenn ihr in mir bleibt und meine Worte in euch bleiben, werdet ihr bitten, was ihr wollt, und es wird euch widerfahren.‹

Ich wünsche, daß viele dieses faszinierende Konzept einmal in der Praxis erproben, um die wunderbaren Früchte zu sehen, die aus seiner ernsthaften Anwendung hervorgehen, und um die unendliche Freude zu teilen, die es hervorruft, nicht nur im Patienten, sondern gleichermaßen im Behandelnden selbst.«

Die Resonanz auf seinen Vortrag, sagt Wolfgang Schuler, sei sehr positiv gewesen, auch wenn manche Kollegen außerordentlich überrascht waren. Das glaubte ich ihm aufs Wort.
Sosehr Dr. Schuler seine eigene Rolle in diesem Prozeß auch herunterspielt: Ich kenne außer ihm keinen Theologen und erst recht keinen Arzt, der diese Methode praktiziert und durch die Kraft seines Glaubens Heilung bewirken – oder erbitten – kann und das auch immer wieder mit großer Freude tut. Mögen die Theologen noch so scharfsinnig dafür plädieren, daß nicht einmal Christus die Wunder getan hat, die die Bibel ihm nachsagt: Wolfgang Schuler liefert den Beweis dafür, daß sie mit ihren messerscharfen Argumenten möglicherweise messerscharf danebenliegen.
Vor Jahren, als er noch Oberarzt war, habe ich einmal mit seinem damaligen Chefarzt über ihn gesprochen. Der war ein typischer Schulmediziner, ein Pragmatiker von Gottes Gnaden. »Ich habe keine Ahnung, wie es möglich ist«, sagte der Professor und zog ein wenig ratlos die Schultern hoch. »Aber er kann's.«
Daß er's kann, steht auch für mich ohne jeden Zweifel fest. Ich habe es schließlich selbst erlebt. Früher fragte ich ihn – fasziniert, wie ich war – manchmal, ob er mir mit seiner »Methode« nicht die Bronchitis, die starken Kopfschmerzen oder auch den Herpes »behandeln« könnte, und dann tat er das auch postwendend. Aber nun habe ich ihn schon seit Jahren nicht mehr um Hilfe gebeten, wenn ich gesundheitliche Probleme hatte. Sosehr ich ihn auch bewundere – sein konservatives Christentum bereitet mir Probleme. Ich habe Schwierigkeiten damit, alle Ereignisse im Neuen Testament so wörtlich zu nehmen, wie er das tut. Und ich kann auch nicht ohne weiteres akzeptieren, daß christliche Wunder größer sein sollen als die Wun-

Wo auch Ärzte an ein Wunder glauben

Die englische Ärztin Ruth Coggin arbeitete 1982 in Pakistan. Bei einem Kaiserschnitt setzte eine so heftige Blutung ein, daß als Ursache nur mangelnde Blutgerinnung in Frage kam. Das nicht gerinnende Blut bildete tiefe Pfützen in dem Bett der Patientin, und es strömte unaufhörlich weiter aus dem Schnitt.

Die Ärztin konnte etwas mehr als einen Liter Blut für eine Transfusion auftreiben, doch das reichte bei weitem nicht aus, den riesigen Blutverlust auszugleichen.

Ruth Coggin verfiel in ihrer Verzweiflung darauf, mit der Patientin gemeinsam zu beten. Sie berichtete: »Wir beteten mit der Patientin, nachdem wir ihr von Jesus erzählt hatten ... Ich versicherte ihr zudem, daß wir uns keine Sorgen zu machen brauchten, da Jesus schon früher in solchen Fällen geholfen habe und daß ich davon überzeugt sei, er würde auch sie heilen.«

Mehrere Stunden hielt die Blutung bei der Patientin an, trotzdem verbesserte sich – fast unvorstellbar – ihr Allgemeinzustand. Erst 48 Stunden nach der Operation begann das Blut schließlich zu gerinnen, und die junge Frau erholte sich zusehends. Zehn Tage später wurde sie mit ihrer gesunden kleinen Tochter entlassen. Für die Ärztin bestand kein Zweifel, daß die junge Mutter ihr gesamtes Blutvolumen verloren hatte. Das Problem dabei ist: Kein Mensch kann so schnell den Blutverlust ersetzen ... »Daraus ließ sich nur der irritierende Schluß ziehen, daß sich Kamros neues Blut in der Luft materialisiert haben muß«, schreibt Talbot.

*(Aus: British Medical Journal 1983, Dezember,
zitiert nach Michael Talbot:
Das holographische Universum)*

der in allen anderen Religionen und das Christentum die einzig wahre Religion sei. Weil ich seinen Glauben in dieser Intensität nicht teilen kann, habe ich Hemmungen, ihn für mich persönlich um göttliche Intervention zu bitten, obgleich ich weiß, daß er mit diesem Glauben bisweilen Berge versetzen kann. Ich käme mir so vor, als würde ich ihn benutzen – obgleich er das weit von sich weisen würde. Aber wir reden immer wieder einmal darüber.

»Übrigens«, hat er mir neulich beiläufig mitgeteilt, »früher war es ja so, daß ich in der Gynäkologie keine Hilfe von oben bekommen habe. Wissen Sie, was? Da klappt es jetzt auch!«

Christliche Wissenschaft: Der liebe Gott wird's schon richten

Das Gebet, das eine Sünde umwandelt
und die Kranken heilt,
ist ein absoluter Glaube,
daß bei Gott alle Dinge
möglich sind.

Mary Baker Eddy

Die amerikanische Hausfrau Mary Baker Eddy war, einmal abgesehen von ihren drei Ehen, eine ziemlich unauffällige Person: Nichts, aber auch gar nichts deutete darauf hin, daß die stille, stets ein wenig kränkelnde Frau die Begründerin einer Glaubensgemeinschaft werden würde, der noch hundert Jahre nach ihrem Tode einige Millionen Anhänger angehören. Die sogenannte »Christian-Science«-Bewegung bereitet dem Ärztestand auch heute eine Menge Kopfzerbrechen: Ihre Mitglieder gehen nämlich einfach nicht hin.

Im Winter 1866 rutschte Mrs. Mary Patterson, die später den Namen ihres dritten Ehemanns annahm und als Mrs. Baker Eddy Geschichte machte, auf dem Eis aus und erlitt eine Reihe von schweren Verletzungen. Die Prognosen der Ärzte waren denkbar schlecht. Mrs. Patterson ließ sich dadurch nicht weiter beunruhigen. Sie hielt ohnehin nicht viel von Ärzten. Schon damals war sie eine fanatische Anhängerin des geistigen Heilens. In den nächsten Jahren las sie noch mehr in der Bibel, als sie das ohnehin schon getan hatte, und wider Erwarten erholte sie sich – langsam, aber sicher. Nach zwei Jahren war sie völlig gesund. In dieser Zeit entwickelte sie ihre Ideen über Gesundheit, Gebet und die Rolle des Glaubens und machte sie zu einer Religion mit sich selbst an der Spitze.

Viele Menschen lächeln über ihre Doktrin, die (wie alle Religionen) in der Tat manche Ungereimtheiten und einige recht absurde Vorstellungen enthält. Aber man muß zugestehen, daß der schlichten Hausfrau beim Bibellesen zwei fundamentale Erkenntnisse kamen, mit denen sie ihrer Zeit um Jahrzehnte voraus war: Mary Baker Eddy entdeckte lange vor den modernen Psychosomatikern, was im Altertum bekannt war und für uns heute eine Binsenweisheit ist: Krankheit und Schmerz haben ihren Ursprung sehr häufig in der Seele. Die etablierte Medizin ihrer Zeit fand diese Idee völlig absurd – ebenso wie ihre zweite Erkenntnis: Es gibt keine materielle Wirklichkeit. Die einzige Wirklichkeit, die existiert, ist rein spirituell. Auch diese These ist von der Quantenphysik mittlerweile bestätigt worden.

Dies ist, in knappen Worten, die Quintessenz ihrer Lehre, die mittlerweile in viertausend Gemeinden in fünfzig Ländern verbreitet wird. Auch in Deutschland gibt es in vielen größeren Städten Kirchen und Leseräume der »Christlichen Wissenschafter«. Das Zentrum sind allerdings immer noch die USA.

Jede Religion, die einen allmächtigen Gott verehrt, hat eine Erklärung für die Existenz des Bösen in dieser Welt. Die radikalste stammt wohl von Mrs. Baker Eddy. Sie behauptet schlicht: Es gibt in der Welt kein Übel, keine Sünde, keine Krankheit, keinen Tod. Denn Gott ist vollkommen, und da die Menschheit Gottes Schöpfung ist, muß sie ebenfalls vollkommen sein. Alles, was auf das Gegenteil hindeutet, kommt einem möglicherweise manchmal so vor, ist aber ein Irrtum.

> *Die Menschen reden über die Wunder in der Bibel, weil es in ihrem Leben keine Wunder gibt. Hört auf, an der Kruste zu nagen. Reife Früchte hängen direkt über deinem Kopf.*
>
> Henry David Thoreau

Ihrer Ansicht nach gibt es zahllose Beispiele dafür, daß Leiden und Tod nichts weiter als Illusionen sind, Fata Morganas, die man überwinden kann, indem man an Gottes Vollkommenheit denkt, und wenn man nur inbrünstig genug betet, so wird er Heilung schicken und notfalls dafür auch die Naturgesetze transzendieren. Gott habe ausdrücklich betont: »Ich bin der Herr, dein Arzt.« Menschliche Ärzte wären deshalb nicht nur überflüssig, sie schadeten im Heilungsprozeß sogar, deshalb sollte man sie möglichst aus dem Spiel lassen. Weil es sich bei diesem Konzept nach Mary Baker Eddys Meinung nicht etwa um einen Glaubenssatz handelte, sondern um einen »wissenschaftlich bewiesenen Tatbestand«, nannte sie ihre Religion konsequenterweise »Christliche Wissenschaft«.

Das alles ist ziemlich schwer zu schlucken, selbst für viele Anhänger ihrer Bewegung. Deshalb versuchen sie es gar nicht erst. Anstatt im trüben der Philosophie zu fischen, konzentrieren sich die meist stillen, sympathischen Adepten, überwiegend Mitglieder der gehobenen Mittelschicht, lieber auf die konkreten Heilungserlebnisse, die sie am eigenen Leibe erfahren haben. Die geistige Führung der »Christlichen Wissenschafter« wird zwar nie müde zu betonen, daß es gar nicht so sehr auf die eigentliche »materielle« Heilung ankäme, diese sei nur der äußere und sichtbare Beweis einer inneren geistigen Gnade. »Wenn ein Christlicher Wissenschafter auf eine Heilung zurückdenkt, dann denkt er im allgemeinen nicht: Damals wurde ich von der Lungenentzündung geheilt, sondern: Damals lernte ich, was wahre Demut ist. Sich an Gott zu wenden um Heilung dient dem Zweck, die tiefergehende Entfremdung des menschlichen Denkens von Gott zu heilen« (Fallbeispiel aus den Schriften der »Christlichen Wissenschafter«). Aber für viele Mitglieder, die zwar gläubige Christen, aber auch nur Menschen sind, ist es letzten Endes doch die Erfüllung der Bitte um Heilung, die sie zur »Christian Science« hingeführt hat.

Viele von ihnen haben einen ähnlichen Werdegang hinter sich. Sie haben verschiedene Glaubensrichtungen ausprobiert und waren von keiner richtig überzeugt. Schließlich kamen sie zur Christlichen Wissenschaft, und dort hat es »klick« gemacht: Sie haben das Heilen ausprobiert, und es hat funktioniert. Sie sind durch die inbrünstigen Gebete der Gemeindemitglieder von ihrer Krankheit geheilt worden.

Zu den wichtigsten Doktrinen der »Christlichen Wissenschaft« gehört die Forderung, daß die Gläubigen ihren Glauben dadurch unter Beweis stellen, daß sie sich im Krankheitsfall ausschließlich durch Gebete heilen, und genauso selbstverständlich auch für andere beten. »Die Liebe«, so ihr langjähriger Sprecher Robert Peel, »ist möglicherweise ein genaueres Instrument als chemische Analysen und genetische Experimente.«

Heilungsberichte müssen beglaubigt werden

Es ist den Anhängern der »Christian Science« zwar nicht ausdrücklich verboten, zum Arzt zu gehen. Zahnarztbesuche sind akzeptabel, ebenso die Verordnung von Brillen, Hörgeräten und Krücken, und es ist auch in Ordnung, gebrochene Knochen richten zu lassen. Seitdem eine Frau bei einer schweren Geburt nur Hilfe durch einen Gebetsheiler erhielt und beide, Mutter und Baby, starben, dürfen auch Geburtshelfer bei der Entbindung anwesend sein. Aber in allen anderen Fällen verlassen sich die Mitglieder der »Christlichen Wissenschaft« lieber auf die heilende Kraft des Gebets.
Das gilt ausdrücklich für *sämtliche* Krankheiten. Die »Christliche Wissenschaft« faßt den Begriff »Heilen« sehr weit. Sie behandelt durch ihre Gebete nicht nur Krebs und andere ernste Leiden, sondern, wie man seit hundert Jahren täglich in den sogenannten »Testimonials« in ihrer angesehenen und seriösen Zeitung, dem *Christian Science Monitor* und dem Monatsblatt *Der Herold der Christlichen Wissenschaft* nachlesen kann, auch Schluckauf und Erkältungen, Hühneraugen, Schwiegermutterprobleme und kranke Wellensittiche. Wer darüber lächelt, daß nicht nur dramatische Heilungen, sondern auch Berichte von Bagatellfällen in dem Blatt abgedruckt werden, mißversteht den Zweck, der dahintersteht: Die dramatischen Heilungen verbreiten die Botschaft, daß die Kraft des Gebets bei lebensbedrohlichen Krankheiten helfen kann. Aber die harmlosen Wehwehchen haben eine ebenso wichtige Moral: Heilung ist niemals

ein Wunder, kein Ereignis, das alle Jubeljahre vorkommt, wenn die Naturgesetze außer Kraft gesetzt werden, sondern ein voraussehbarer und verläßlicher Teil des göttlichen Plans.
Über fünfzigtausend solcher »Testimonials« sind seit Bestehen der Zeitschrift abgedruckt worden, darunter viele mit medizinischem Gutachten. Drei schriftliche Beglaubigungen oder Bestätigungen sind erforderlich, ehe ein Zeugnis zur Veröffentlichung freigegeben wird. Man hat der »Christlichen Wissenschaft« manches nachsagen können, aber an der Echtheit dieser Zeugnisse ist noch nie gezweifelt worden. Da sind zum Beispiel Fälle wie diese:

¤ Kathryn Ashbys Sohn Roderick hatte mit fünf Jahren einen schweren Verkehrsunfall. Er erlitt eine Gehirnerschütterung und mehrere Knochenbrüche. Die Ärzte rieten dringend, zumindest die Schulter chirurgisch zu behandeln. Seine Mutter weigerte sich und bat um die Genehmigung, ihren Sohn nur durch Gebete zu heilen. Zwei Wochen später war der Junge völlig gesund.
¤ John, der jüngste Sohn von Betty Louise Brunn, wurde 1946 mit deformierten Füßen geboren, der eine Fuß war ein Klumpfuß, und eine Ferse hatte kein Gelenk. Die Ärzte sagten, er würde nie laufen können. Betty akzeptierte das Urteil nicht, sie bat die Heiler ihrer Gemeinde, für John zu beten, und sie selbst betete ebenfalls inbrünstig. Mit fünfzehn Monaten begann der Kleine zu laufen, und mit drei Jahren war von dem angeborenen Problem nichts mehr zu spüren. In der Schule war er ein guter Baseballspieler, und später ging er zur Air Force und bestand alle strengen medizinischen Untersuchungen.

Grundsätzlich können sämtliche erwachsenen Gemeindemitglieder heilen; das Rüstzeug dazu erhalten sie in einem zweiwöchigen Seminar. Aber selbst unter frommen Mitgliedern weiß man aus Erfahrung: »Um ein erfolgreicher Heiler zu sein, braucht man spirituelle Hingabe und Disziplin. Das ist nichts für ungläubige Dilettanten!«
Deshalb gibt es seit einigen Jahren auch professionelle Helfer, soge-

nannte Practitioners. In Deutschland heißen sie »Ausüber« oder Praktiker, etwa fünfzig stehen den Hilfesuchenden zur Verfügung. In den USA sind sie sehr viel zahlreicher. Allein in der Gegend von Fort Worth, Texas, arbeiten zirka sechzig solcher »Gesundbeter« rund um die Uhr. Sie helfen, die Gedanken der Betenden in die richtige Bahn zu lenken, wenn sie es allein nicht schaffen.

Wie fällt das Blaue am hellichten Tag vom Himmel?
Wie konnte sich ein solches Wunder ereignen,
das aller ärztlicher Regel,
aller gesunden Vernunft spottet?
Vor allem meine ich, durch die restlose Bereitschaft Mary Bakers für das Wunder ...
Nie geschieht einem Menschen ein Wunder,
der es nicht innen längst
leidenschaftlich erwartet hätte.

Stefan Zweig

»An sich brauche ich keinen Vermittler«, erklärte Mary Jo Milner, »weil ich mich direkt an Gott wende. Aber manchmal ist das Fenster ein bißchen schmutzig, und dann braucht man jemanden. Bei den Fulltime-Praktikern sind die Gedanken klarer. So als ob man das Licht anmacht.«

Mary Jo war vom Pferd gestürzt und hatte eine schwere Stirnverletzung mit hohem Blutverlust erlitten. Ihr Mann, der kein Mitglied der Bewegung ist, bestand darauf, daß sie zu einem Arzt ging, aber Mary weigerte sich und ließ sich statt dessen von dem Praktiker John Hueffner behandeln. Die Wunde ist daraufhin glatt und komplikationslos verheilt.

Mr. Hueffner sagt bescheiden, daß nicht alle, aber doch die meisten Behandlungen zur Besserung führen. Er hat, behauptet er, Menschen mit Krebs heilen können, mit Arthritis, Knochenbrüchen und Depressionen. Das war möglich, weil es ihm gelang, die Kranken darauf zu zentrieren, an Gott zu denken und ihn um seinen Segen zu bitten.

Wenn es einmal nicht klappt, überprüft er seine eigene spirituelle Einstellung. »Ich verdopple meine Anstrengungen. Wenn es einem Kranken nicht bessergeht, versuche ich, den Patienten spiritueller zu machen, ich will, daß er Gottes Liebe besser begreift. Aber ich fange bei mir selbst an, wohl wissend, daß ich es auch nötig habe, mehr über Gott und christliches Verhalten zu erfahren ...« Viele amerikanische Krankenversicherungen bezahlen mittlerweile die (relativ bescheidenen) Honorare der Praktiker. Mr. Hueffner fordert fünfzehn Dollar pro Sitzung, die oft am Telefon stattfindet. Pro Tag behandelt er etwa sechzig Patienten. Für eine Heilung sind manchmal eine, manchmal auch mehrere Behandlungen notwendig.

»Das ist keine klammheimliche Religion, bei der sich die Leute den Autoritäten widersetzen und die Menschen sterben lassen«, sagt er nachdrücklich. »Unsere Bewegung gibt es heute und gab es in den letzten hundert Jahren, weil sie sich als wirkungsvoll erwiesen hat. Doch die einzige Aufmerksamkeit, die wir bekommen, ist meist negativ, wenn eine Heilung mißglückt.«

Wie im Falle der siebenjährigen Amy, die an Diabetes starb, weil ihre – wie das Gericht, vor dem sie sich wegen fahrlässiger Tötung verantworten mußten, später ausdrücklich betonte – »liebevollen und verantwortungsbewußten« Eltern sich weigerten, einen Arzt zu dem sterbenden Kind kommen zu lassen.

In den Augen ihrer Glaubensbrüder haben sich die Eltern, denen man Verantwortungslosigkeit, Fahrlässigkeit und körperliche Grausamkeit vorwarf, richtig verhalten. »Sowenig wie Eltern, deren Kind im Krankenhaus stirbt, grundsätzlich nicht mehr an die Medizin glauben, so halten auch treue Mitglieder unserer Bewegung an ihrem Glauben fest. Sie machen sich vielleicht den Vorwurf, daß sie die christliche Heilung nicht gut genug verstanden haben, aber sie wenden sich meist nicht von ihrem Glauben ab.«

In der Regel haben Mitglieder der »Christlichen Wissenschaft« wenig Interesse daran, den Erfolg ihrer Methode durch Zahlen zu

beweisen. Sie legen keinen Wert auf Statistik, dürfen laut Satzung nicht einmal zählen, wie viele Mitglieder die Bewegung hat. Und sie lehnen jeden Vergleich ab, bei dem konkrete Zahlen gegenübergestellt werden, etwa: Wie viele Todesfälle gab es bei Kindern aus »Christian-Science«-Familien, die an Meningitis erkrankt waren, im Vergleich mit dem Durchschnitt der Erkrankung in den USA?«
Allerdings existiert eine Studie über den Erfolg der Behandlung bei Kindern zwischen vier und vierzehn Jahren. Von 100 000 Kindern, die schulmedizinisch behandelt wurden, starben 51. Bei der »Christlichen Wissenschaft« gab es auf 100 000 Kinder weniger als die Hälfte, nämlich 23 Todesfälle. »Warum«, so Mr. Hueffner, »will uns die Gesellschaft eine Heilmethode aufzwingen, die weniger erfolgreich ist als unsere?«
Dazu die offizielle Stellungnahme der Kinderheilkunde: »Die Zahlen stimmen zweifellos. Doch die Mitglieder der Christian Science sind in der Regel wohlhabende Leute. Deshalb muß ihre Sterberate niedriger sein als die des Bevölkerungsdurchschnitts. Die Frage ist nur: Wie ist ihre Sterblichkeitsrate bei den Krankheiten, bei denen man ihnen unverantwortliches Handeln vorwirft? So wie Diabetes?«
Ein- oder zweimal sind die Mitglieder der Bewegung gegen ihren Willen vom Schicksal zum Test gezwungen worden. 1985 brachen in einer »Christian-Science«-Schule in Illinois die Masern aus. Fast keiner der siebenhundert Schüler war geimpft. 120 Schüler erkrankten, drei starben. Das ist zwanzigmal soviel wie in der normalen Bevölkerung. Trotzdem steht die gesamte Gemeinschaft hinter den Regeln, die ihre Begründerin vor über hundert Jahren erstellt hat, als mit ärztlicher Hilfe tatsächlich ungefähr soviel erreicht werden konnte, wie Mary mit ihren Gebetsgottesdiensten bewirkte. Und heute?
»Die große Mehrzahl der Krankheiten in den USA«, so der seriöse und nicht nur bei seinen Glaubensgenossen hochangesehene Sprecher der »Christian Science«, Robert Peel, »sind solche, die mit Medizintechnologien nicht geheilt werden können und für die positives Denken, Gebet und ein Fernbleiben vom öffentlichen Gesundheitswesen keine schlechte Idee ist. Die moderne Medizin basiert fast

ausschließlich auf dem Konzept, daß der menschliche Körper ein physikalischer Organismus ist, der durch Zufall, Verknüpfungen und bestimmte Gesetze seit Äonen von Jahren besteht. Das hat dazu geführt, daß die moderne Medizin mindestens so viele Erkrankungen wie Heilungen bewirkt.
Der Weg der modernen Medizin hat zahllose überflüssige Operationen mit sich gebracht, gefährliche Nebenwirkungen von Medikamenten, resistente Bakterienstämme infolge zu häufig verschriebener Antibiotika, Krankheiten, die durch Antitoxine entstanden, und neue Medikamente, die angeblich hoch wirksam wären. Intensivstationen verursachen neue Krankheiten, außerdem pathologische Zustände wie Insomnia, Angst, Phobien, und die meisten Leute denken, daß die Medizin viel wissenschaftlicher sei, als sie in Wirklichkeit ist. Statt dessen ist viel Raterei im Spiel, und Menschen werden wie Versuchskaninchen benutzt für neue Medikamente und Behandlungsformen. Die Erfolgsquote ist beunruhigend niedrig. Viele denken, daß mehr Geld für Forschungen, mehr Ärzte und Krankenschwestern zu mehr Gesundheit führen würden. Aber man kann ohne Übertreibung sagen, daß wir nach fünfzig Jahren Krebsforschung und Unsummen, die da investiert wurden, der Prophylaxe und der Heilung nicht nähergekommen sind. Im Gegenteil: Manche Krebsarten nehmen sogar zu. Weil wir begreifen, daß der medizinische Kaiser nur wenig neue Kleider hat, wenden sich die Menschen spirituellen Heilern und alternativen Methoden zu.« Worte, die einen nachdenklich stimmen.

Ich habe seit mehr als einem Jahrzehnt Gespräche mit Vertretern der Heilkunde geführt. Ich verstehe darunter zunächst die eigentlichen Mediziner dann im besonderen die Psychoanalytiker, zu dritt aber ... die Anhänger der Christlichen Wissenschaft vor ihrer rettungslosen Verpfaffung.

Dr. Hans Blüher

Mag man der Bewegung in mancher Hinsicht zu Recht Dogmatismus und Kleinkariertheit vorwerfen – für manche Menschen liefert die »Christliche Wissenschaft« ganz offensichtlich einen maßgeschneiderten Glauben, der ihnen die Sinnhaftigkeit gibt, die ihnen in ihrem Leben bitter fehlt. Viele leichtere Krankheiten werden damit hervorragend behandelt, höchstwahrscheinlich auch so manche schwere. Aber das ändert nichts an der Tatsache, daß einen die Praxis der Gebetsheilung hin und wieder staunen läßt – oder lächeln. Oder bisweilen auch beides, so wie in dem einen speziellen Fall, wo die Glaubensbrüder mit großer Inbrunst flehten: »Help us stoutly to affirm … that we have no dyspepsia, that we never had dyspepsia. That there is no such thing, that there never has been such thing and that there never will be any such thing. Amen.« Dann stellt sich der staunende Zuhörer wohl doch möglicherweise die Frage, ob Mary Baker Eddys Anhänger den Herrgott nicht besser mit solchen Kleinigkeiten verschonen sollten. Auch wenn Heilung, wie Mary behauptet hat und viele ihrer Anhänger nicht bezweifeln, »ein voraussehbarer und verläßlicher Teil des göttlichen Plans« ist, was wäre dagegen einzuwenden, gegen den Durchfall trockene Zwiebäcke, Tee und geriebene Äpfel zu verabreichen und die Bitte um göttliche Intervention für Fälle zu reservieren, in denen wir Menschen mit unserem Latein am Ende sind?

Heilgottesdienste in Südafrika: Echtes Christentum oder fauler Zauber?

> Afrikas unabhängige Christen glauben, daß Gott schon in Afrika war, ehe die Europäer kamen, und daß die afrikanische Art, ihn zu verehren, in mancherlei Hinsicht besser ist als die, die ihnen die Missionare beigebracht haben.
>
> *Harvey Cox, Professor der Theologie*

Südafrika gilt als das mit großem Abstand fortschrittlichste Land des Schwarzen Kontinents. Auch auf medizinischem Gebiet sind hier epochemachende Dinge geschehen: Die weltweit erste (und wenn man so will) erfolgreiche Herztransplantation wurde in Kapstadt durchgeführt. Aber wenn's drauf ankommt, verlassen sich 60 bis 80 Prozent der schwarzen Südafrikaner lieber nicht auf die westliche Medizin. Werden sie krank, greifen sie wie eh und je auf die traditionelle Heilkunde zurück. Dazu gehört die Behandlung mit Wurzeln und Kräutern, vor allem jedoch die Ahnenverehrung und die Zauberei.

Einen Unterschied zu früher gibt es allerdings doch: Damals fand eine solche Behandlung bei dem Nganga, dem Medizinmann, statt. Heute gehen immer mehr Schwarzafrikaner dazu sonntags in die Kirche. Fast jeder zweite schwarze Südafrikaner gehört mittlerweile der Pentecostal Church, der Pfingstkirche, an. Sie wächst so schnell, daß sie im Jahre 2000 voraussichtlich mehr Mitglieder haben wird als die katholische oder als alle protestantischen Kirchen zusammen. Zwei Dinge sind es vor allem, die die Pfingstkirche so populär machen: Einmal ist es die Form des Gottesdienstes. Da gibt es keine langweilige Sonntagspredigt, keine endlose Litanei. In den Kirchen Südafrikas wird zur Ehre Gottes gesungen und getanzt, »Zeugnis

abgelegt« – das heißt vor der ganzen Gemeinde berichtet, wie Gott in einer wichtigen Angelegenheit geholfen hat –, vor allem jedoch wird dort geheilt. Sonntag für Sonntag steht Heilung im Mittelpunkt des Gottesdienstes, offensichtlich mit großem Erfolg.
Das allein wäre freilich nicht ungewöhnlich – die apostolischen Gottesdienste in Amerika laufen ebenfalls nach diesem Schema ab. Doch diejenigen zwischen Kapstadt und Johannesburg enthalten Elemente, die den traditionellen westlichen Missionaren Schweißperlen auf die Stirn treiben: Ihrer Ansicht nach sind sie ein allzu krasser Rückfall in Animismus und heidnische Sitten.
Die Methoden des Priesters, der beim Gottesdienst zugleich der Heiler ist, und die Rituale erinnern nämlich oft nur zu deutlich an den alten Nganga. Beide suchen die Ursachen der Krankheit (und finden sie oft auch) in einem bösartigen Geist oder in den Geistern unzufriedener Ahnen, und die Geistlichen der Pfingstkirche verbinden in ihren Heilritualen auf das unkomplizierteste alte heidnische Elemente mit modernen christlichen. Dieser Gedanke ist in der afrikanischen Kultur tief verwurzelt.
Heilung ist dort traditionsgemäß eine wesentlich komplexere Angelegenheit als im Westen. Zur Heilung kommen nicht nur körperliche Leiden, sondern auch Arbeitslosigkeit, Familienprobleme, Rassismus, Ehekrisen, Kontroversen zwischen Stämmen oder Dörfern, eben all die Probleme, die den bösen Geistern zugeschrieben werden.
Nach Ansicht des amerikanischen Theologen Harvey Cox hat die christliche Kirche des Westens allerdings nicht den geringsten Grund zur Unruhe. Zwischen den alten heidnischen Ritualen des Zauberers und den neuafrikanischen Gottesdiensten gäbe es nämlich einen wichtigen Unterschied. Der Nganga heile zwar auch, er belasse aber die Geheilten in der Angst vor den starken, gefährlichen, bedrohlichen Geistern. Der Pfarrer dagegen erkläre dem bösen Geist, daß Gott stärker sei als jeder Dämon. Dann bitte er die höheren Mächte, den Kranken von seinen Leiden zu befreien, und verspreche ihm im Namen Christi Schutz und Befreiung.
Für den progressiven amerikanischen Theologen, der viele solcher

Gottesdienste miterlebt hat, ist das alles andere als animistisch oder heidnisch. In seinen Augen wird hier die ideale Synthese von Wissenschaft und Glauben vollzogen. Die westliche Medizin fange gerade erst an, die starke Verbindung zwischen Gebet und Heilung zu erkennen und zu verstehen, welche Rolle veränderte Bewußtseinszustände bei der Heilung spielten, auch wenn sie vorläufig noch nicht wisse, wie man diesen Aspekt in die Therapie einbeziehen könne. Und die westliche Kirche habe sich ja auch noch nicht vollständig vom Dämonenglauben gelöst. Nach außen hin spielten böse Geister für die Kirche keine Rolle mehr. Aber intern werde immer noch Exorzismus betrieben, und etliche Heilsprediger seien auch heutzutage so stark im Dämonenglauben verhaftet, daß sie vor lauter bösen Geistern ganz den Erlösungsgedanken vergäßen – auch wenn die Kirche davon offiziell nichts wissen wolle. Diesen Konflikt, so Cox, hätten die afrikanischen Christen nicht. Bei ihnen verschmelze aufs beste Prä- mit Postmoderne im Glauben. Geister und Dämonen hätten in der Heilkunde ihren festen Platz – aber Gott sei stärker. Und wenn die westliche Kirche darüber noch so sehr die Nase rümpfe: Mit dieser Einstellung gelänge es dem afrikanischen Christentum nicht nur, bemerkenswerte Heilerfolge zu erzielen, es sei damit – anders als der Westen – auch auf dem neusten Stand der Wissenschaft.

Zum Beweis zitiert er die amerikanische Kosmologin Margaret Wheatly: »Raum ist der Hauptbestandteil des Universums. Davon gibt es mehr als von allem anderen. Selbst auf der mikroskopischen Ebene des Atoms gibt es überwiegend Raum. In Newtons Universum schuf die Leere des Raums das Gefühl unsäglicher Einsamkeit. In der Quantenwelt ist nun etwas Merkwürdiges geschehen. Nun ist nicht mehr von leerer Einsamkeit oder einsamer Leere die Rede. Der Raum ist, so glaubt man heute, überall mit Feldern angefüllt, unsichtbaren, immateriellen Strukturen, die die Ur-Strukturen des Universums sind.«*

* Margaret Wheatly in *Leadership and the New Science*, zitiert nach Harvey Cox: *Fire from Heaven*, Addison Wesley 1994

Unter diesem Aspekt ist das afrikanische Christentum nicht heidnisch oder abergläubisch, in Wirklichkeit verhält sich die Sache ganz anders: Wahrscheinlich sind wir diejenigen, die man als rückständig bezeichnen muß. Womöglich hat die moderne westliche Theologie ganz vergeblich versucht, die Religion mit einer wissenschaftlichen Weltschau zu versöhnen, die nun mit jedem Tag altmodischer wird. Vielleicht ist die afrikanische Spiritualität mehr im Einklang mit der »Quantenwelt« als die westliche Theologie.

Die Heiligen: Direktleitung zum lieben Gott?

Marias Macht war grenzenlos. Manche Kirchen beschäftigten ganztägig Notare, um die Wunder aufzuschreiben, die sie wirkte.

Peter de Rosa

Monsignore Michele di Ruberto sitzt in seinem Büro im Vatikan, umgeben von 250 rot eingebundenen Büchern, von denen jedes die Dokumentation für ein Möchtegernwunder enthält. Der Monsignore hat einen ungewöhnlichen Beruf: Er ist Experte für die Anerkennung von Wundern, welche ausdrücklich durch die Fürbitte von Heiligen zustande gekommen sind. Von der Stellungnahme des 62jährigen hängt es ab, ob dem Papst ein neuer Anwärter zur Kanonisation, der Heiligsprechung, vorgeschlagen wird.

Das verhält sich nämlich so: Die katholische Kirche geht davon aus, daß Heilige auch im Himmel noch aktiv bleiben. Sie setzen sich nach ihrem leiblichen Tod weiterhin bei Gottvater dafür ein, daß die flehenden Bitten mancher frommer Sterblicher erfüllt werden. Bisweilen läßt der Herrgott sich erweichen und ermöglicht das, was wir auf Erden als Wunder bezeichnen. Manchmal erhört er sogar die Bitten von Himmelsbewohnern, die noch keinen offiziellen Heiligenschein tragen, aber – zum Beispiel nach Meinung ihres Ordens – einen solchen verdienen. Dann haben sie Chancen, nicht nur von Gott, sondern sogar von der Kirche anerkannt zu werden. Ein wichtiges Kriterium bei der Entscheidung, ob ein Mensch heiliggesprochen wird, ist nämlich seine Fähigkeit, Wunder, wenn nicht selbst zu tun, so doch zumindest zu vermitteln.

Wer einen Kandidaten für die Kanonisation präsentiert, muß zu Monsignore Rubertos vollständiger Zufriedenheit nachweisen, daß der potentielle Heilige mehr als einmal ein solches Mirakel, wenn auch nicht bewirkt, so doch durch seine Fürsprache ermöglicht hat. Das Problem bei der Verifizierung von Wundern ist, daß es leider nur eine einzige Möglichkeit gibt, um herauszufinden, ob ein Ereignis sich auf rationale Weise erklären läßt oder ob es allein durch das Eingreifen höherer Mächte ermöglicht worden sein kann: Man muß hochqualifizierte Wissenschaftler dazu bewegen, zuzugeben, daß etwas ihren Horizont übersteigt.

Da die meisten modernen Wunder unerklärliche Heilungen sind, besteht die zuständige Expertenschar, die von Monsignore Ruberto bei der Entscheidungsfindung konsultiert wird, fast ausschließlich aus Ärzten. Er hat ein Team von sechzig Spezialisten aus sämtlichen Fachrichtungen zur Verfügung. Jeweils zwei von ihnen klopfen eine wundersame Heilung auf alle nur denkbaren irdischen Ursachen ab. Die Kriterien, die sie anwenden, sind die gleichen, die auch zur Überprüfung der Wunder von Lourdes herangezogen werden, und sie sind noch älter, nämlich gut 250 Jahre: Es ist der Nachweis zu erbringen, daß es sich um eine objektiv feststellbare schwere Krankheit handelte, andere Behandlungsmethoden nicht geholfen haben, die Heilung rasch erfolgte und von Dauer war. Jedes einzelne dieser Kriterien kann ein Stolperstein auf dem Weg zur Anerkennung des Wunders (und zur Heiligsprechung des Kandidaten, durch dessen Vermittlung Gottvater sich erweichen ließ) sein. Schmerzen fallen zum Beispiel regelmäßig durch. »Jeder kann behaupten, daß er Schmerzen gehabt hat«, erklärt der Monsignore. »Wie will er das beweisen?«

Heilungen von Leukämie werden erst dann anerkannt, wenn sie mindestens zehn Jahre lang angehalten haben. Eine Genesung, die auch durch ärztliches Eingreifen möglich geworden sein könnte, und wäre sie durch noch so inbrünstige Gebete unterstützt worden, gilt nicht. »Manchmal«, so der Monsignore, »kommen Fälle zu uns, die man als außergewöhnlich bezeichnen könnte, aber außergewöhnlich bedeutet nicht unerklärlich.«

Unerklärlich, *inespiegabile,* das ist das Zauberwort, der Stempel, den

Mutter Seton – eine, die es geschafft hat

Mutter Elizabeth Seton von den Barmherzigen Schwestern gehört zu den Kandidaten, die die rigorosen Prüfungen des Vatikanbüros zur Anerkennung von Wundern bestanden haben. Der Papst hielt es für erwiesen, daß ihrer Fürsprache mindestens zwei Wunderheilungen zu verdanken sind. Sie war schon einige Jahre tot, als – im Winter 1934 – bei einer der Schwestern ihres Ordens ein Tumor an der Bauchspeicheldrüse entdeckt wurde. Eine Gewebeprobe wurde entnommen, und der Befund stand bald fest: Inoperabel – erklärten die Ärzte. Daraufhin entschieden sich die anderen Schwestern des Ordens, eine Gebetsvigil für Schwester Gertrude durchzuführen. An neun aufeinanderfolgenden Tagen baten sie ihre verstorbene Äbtissin, für Schwester Gertrude bei Gott ein gutes Wort einzulegen, sie würde noch gebraucht. Kurz darauf begann sich ihr Zustand rapide zu verbessern, wenige Wochen später kehrte sie ins Kloster zurück und nahm ihr hartes, arbeitsames Leben wieder auf. Sie starb siebeneinhalb Jahre später völlig unerwartet. Bei der Autopsie zeigte sich, daß sie an einer Lungenembolie gestorben war. Von dem Karzinom an der Bauchspeicheldrüse war nichts mehr zu sehen.

Zehn Jahre später erkrankte in Baltimore ein kleines Mädchen an lymphatischer Leukämie, einer damals noch tödlichen Krankheit. (Heute ist sie zu 75 Prozent heilbar.) Das Kind hatte bereits die Letzte Ölung erhalten, da unternahmen ihre Eltern einen letzten verzweifelten Versuch: Sie wickelten die Vierjährige in warme Decken und brachten sie auf den Friedhof zum Grab von Mutter Seton. Dort warteten schon die Schwestern des Ordens. Ann wurde auf das Grab von Mutter Elizabeth gelegt, und die Nonnen umringten sie und beteten für das Leben der kleinen sterbenskranken Ann. Dann wurde das Kind in die Klinik zurückgebracht.

Einige Tage später ergab eine Blutuntersuchung, daß von der Leukämie keine Spur mehr vorhanden war. Für Anns Familie, die Nonnen und wohl auch die fassungslosen Ärzte stand fest, daß ein Wunder geschehen war. Das Wunder sprach sich herum und wurde zur Sensation. Der Vatikan schickte gleich eine ganze Kommission nach Baltimore, um den Fall zu untersuchen.

Neun Jahre später war sich die Kirche immer noch nicht einig, wie sie den Fall einzuordnen habe. Sie verlangte von Anns Mutter, daß die mittlerweile Dreizehnjährige sich einer schmerzhaften Knochenmarksprobe unterziehen müsse. Nur so ließe sich nachweisen, daß es sich bei ihrer Heilung wirklich um eine kirchlich anerkannte Wunderheilung handle.

Wie im Fall der kleinen Delizia Cirolli, dem letzten anerkannten Wunder von Lourdes, war hier eine Mutter ehrgeizig oder autoritätsgläubig genug, um dieser Forderung nachzugeben. Die Probe wurde entnommen, der Papst erklärte Anns Heilung zum offiziellen Wunder und sprach Mutter Seton heilig.

Heute ist Ann 49 Jahre alt und völlig gesund, eine fromme, schlichte Frau, die es haßt, wenn man sie auf das Wunder von damals anspricht. Sie habe es satt, sagt sie, eine »wandelnde Reliquie« zu sein. Ob es Mutter Seton, der heiligen Elizabeth, im Himmel möglicherweise ähnlich geht? Von einer weiteren erfolgreichen Fürsprache ist nichts mehr bekannt geworden.

ein Fall bekommt, der sämtliche Prüfungen durch die rigorosen kirchlichen und medizinischen Spezialisten bestanden hat. Dann geht der Fall weiter zur nächsten Instanz: Die Akte landet auf den Schreibtischen hochkarätiger Theologen, die entscheiden müssen, ob das Wunder wirklich durch die Fürbitte des Kandidaten zustande gekommen ist. Wie sich das mit letzter Sicherheit herausfinden läßt, konnte ich leider nicht in Erfahrung bringen. Steht das – auf welche Weise auch immer – schließlich ohne jeden Zweifel fest, wird das Wunder offiziell, indem ein Gremium von Kardinälen, manchmal auch der Papst persönlich, ihm Brief und Siegel erteilt. Zumindest unter diesem Aspekt steht der Heiligsprechung des Kandidaten nichts mehr im Wege.

Manche Geistliche finden, wie auch in Lourdes, den Prozeß ein wenig zu rigoros. Zu ihnen gehört zum Beispiel Pater Paolino Rossi, dessen Aufgabe es ist, die Kandidaten durchzubringen, die von seinem Orden, den Kapuzinern, nominiert worden sind. »Manchmal«, sagt der Pater, »ist es wirklich enttäuschend, wenn man jahrelang für etwas gearbeitet hat, und dann erkennen sie das Wunder einfach nicht an.« Die Mitglieder der IMC, der Internationalen Ärztekommission zur Anerkennung der Wunder von Lourdes, finden allerdings, daß die Kollegen im Vatikan nicht den geringsten Grund zur Klage haben. Schließlich konnten sie allein im Jahre 1994 zwölf Wunder im Vatikan durchbringen, während das letzte anerkannte Wunder von Lourdes aus dem Jahre 1989 stammt.

Die vorläufig letzte Heiligsprechung galt der jüdisch geborenen Nonne Edith Stein, die in Auschwitz von den Nazis umgebracht wurde. Der Vatikan gab bekannt, daß der Papst das auf ihre Fürbitte hin geschehene Wunder anerkannt habe. Um was für ein Wunder es sich dabei handelte, wurde vom Vatikan leider nicht erwähnt, ebensowenig wie die anderen zwölf Fälle, die in jüngster Zeit Gnade vor Monsignore Rubertos kritischen Augen gefunden haben. Aber die Wahrscheinlichkeit ist groß, daß die Situation, wenn auch nicht die Art der Krankheit selbst, ähnlich war wie immer in den letzten zweitausend Jahren. Sorgen sind zeitlos. Wer sich an einen Heiligen wendet und darum bittet, daß dieser bei Gott ein gutes Wort für ihn einlegt, befindet sich in einer verzweifelten Notlage, damals wie heute. Daß es sich bei dem Appell an die Heiligen um eine wirkungsvolle Methode zu handeln scheint, ist uns durch unzählige Geschichten überliefert worden. In allen Wallfahrtskirchen gibt es zahllose Votivtafeln, deren Spender voll Dankbarkeit bezeugen, daß die Fürbitte dieses oder jenes Heiligen einem schweren Schicksal eine glückliche Wende gegeben hat. Aber nur an Maria, die »Königin der Heiligen«, konnte man sich mit sämtlichen Anliegen wenden.

Heilige mit Fachgebiet

Die »gewöhnlichen« Heiligen waren nur für bestimmte, ziemlich eng umrissene Aufgabenbereiche zuständig, vergleichbar sozusagen dem, was heute die Fachärzte sind: Spezialisten. Der Arzt und Evangelist Lukas war einer der wenigen, die zum Helfer bei vielerlei Erkrankungen erkoren wurden. Christophorus, der Patron der Pilger, Reisenden, Fuhrleute, Schiffer und seit etwa 1900 auch der Kraftfahrer, wurde unter anderem bei Pest und Augenleiden angefleht, Hubertus bei Tollwut und Andreas bei Hautleiden. Manche der Zuordnungen lassen uns heute lächeln: Sankt Anna, die Mutter Marias, wurde beispielsweise besonders häufig bei Fruchtbarkeitsstörungen angerufen, schließlich hatte sie ja die Gottesmutter zur Welt gebracht. Johannes der Täufer galt als der Spezialist für Kopfschmerzen, da kannte er sich aus, weil er doch enthauptet worden war. Aus der Steiermark stammt der Brauch, bei Prozessionen die sogenannten »Johannisschüsseln« mitzutragen, Holzschüsseln mit dem bärtigen Haupt Johannes des Täufers, damit er auch weiterhin bei Kopfleiden ein Einsehen hatte. Der heilige Beinvil soll – nomen est omen – bei Problemen mit den Beinen sehr zuverlässig geholfen haben, und es gibt eine ganze Reihe von Menschen, die beschwören, daß er das auch heute noch tut: Nach einem Bad in der Schweizer Quelle, die den Namen des Heiligen trägt, haben sich angeblich ihre Venenlei-

Die Wunder des Padre Pio

Einer der aussichtsreichsten Kandidaten zur Heiligsprechung dürfte der italienische Padre Pio (1887–1968), eigentlich Francesco Forgione, aus San Giovanni Rotonda in Süditalien sein. Zu dem verehrten Franziskaner, der fast fünfzig Jahre lang die Wundmale Christi an den Händen und Füßen trug, pilgerten die Kranken des ganzen Landes.

Neben seinen paranormalen Fähigkeiten wie Telepathie und Präkognition (Erfahren eines zukünftigen Sachverhalts) sind 47 Gebetsheilungen von einem Rechtsanwalt beglaubigt und durch ärztliche Atteste belegt. Bei einem Chirurgen löste sich nach dem Gebet des Paters ein Unterleibstumor mit Metastasen in der Lunge buchstäblich in Luft auf. Niccoletta Mazoni, die Tochter eines Unternehmers, hatte aufgrund einer Gehirnstörung ihre Eltern seit über einem halben Jahr nicht mehr erkannt und war von den Ärzten aufgegeben worden. Im Anschluß an Padre Pios Gebete wurde sie vollständig geheilt.

Noch im Todesjahr des Padres geschah ein Wunder, von dem sein enger Mitarbeiter, Padre Daniele, kürzlich berichtete: Bei dem jungen Giovanni wurde einen Monat vor seiner Hochzeit ein bösartiger Knochentumor entdeckt. Aufgelöst wandte sich seine Familie an Padre Pio. »Habt keine Angst«, sagte der nur ruhig. »Die Madonna wird ihn retten.« Eine Woche später wurde Giovanni aus dem Krankenhaus entlassen. Seine Familie ging zum Chefarzt und bat darum, die ganze Wahrheit zu erfahren. Der lächelte nur: »Giovanni sagt, ihr habt zur Madonna gebetet, nicht wahr?« Sein Vater nickte. »Dann bringt ihr mal einen großen Strauß Blumen. Wir haben mit

dem jungen Mann nämlich nichts gemacht. Die Röntgenaufnahmen waren eindeutig: ein Knochentumor in der Leiste. Aber plötzlich ist er weg – spurlos verschwunden.«
Giovanni wurde gesund, heiratete wie geplant und hat heute einen 26jährigen Sohn, Daniele.

Padre Pio, zu dem Kranke aus ganz Italien pilgerten.

den spontan gebessert. Der heilige Bartholomäus sollte – man höre und staune – den Bart- und Haarwuchs anregen, Bonifatius eine gute Bohnenernte garantieren, der heilige Valentin half gegen Fallsucht und Augustinus bei Augenkrankheiten.
Zuständig für das Vieh war vor allem der heilige Leonhard, und das ist er zumindest in Bayern auch noch heute. Allerdings hatte er früher mehr Helfer. Allein in Österreich waren die Viehpatrone so zahlreich, daß ihnen im österreichischen Volkskundeatlas zwei volle Seiten gewidmet werden mußten.
Natürlich durfte man zu einem Heiligen nicht so sprechen, wie es einem auf dem Herzen lag und über die Lippen kam: Für jeden Heiligen, für alle Probleme, gab es eine vorgeschriebene Form von Anrufungen und Gebeten. Dabei wurden heidnische und christliche, lateinische, nordische und hebräische Heilsprüche munter miteinander kombiniert. In manchen Fällen konnten die Heiligen sogar schon vorbeugend einschreiten. Doch unsere Vorfahren fanden es auch in Ordnung, daß sie längst nicht in jedem Fall mit sich reden ließen und manche Bitten scheinbar grundlos einfach ignorierten. Schlimmer noch: Trotz ihrer Gottesnähe hatten sich die Heiligen auch im Himmel noch einige allzu menschliche Schwächen bewahrt: Wenn sie sich nicht anständig behandelt oder gar nicht inbrünstig genug verehrt fühlten, schickten sie dem Übeltäter – oder auch nur Achtlosen – zur Strafe eine Krankheit auf den Hals. Doch in vielen Fällen waren sie sehr großmütig, das bezeugen die Votivtafeln und die Mirakelbücher, die uns durch die Jahrhunderte erhalten geblieben sind und die viele hundert »Wunder« enthalten: wundersame Rettungen aus Krankheit, Unfall, Blitzschlag, Liebesleid und Feuersbrunst, lauter hochdramatische Fälle, die dann durch den hochherzigen Einsatz der Heiligen gut ausgegangen sind.
Früher waren vor allem die Wallfahrtskirchen mit Votivtafeln geradezu gespickt, manche sahen gar aus wie Bildergalerien. Da gab es Bittafeln (Sorge um Mensch und Vieh in akuter Bedrängnis), »Verlöbnistafeln« (Einlösen eines Gelübdes, das in den Stunden der Not getan wurde) und Danktafeln (Errettung aus Krankheit, Gefahr und

Krieg etc.). Votivbilder sind aus Holz, Wachs oder Eisen, aber alle streng nach einem genauen Schema angefertigt: oben das Gnadenbild, in der Mitte der Gegenstand eines Gelübdes oder die Darstellung eines »Mirakels« und unten der Votant, also die Person, die das Bild gestiftet hatte, mit einer kurzen Beschreibung des Anlasses und der Jahreszahl. Die meisten Tafeln sind den Kloster- und Kirchenaufhebungen und dem Reformwillen der Aufklärung zum Opfer gefallen, aber einige sind uns erhalten geblieben und zeigen, wie zeitlos die Sorgen der Menschen sind. Aus der Kirche Mariatrost in der Steiermark stammt zum Beispiel die Tafel aus dem Jahre 1694, in der sich Mathias und Maria Zotter für die Errettung ihres Kindes aus schwerer Krankheit bedanken. Außerdem fügen sie hinzu, daß ihre Wäscherin dazu riet, in Mariatrost um Gnade zu bitten, dort hätte man bessere Chancen als in der viel näher gelegenen Mariahilf. Bisweilen machte sich die Muttergottes offenbar selbst Konkurrenz.

Aus dem Jahre 1695 stammt die Votivtafel des Feldtrompeters Franz Anton Hugg. Er hatte seine Frau zur Entbindung in ihre Heimat Siebenbürgen gebracht. Nach der Geburt ihres kleinen Sohnes erkrankte sie schwer. Franz Anton mußte zurück. Er war in großer Sorge um seine kleine Familie. Da rieten ihm einige Frauen zur Wallfahrt. Er machte sich auf den Weg, und als er zurückkam, erfuhr er, daß es seiner Frau besserging.

Man lächelt und freut sich für das junge Paar. Und denkt darüber nach, von welch zeitloser Gültigkeit solche Schicksale doch sind, daß sie uns auch heute noch anrühren.

Die »heiligen Längen« dagegen lassen uns eher kalt: schmale Papierstreifen oder Seidenbänder mit Gebeten, Inschriften oder Darstellungen, die den Maßen heiliger Personen, Gnadenbilder oder Stätten entsprechen sollten. Man glaubte, daß das genaue Maß einer Person bzw. eines Heiligen seine Wirkung vertreten könnte. Wenn man also die exakte Größe (die offensichtlich allgemein bekannt gewesen sein muß) sowie einige Gebete auf einem Papierstreifen mit sich trug, konnte man hoffen, auf diese Weise in den Genuß dessen Segens- und Heilkräfte zu kommen. Die Längen brachten Glück, verhinderten Zauber und Krankheit und wurden besonders von schwangeren Frauen zur Erleichterung der Geburt um den Leib gebunden.

Hochkonjunktur in Reliquien

Am allerbesten war es freilich, eine echte Reliquie zu besitzen oder doch zumindest in der Nähe zu haben. Reliquien sollen die heilenden Kräfte ihres »Heiligen« in sich aufgenommen haben und unabhängig von Ort und Zeit weiterwirken. Am meisten begehrt war das Blut eines Heiligen, aber auch einzelne Körperteile oder erhaltene Kleidungsstücke, Erde von ihren Gräbern, ihr Waschwasser oder, ganz besonders, das Wasser, mit dem der Leichnam vor seiner Grablegung gewaschen worden war. Der heilige Speichel war jahrhundertelang ein Heilmittel gegen Wehwehchen aller Art. Vom heiligen Severinus berichtet die Legende, daß er Leprakranke gesund gemacht hatte, indem er in ihre Hände spie.

Durch die Kleider
von seinem Leib
wurden die Kranken geheilt.
Nach Apostelgeschichte 19,12

Eine eigene Reliquie konnten sich natürlich nur die Allermächtigsten leisten, und das war neben dem König und dem hohen Adel allemal die Kirche. Leider muß gesagt werden, daß die frühe Kirche nicht eben skrupelvoll war, wenn es um die Verbreitung des Christentums ging, und als sie erkannte, welche Macht ihnen der Glaube des Volkes an die Wirkung der Reliquien gab, riß sie mit den Reliquien selbst auch den größten Teil der Heilkunde an sich. Durch viele Jahrhunderte hindurch gehörte die christliche Heilmagie mit Hilfe der Reliquien von Jesus, Maria und allen Heiligen zu den gebräuchlichsten Mitteln der Heilkunde.

Vom 5. Jahrhundert an gab es keine Kirche ohne ihre Reliquie, und Glaubwürdigkeit scheint dabei die geringste Rolle gespielt zu haben. Die eine behauptete, sie besäße ein Gefäß mit der Muttermilch Mariens, andere bewahrten voll Besitzerstolz die Knochen der Heiligen Drei Könige auf. Die eine Kirche rühmte sich, im Besitz der Brotkrusten und Fischgräten zu sein, die bei der Speisung der 5000 übriggeblieben waren. Eine weitere renommierte damit, ein ganzes Skelett von einem Jünger Christi zu besitzen, und noch eine andere besaß angeblich ein Barthaar Christi. 1702 entfernte der Bischof von Châlons aus der Kathedrale eine Reliquie, die dort seit Jahrhunderten verehrt worden war: den heiligen Bauchnabel Christi. Es heißt, daß ein Aufschrei der Empörung durch die Region gegangen sei. Schließlich hatte jede Stadt, die etwas auf sich hielt, auch etwas von Christus: Laon besaß sein Schweißtuch (ein zweites war in Turin), Argenteuil hatte sein Gewand, Saint-Denis die Nägel, mit denen er gekreuzigt worden war, und eine weitere besaß angeblich sogar die Vorhaut Christi, die wohl ein vorausschauender Rabbi nach seiner Beschneidung aufgehoben hatte. So abenteuerlich diese Geschichten auch klingen mögen, die Menschen vergangener Jahrhunderte hatten, wie es scheint, kein Problem mit der Glaubwürdigkeit solcher Aussagen. Und weil sie außerdem auch noch annahmen, die Krankheiten würden von bösen Dämonen und Geistern verursacht, war es nur schlüssig, daß niemand anders als Gott die bösen Mächte besiegen und Krankheiten heilen konnte, warum also nicht durch Reliquien.

Peter de Rosa beschreibt in seinem Buch *Der Jesus-Mythos*, welche Blüten der Reliquienkult um die Jungfrau Maria trieb: »Sie wurde in den Himmel aufgenommen, hinterließ keine persönlichen Reliquien. Statt ihrer Gebeine mußten sich die Christen mit ihrem persönlichen Besitz behelfen. Sie erschien kranken Bischöfen und heilte sie mit einem Tropfen ihrer Milch – den sie ihnen zweifellos mit einem Finger auf die Zunge gab. Die Kathedrale von Chartes hatte ihre sacrosanta camisia, ein Hemd, das sie trug, als sie den Sohn Gottes erwartete. Diesen bemerkenswerten Gegenstand, hieß es, habe Karl der Große als Geschenk aus Konstantinopel mitgebracht. Einmal hatte man es wie einen Banner im Wind an einem Speer befestigt, und es hatte die Stadt vor einer Invasion gerettet. Eine andere Reliquie im 12. Jahrhundert war ein Pantoffel der Jungfrau, er wurde in Soissons aufbewahrt.

Marias Macht war grenzenlos. Manche Kirchen beschäftigten ganztägig Notare, um die Wunder aufzuschreiben, die sie wirkte. Sie erweckte Kinder von den Toten, flickte gebrochene Knochen, setzte Zähne wieder ein, die in einer Prügelei ausgeschlagen worden waren, heilte gar Falken und Affen. Die Frommen sprachen mit ihren Statuen wie mit lebendigen Menschen, drohten manchmal auch Schläge an, wenn Gebete nicht erhört wurden. Wenn eine Kathedrale abgebrannt war und die Chorherren Mittel brauchten, um sie wieder aufzubauen, gingen sie mit einer Kiste auf Tour. Darunter waren Strähnen ihres Haares. Besonders wirksam waren die, welche die Jungfrau sich in ihrer Qual auf Golgatha ausgerissen hatte. Johannes war so vorausschauend gewesen, sie aufzusammeln. Diese Touren bewiesen, daß Maria der Goldesel des Mittelalters war.«

Als die Nachfrage nach Reliquien immer größer wurde, nahmen die Grabschändungen sprunghaft zu, Leichenräuber zerlegten die mehr oder weniger heiligen Überreste, die sie angeblich gefunden hatten, und verscherbelten sie meistbietend an Kirchen und Königshäuser in ganz Europa. Geradezu reliquiensüchtig war Helena, die Mutter des Königs Konstantin, der sich zum Christentum bekannt hatte, nachdem ihm das Kreuzzeichen zum Sieg in einer Schlacht verholfen hatte. Sie bereiste im 4. Jahrhundert das Heilige Land und hatte, wie Mark Twain das unnachahmlich in *The Innocents Abroad* schildert, »stets Glück. Immer wenn die gute alte Enthusiastin etwas in ihrer Bibel erwähnt fand, machte sie sich auf die Suche und gab nicht eher auf, bis sie es fand. Wenn es Adam war, dann fand sie Adam.« Sie stöberte alles auf, was in der Bibel stand. Ihre beste Entdeckung war das »wahre Kreuz«. Dazu schreibt Peter de Rosa trocken: »Es gehörte ein Wunder dazu (oder auch zwei), herauszufinden, welches von den drei Kreuzen das unseres Herrn war. Es ging nicht an, daß

Votivgaben für Bruder Klaus,
den einzigen Heiligen der Schweiz.

seine Jünger Splitter von dem Holz anbeteten, an dem der ungerechte Schächer gestorben war. In einer Grotte fand Helena außerdem die Dornenkrone Jesu nebst den heiligen Nägeln. Sie stellte sogar die Inschrift ›Jesus von Nazareth, König der Juden‹ sicher – glücklicherweise in haltbarem Kupfer.« Aber auch Karl der Große, dem man so leicht nichts vormachen konnte, erwarb für seine Pfalzkapelle Haare und ein Kleid der Muttergottes.

Als trotz großzügigster Handhabung der Echtheitsfrage die Reliquien immer knapper wurden, entdeckten findige Devotionalienhändler die homöopathische Wirkweise der kostbaren Stücke: Eine Reliquie konnte andere Gegenstände allein durch Kontakt ebenfalls zur Reliquie machen. Wenn etwa der Nagel von der Kreuzigung in Wasser gelegt wurde, so wurde das Wasser ebenfalls zur Reliquie und tropfenweise für teures Geld verkauft, und durch diese wundersame Vermehrung war der Engpaß schließlich gewinnbringend beseitigt.

Wie wirkungsvoll Reliquien im Krankheitsfall zumindest gelegentlich waren, konnte der französische Philosoph und Mathematiker Blaise Pascal staunend in seiner eigenen Familie erleben. Seine Nichte, eine junge Novizin, litt seit langem an einer schlimmen Augenfistel, kein Mittel konnte ihr helfen, was auch immer das im 18. Jahrhundert besagen mochte. Nachdem sie drei Jahre lang vergeblich behandelt worden war, küßte sie schließlich auf dem Altar einer Kirche den dort aufbewahrten und verehrten Dorn aus der Dornenkrone Christi, eine andere Nonne berührte damit das kranke Auge. Eine Viertelstunde später hörte die Wunde auf zu eitern, das Geschwür trocknete aus; die junge Frau war geheilt. Pascal, so wird berichtet, war von diesem Ereignis so beeindruckt, daß er ein Auge, umgeben von einer Dornenkrone, in sein Familienwappen aufgenommen haben soll, mit der Unterschrift »scio cui credido«, was auf deutsch soviel wie »Nun weiß ich, was ich früher nur geglaubt habe« heißt.

Heute werden Reliquien meistens nicht mehr so wichtig genommen, aber die Fürbitte der Heiligen sehr wohl. Das beweist nicht nur die

Geschichte über den Monsignore Ruberto und sein vatikanisches Wunderbüro, sondern auch ein Besuch in fast jeder beliebigen Wallfahrtskirche. Die dort ausgelegten Briefe, die Mirakelbücher unserer Zeit, sind manchmal ergreifend und manchmal komisch, gelegentlich auch beides zugleich. Da gibt es zum Beispiel in der Wieskirche im Allgäu den computergeschriebenen Klagebrief über die unerträgliche Schwiegermutter, vollständig mit Name und Adresse, die allen Familienmitgliedern das Leben zur Hölle macht, mit ausführlichen, detaillierten Beispielen für ihre ständige Einmischung, der Bitte um himmlischen Beistand und dem Versprechen, daß man jedwede Veränderung in ihrem Verhalten umgehend in der Wieskirche bekanntgeben werde. Oder das Briefchen eines japanischen Vaters, der für sein krebskrankes Kind bittet, sicherheitshalber neben Japanisch auch in englischer Sprache, wohl für den Fall, daß die Muttergottes kein Japanisch versteht. Die Bittbriefe sind so zahlreich, daß sie immer wieder durch die neuesten ersetzt werden. Länger halten sich die Votivtafeln mit Dank für Rettung aus höchster Not, aber auch von denen stammen viele aus jüngster Zeit. Im 500 Jahre alten Sachsler Kirchbuch sind die »Mirakel« des frommen Eremiten Bruder Klaus niedergeschrieben, der vor 500 Jahren starb und zu dessen Klause in Sachseln südlich von Luzern immer noch Jahr für Jahr hunderttausend Menschen pilgern.
Bleibt die Frage: Was tun, wenn man selbst oder jemand, den man liebt, unheilbar krank ist? Wenn man nach jedem Strohhalm greifen möchte, der einen Funken Hoffnung macht? Das Wunderbare an Wundern ist ja gerade, daß es keine Regeln dafür gibt, wann sie eintreten und wann nicht. Wunder sind eben – Wunder.
So klein die Chance auch sein mag – wer die Hoffnung hegt, daß irgendeiner der zahllosen Heiligen im Himmel ein gutes Wort für ihn einlegt, der möge ein Gebet oder sein Brieflein in der Kirche oder an dem Platz hinterlassen, wo der Heilige verehrt wird, von dem er sich am ehesten Hilfe verspricht.
Aber er sollte in keinem Fall den Ehrgeiz haben, die Bedingungen zu erfüllen, die der Vatikan derzeit fordert, weil das ein anderer im

Vatikan vor mehr als zweihundert Jahren so entschieden hat: Es ist absurd, auf ärztliche Hilfe und moderne medizinische Methoden zu verzichten, weil das angeblich die Voraussetzung für das Eintreten eines echten Wunders ist. Wunder haben keine Voraussetzungen. Die Vorstellung, daß der Herrgott nur exklusiv hilft, also nur dann rettend eingreift, wenn ihm nicht vorher ein Arzt ins Handwerk gepfuscht hat, ist kleinmütig und eines liebenden Gottes nicht würdig.

Wem die Vermittlerdienste der Heiligen zu vage sind, hat immer noch die Möglichkeit, sich an die klugen medizinischen Ratschläge der Hildegard von Bingen zu halten, die von allen als heilige Hildegard bezeichnet wird, obgleich ihr die Kirche bisher die offizielle Kanonisierung versagt hat.

Ein Geschenk Gottes: Das Wunder der Hildegard-Medizin

Schreib, was du hörst und siehst!
Tu kund die Wunder, die du erfahren!
Schreibe sie auf und sprich!

Gottes Befehl an die heilige Hildegard

Die Benediktineräbtissin Hildegard von Bingen (1098–1179) ist ein Phänomen. Sie hatte ein umfangreiches heilkundliches Wissen und auch medizinische Meisterwerke verfaßt, zum Beispiel ihr Hauptwerk *Causae et Curae*, in denen mit unvorstellbarer Präzision die Funktionen des menschlichen Körpers beschrieben sind. Ebenso nennt sie darin Ursachen vieler Krankheiten und die Heilmittel, mit denen diese kuriert werden können. Dabei bezeichnete sie sich selbst stets bescheiden als *indocta*, was soviel wie »nicht ›wissenschaftlich‹ ausgebildet« bedeutet. Die Kenntnisse sind ihr in Gesichten von einer höheren Instanz bei völliger Wachheit geschenkt worden (heute würden manche vielleicht sagen, sie habe jemanden »gechannelt«). Im Gegensatz zu fast allen bekannten Mystikern scheint sie niemals in einen Zustand verfallen zu sein, der auch nur entfernt einer Ekstase ähneln könnte, offenbar ging sie nicht einmal in Trance.

Der Preis, den sie für ihre Offenbarungen zahlte, war hoch: Hildegard, die soviel über Heilung wußte, kränkelte schon als Kind und litt fast ihr Leben lang unter schweren Krankheiten. Wie sie geheilt werden, außer bei sich selbst, erfuhr sie, salopp formuliert, durch eine Art »himmlischen Fernseher«, von dem sie die Texte ihrer Schriften wortwörtlich abschrieb bzw. diktierte, denn zum Schreiben war ihr Latein nicht gut genug. »Da ist«, sagte sie ganz schlicht, »etwas wie eine leuchtende Wolke, in welcher

Erste Hilfe nach der heiligen Hildegard

Der Arzt Dr. Gottfried Hertzka war einer der ersten Mediziner, die die Bedeutung der Hildegard-Medizin erkannten, zum Beispiel dieses Mittel gegen Brandwunden:
»Wer irgendwo an seinem Körper von Feuer(hitze) gebrannt wurde, koche Leinsamen stark in Wasser und durchtränke ein sauberes (›gebügeltes‹) leinenes Tuch mit diesem Wasser und lege es warm über jene Stelle, wo er gebrannt wurde, und es zieht die Verbrennung aus.«
Dr. Hertzka erläutert diese Angaben so: »Es muß Leinsamen (semen lini) sein. Die ganzen Körner. Er muß richtig stark gekocht werden, was eine schleimig-sulzige Abkochung ergibt. Körner (sorgfältig) abseihen und nur das Abkochwasser nehmen! Ich rate, etwa drei Teelöffel voll Leinsamenkörner in 5–6 Tassen Wasser (ca. 1/2 l) zu kochen (Vorsicht, schäumt stark!). Als Umschlag muß man ein Leinen (Leinwand) nehmen. Hieraus ergibt sich, daß Lein (Flachs) offenbar auch in seiner Faser Heilwirkung gegen Verbrennungswunden besitzt. Das

ich Bilder sehe und höre«. Zehn Jahre lang, von 1141 bis 1151, diktierte sie ihr theologisches Hauptwerk, das *Scivias*-Buch. Weitere sieben Jahre dauerte die zweite Offenbarungsperiode, in der sie ihr Medizinbuch schrieb. Nie hatte sie eine systematische Ausbildung erhalten und sich, wie wir heute sagen würden, »wissenschaftlich« mit Medizin befaßt, zumindest ist uns darüber nirgendwo eine Andeutung überliefert worden, weder in den Hildegard-Werken selbst noch bei einem ihrer Zeitgenossen, noch in der ganzen Tradition der Jahrhunderte nach ihr. Außerdem bezeugt sie am Ende ihres Lebenswerks selbst, daß ihr gesamtes Wissen, alles, was sie je geschrieben hat, von »oben«, also aus göttlicher Quelle, kam. Im zweiten Band

entspricht recht genau der modernen Erkenntnis, daß es nicht gleichgültig ist, was für ein Verbandmaterial (Kontaktsubstanz) verwendet wird. Das mit Leinwasser durchtränkte Leintuch soll immer *warm* aufgelegt werden und so oft erneuert werden, als es trocken oder unangenehm (kalt) zu werden beginnt. Also nicht glauben: Was brennt, muß man kühlen! Das wäre hier falsch.«

Dr. Hertzka: »Ich weiß nicht, was ich an dem neuen Mittel am meisten rühmen soll; vielleicht die rasche und nachhaltige Schmerzlinderung, welche sofort ein befreiendes und beruhigendes Gefühl bei allen Beteiligten auslöst.« Und als gewissenhafter Arzt fügt er hinzu: »Jede ausgedehnte erhebliche Verbrennung gehört zum Arzt.«

Des weiteren gilt es zu beachten: »Wenn das ›Hitzige‹, der eigentliche Verbrennungsschaden, herausgezogen und nur noch eine normale Hautwunde vorhanden ist, dann läßt man die Leinwasserumschläge sein und nimmt zum Zuheilen die gewöhnlichen Wundheilmittel (Salben).«

---

schreibt sie: »Diese für die genannten Krankheiten beschriebenen Arzneien sind von Gott geoffenbart.«

Die Hildegard-Medizin ist so modern, daß wir erst jetzt, nach intensivsten Forschungen und Meßmethoden, zu ahnen beginnen – und zu schätzen wissen –, welch tiefgründiges Wissen über Gesundsein und Kranksein darin steckt. Wie wenig ihre eigene Zeit – und die vielen Jahrhunderte danach – davon verstanden hat, zeigt, daß ihr zweiter Band praktisch vom 13. bis ins 19. Jahrhundert verschollen war, also ignoriert wurde. Das einzige Exemplar davon wurde erst Mitte des vorigen Jahrhunderts wiederentdeckt.

Ihre Medizinbücher sind aus einem Guß. Sie hat den Krebs in

seinem Entstehen und seinen Zusammenhängen so genau erkannt, daß die Krebsforscher gezwungen sind, ihr Zug um Zug recht zu geben. Sie hat in ihrer Weise die Blutgruppen beschrieben, die Hormone, sogar die Hirnanhangdrüse als Steuerungssystem des weiblichen Zyklus. Hildegard hat keine Wunder bewirkt, sie ist selbst ein Wunder.

An die zweitausend Heilmittel und Gesundheitsratschläge hat sie genannt. Und, so begeistert der Arzt Gottfried Hertzka, der als einer der ersten Mediziner erkannte, wie präzise ihre Aussagen sind, und die Hildegard-Medizin in seiner Praxis anwendete: »Alles stimmt!«

Hildegard war, wie Paracelsus, davon überzeugt, daß alle Krankheiten heilbar seien. »Gott hat nie ein Kranksein des Menschen beschaffen, ohne daß er nicht auch für seine Heilung besorgt wär ...« Dabei bedeutet Heilbarkeit für sie nicht etwa nur ein Kurieren der Symptome, sondern die völlige Wiederherstellung der Gesundheit.

Allerdings versieht sie ausdrücklich an vielen Stellen ihres Werkes ihre jeweiligen Vorschläge zur Heilung mit dem Zusatz: »Es sei denn, daß Gott es nicht will!« Wer den Fingerzeig Gottes hinter einem Leiden nicht sehen will, hat nach Hildegard keine Chance auf Heilung, auch nicht mit ihrer Medizin. Gott hat immer noch das »Vetorecht«, und wir sollten niemals versuchen, ihn aus der Heilkunde auszuklammern. Übrigens ist nach Hildegard nicht Krebs die am schwersten heilbare Krankheit, sondern Migräne und Asthma.

Die Hildegard-Medizin ist eine Medizin für jedermann und setzt keinerlei theoretische Kenntnisse voraus. Für den, der sich dafür interessiert, ist der beste Weg, sie selbst auszuprobieren. Empfehlenswert ist beispielsweise das Buch *So heilt Gott* von Gottfried Hertzka (siehe Literaturverzeichnis).

Glaubensheilung: Wenn ein ganzes Footballstadion um ein Wunder betet ...

Wenn zwei von euch eins werden auf Erden,
worum sie bitten wollen,
das soll ihnen widerfahren
von meinem Vater im Himmel.

Matthäus 18,19

Im 19. Jahrhundert wurde in den USA eine völlig neue Form der Glaubensheilung populär. Da kamen plötzlich in den Städten und Dörfern Amerikas Fremde angereist und behaupteten, sie verkündigten nicht nur Gottes Wort, sondern sie besäßen auch die Gabe der Heilung, von der in der Bibel die Rede sei. Selbstbewußt luden sie die Leute ein, ihre Veranstaltung zu besuchen, miteinander zu beten und sich heilen zu lassen. Die Menschen, neugierig geworden, kamen in Scharen; und ob zu Recht oder zu Unrecht, viele verkündeten am Ende der Veranstaltung, sie seien geheilt.

Der erste bekannte Glaubensheiler Amerikas war John Dowie. Er hielt Ärzte und Medizin für gefährlich und war davon überzeugt, daß sie mehr Schaden verursachten als Gutes bewirkten. Mehr noch: Die Ärzte wären »Feinde Christi«, des wahren Heilers, denn sie forderten die Leute auf, an Menschen zu glauben anstatt an Gott. Gott könne durch Auserwählte wie ihn viel effektvoller heilen. Offenbar muß er diese Behauptung in irgendeiner Form unter Beweis gestellt haben, denn nachdem er einige Jahre lang in dieser Mission durch Amerika gereist war, gründete er mit dem Spendengeld, das er bei seinen Heilgottesdiensten eingenommen hatte, eine eigene Stadt, Zion in Illinois, auf halbem Wege zwischen Chicago und Milwaukee. In den

Anfangsjahren des 19. Jahrhunderts wuchs die Bevölkerung immerhin auf über zehntausend Bewohner.
Dowies Vorbild machte bald Schule. Viele andere Wanderprediger fühlten sich berufen, ebenfalls Heilgottesdienste zu veranstalten. Allerdings gründeten sie nicht gleich eine ganze Stadt, sondern reisten von Ort zu Ort, predigten und »heilten« in den Kirchen, und oft kamen so viele Menschen, daß die Kirchen aus den Nähten platzten. Bei diesen Massenveranstaltungen kochten die Emotionen, es wurde gepredigt, gesungen, gebetet und in die Hände geklatscht, und viele Menschen behaupteten hinterher voll Ergriffenheit, sie seien nun geheilt. Die Heiler waren stets mitreißende Redner und schafften es immer wieder aufs neue, die Begeisterung der Zuhörer zu entfachen. Ihre Botschaft war überall die gleiche. Sie verkündeten (wie das früher die Kirche getan hatte, sich aber jetzt nicht mehr traute), Krankheiten seien ein Werk des Teufels und durch die Heilung in Namen Christi würden sie die Teufel vertreiben und damit auch die Krankheit.
Dazu wäre nur ein starker, unerschütterlicher Glaube notwendig, weiter nichts.
Wenn die Stimmung dann so richtig aufgeheizt war, wurden die Kranken mit viel Pathos aufgefordert, auf die Bühne zu kommen, um sich nun im Namen Christi heilen zu lassen. Sie kamen in Scharen, auf Krücken, in Rollstühlen oder von Verwandten und Freunden gestützt, schleppten sie sich auf die Bühne. Währenddessen klatschte das Publikum begeistert Beifall, und der Prediger sprach anfeuernde Worte. Dann wurden ihnen ein paar Fragen gestellt: Welche Krankheit hätten sie? Glaubten sie an Jesus? Der Heiler legte ihnen die Hände auf, sprach ein Gebet, und das war's dann meistens auch schon. Einige der Prediger pflegten den Kranken aber auch einen Schlag zu versetzen, der sie, weil sie nicht damit gerechnet hatten, auf die Erde warf. Das war sehr dramatisch, denn die Kranken blieben oft einige Minuten lang wie bewußtlos auf dem Boden liegen. Der Prediger erklärte dann voll Ergriffenheit, der Heilige Geist habe sie niedergeworfen. Wenn sie sich schließlich mühsam zu erheben

John Dowie, Amerikas erster
Glaubensheiler. Er gründete für seine
vielen Anhänger sogar eine ganze Stadt.

versuchten, erklärte er sie frohlockend für geheilt, und in vielen Fällen wurde das von den Patienten dankbar bestätigt.
Es gibt zwar keine Statistik über die Anzahl der tatsächlichen Heilungen, aber die Veranstaltungen waren überaus populär. Wenn bekannt wurde, daß wieder einmal ein Heiler in die Stadt kam, strömten die Menschen von überall herbei und erzählten einander Wundergeschichten. Es schien manchmal, als ob jedermann einen Vater, Mann, eine Mutter oder ein Kind gehabt hätte, die von den glattzüngigen Dienern Gottes geheilt worden seien …

Wunder sind nicht im
Gegensatz zur Natur,
sondern nur zu dem,
was wir darüber wissen.
Augustinus

Seit nun fast zweihundert Jahren ist die Popularität dieser Art von Veranstaltungen in den USA ungebrochen. Die modernen Glaubensheiler arbeiten heutzutage per Radio oder Fernsehen, manche haben ihre eigene Show und dadurch einen riesigen Bekanntheitsgrad. Wenn sie in einer Stadt auftreten, strömen ohne weiteres fünfzigtausend Menschen in das Stadion, das sie zu diesem Anlaß gemietet haben. Superstars wie Pat Robertson, Rex Humbard, Jim Bakker, Kathy Kuhlmann und Oral Roberts sind international berühmt geworden, und es gibt jede Menge Gläubige, die beschwören, sie seien durch sie geheilt worden. Gottesdienste, die vom Fernsehen übertragen werden, erzielen gigantische Einschaltquoten, denn die Heiler behaupten, daß sie auf ihren Veranstaltungen nicht nur die Anwesenden heilen, sondern daß sich ihre Heilkräfte auch auf die Fernsehzuschauer übertragen, die zu Hause vor dem Bildschirm sitzen.
Zur Zeit zählt Derek Prince zu den großen Predigern der Szene. »Brother Prince«, wie er genannt wird, ist unter den amerikanischen Patern und Evangelisten, die zwar allesamt mitreißende Redner, aber

sonst meist schlichte Menschen sind, fast so etwas wie ein Paradiesvogel. Derek Prince wurde in Indien geboren, in Eton erzogen, studierte bei Wittgenstein an der Eliteuniversität Cambridge Philosophie und wurde einer der jüngsten Professoren, die die Fakultät je hatte, und war völlig unreligiös, bis er sich nach einem mystischen Erlebnis dem Christentum zuwandte. Mittlerweile hat er in Fort Lauderdale in Florida ein ganzes Prince-Imperium aufgebaut, von wo aus seine zahlreichen Bücher, Videos und Kassetten in die ganze Welt gehen. Ich habe auf langen Autofahrten etliche seiner Kassetten von Heilgottesdiensten gehört. Prince' Spezialität ist das Strecken von verkürzten Armen und Beinen, die durch Schäden an der Wirbelsäule entstanden sind. Zu Hunderten setzten sich die Zuschauer in seinen »Behandlungsstuhl«, lassen sich vor und nach dem »Healing« exakt vermessen und erkennen mit ungläubigem – oder auch gläubigem – Staunen, daß Gott mit Hilfe seines Dieners Prince in Sekundenschnelle die oft seit Jahrzehnten bestehende Fehlstellung korrigiert hat. Allein die Kassetten sind schon so faszinierend, daß es fast unmöglich sein muß, sich von diesen Live-Heilgottesdiensten nicht mitreißen zu lassen.
Nadine Belker aus North Carolina ging im Jahr 1985 zu einer solchen Veranstaltung. Fünf Jahre später sagte sie: »Ich hatte schlimme Arthritis in meinen Fingern. Ich konnte kaum einen Scheck ausschreiben, geschweige denn einen Dosenöffner bedienen. Da sagte einer im Radio, es bestünde wirklich kein Grund, so zu leiden, man müsse nur glauben und dorthin kommen. Ich ging also hin, und wie sie gesagt haben: Meine Schmerzen sind weg.«

Wunder oder Melodrama?

Auch Michelle Burnside aus Lantana ist davon überzeugt, daß sie auf einem Heilgottesdienst nicht nur kuriert, sondern endgültig von ihren Leiden befreit wurde. Der Reverend Billy Burke hatte in Palm Beach, Florida, zu einer Veranstaltung eingeladen. Michelle war hingegangen und, von der aufgeheizten Atmosphäre angesteckt, plötzlich mit einem Schwächeanfall zusammengesunken. Als sie wieder zu sich kam, waren nicht nur die Schmerzen in ihrem verstauchten Handgelenk verschwunden, sondern auch die Beschwerden, die ihr ihre krumme Wirbelsäule seit 25 Jahren bereitet hatte. »Es ist wunderbar«, wiederholte sie immer wieder, »es ist unvorstellbar, aber es ist echt. Es gibt keinen Zweifel.«

Geschichten, die man glauben oder anzweifeln kann. Die Heilung des ehemaligen Hüttenarbeiters George Orr aus Pittsburgh ist dagegen offiziell bestätigt. George war seit über zwanzig Jahren auf einem Auge blind. Bei einem Arbeitsunfall war ihm geschmolzenes Eisen in sein rechtes Auge gespritzt. Die Ärzte hatten seine Sehschwäche bestätigt – zu behandeln gab es nichts mehr –, die Regierung hatte ihm eine Rente zuerkannt. Am 4. Mai 1947 besuchte Mr. Orr den christlichen Heilgottesdienst von Kathy Kuhlmann, die zu den Superstars der Szene zählte. Wie immer begann die Veranstaltung mit Gospelsingen, schließlich betrat Kathy die Bühne und predigte von der Liebe Gottes. Dann wies sie, ebenfalls wie immer, auf die Zuschauer im Saal, bei denen sie Heilung zu spüren glaubte. Und ergriffen sprangen viele Menschen auf und bestätigten, daß sie sich in der Tat geheilt fühlten. George Orr blieb sitzen. Aber auf der Heimfahrt im Auto stellte er plötzlich fest, daß er wieder sehen konnte. Sein Arzt bestätigte ihm später, daß die Narbe auf seinem verletzten Auge völlig verschwunden sei.

Viele Skeptiker bezweifeln, daß Kranke bei solchen Veranstaltungen wirklich geheilt werden. Sie weisen, sicher auch nicht ganz zu Unrecht, darauf hin, daß es leicht möglich ist, Menschen, die unter emotionalem Streß stehen, zu manipulieren, und daß diejenigen, deren Krankheiten eine psychologische Ursache hätten, sich für einen kurzen Moment für geheilt halten mögen. Aber hinterher müßten sie immer feststellen, daß sie so krank sind wie zuvor.

Manchmal gelingt es einem besonders hartnäckigen Kritiker auch zu beweisen, daß die Heilungen nur clever inszenierte Shows sind. Der Schriftsteller Joe Barnhart besuchte einmal einen Heilgottesdienst

des berühmten W. V. Grant. Dabei beobachtete er, daß eine große Zahl »Kranker«, die in Rollstühlen auf die Bühne gefahren wurden, gar nicht in diesen Rollstühlen gekommen waren. Grants Mitarbeiter hatten sie bereitgestellt für die Leute, die willens waren, nach vorn zu kommen und sich heilen zu lassen. Wenn Grant die kranken Rollstuhlfahrer berührte, standen sie auf, wie er das von ihnen verlangte, und unter dem tosenden Applaus der Zuschauer schoben sie ihren leeren Rollstuhl wieder zurück. Die Zuschauer nahmen dann irrigerweise an, daß die Kranken auf wundersame Weise wieder laufen konnte. Dabei hatten sie nie einen Rollstuhl gebraucht.
Der Chirurg Dr. William Nolen, der mehr als ein Jahr damit verbracht hat, Scharlatane und Wunderheiler zu beobachten und ihnen, wenn möglich, das Handwerk zu legen, ließ sich als Platzanweiser bei Kathy Kuhlmann anstellen und beobachtete, daß ihre Mitarbeiter Menschen mit kleineren Beschwerden aufforderten, auf bereitliegenden Krücken oder im Rollstuhl auf die Bühne zu kommen. Aber er sah auch, daß etliche Kranke gesünder weggingen, als sie gekommen waren. Die Schmerzen, die sie gehabt hatten, waren weg oder zumindest erträglicher geworden. Nolen war allerdings davon überzeugt, daß das gefühlsmäßige Hoch der Kranken und die emotionsgeladene Atmosphäre im Publikum die Ursache dafür war. Das Singen, Klatschen, Applaudieren, die anfeuernden Rufe und das gemeinsame Gebet erzeugten eine fast tranceartige Stimmung, die häufig dazu führte, daß der Schmerz abnahm, Kranke ihre Leiden nicht mehr spürten – aber die Wirkung war leider meist nicht von Dauer.
James Randi, immer der schärfste Kritiker, wenn es um übersinnliche Phänomene geht, bezeichnete den Pater Ralph DeOrio, dessen wöchentliche Heilgottesdienste immer bis zum Bersten überfüllt sind und auf denen eine Stimmung herrscht »wie vor einem Baseballspiel« (Hirshberg/Barasch), gar als einen »vom Vatikan anerkannten Hexer«, der Beweise für seine Erfolge schuldig bliebe und psychosomatisch bedingte Heilungen zu göttlichen Eingriffen hochstilisiere. Aber zumindest in einem Fall, der im folgenden beschrieben wird, kann von psychosomatischer Heilung nicht die Rede sein.

Pater Ralphs größtes Wunder

Als Leo Perras noch jung war, führte ein Arbeitsunfall dazu, daß er nach diversen Operationen schließlich im Rollstuhl landete. Bei der letzten Operation war ihm ein Großteil des Rückenmarks durchtrennt worden. Die nächsten zwanzig Jahre verbrachte er im Rollstuhl und lernte allmählich, mit seiner Behinderung zurechtzukommen. Deshalb winkte er ab, als seine Frau ihn überreden wollte, an einem Heilgottesdienst von Pater DeOrio teilzunehmen. Schließlich packte ihn ein Freund einfach ins Auto und fuhr ihn hin.
Was dann geschah, beschreiben Hirshberg/Barasch in ihrem Buch *Unerwartete Genesung* (siehe Literaturverzeichnis):

»Den ganzen Nachmittag saß Leo Perras andächtig beim Gottesdienst, der allseits mit höchster Spannung verfolgt wurde. Er wollte gerade seine Frau bitten, ihn hinauszuschieben, als die Sechs-Uhr-Glocken läuteten. ›Pater DeOrio hielt plötzlich inne‹, erinnert sich Leo. ›Er drehte sich um und schritt durch die Halle direkt auf mich zu. Er besprengte mich mit Weihwasser, hob die Hände und sagte: ›Im Namen Jesu Christi, steh auf!‹
Obwohl Leo die Geschichte wohl schon Dutzende Male erzählt hat, steigen ihm Tränen in die Augen. ›Daß ich stand, bemerkte ich erst daran, daß ich ihm direkt ins Gesicht blickte‹, erinnert er sich mit bebender Stimme. ›Er hat mich nicht angerührt. Das war, als hätten mich zwei unsichtbare Hände aus dem Rollstuhl gezogen. Ich wußte nicht einmal, was passiert war, denn ich hatte in meinen Beinen noch immer kein Gefühl. Dann blickte ich hinunter und war wie vom Donner gerührt. Ich stand. Er sagte zu mir: Du und ich gehen jetzt durch das Mittelschiff der Kirche zur Vordertür.‹
Leo schritt durch ein Blitzlichtgewitter und von jubelnden Glückwünschen begleitet zu seinem Wohnmobil. Nach einer stundenlangen Fahrt, bei der sich ein Autocorso bildete, und einigen Zwischenstopps bei Freunden fuhr er schließlich vor dem Haus seines

Arztes vor. Es war fast Mitternacht, und Dr. Mitch Tenerowicz, Chefarzt im Cooley Dickenson Hospital von Northampton, trat barfuß und blinzelnd vor die Tür. ›Als er mich stehen sah‹, berichtete, Leo, ›stieß er einen überraschten Schrei aus. Ich konnte sehen, wie kalter Schweiß an ihm herabrann ...‹. Sein Arzt teilte ihm später mit, neurologisch habe sich an seinem Zustand nichts geändert ...
Leo zieht ein dickes Fotoalbum aus dem Regal ... und blättert in vergilbten Zeitungsausschnitten und Schnappschüssen. Schließlich stößt er auf ein Foto, das ihn beim Treppensteigen zeigt. Einen ähnlichen Gesichtsausdruck muß Neil Armstrong gehabt haben, als er mit einem ersten tastenden Schritt die Mondoberfläche betrat.«

Echte Sorge oder Konkurrenzangst?

Nicht nur von seiten der Ärzte und der unermüdlichen »Randis« dieser Welt, auch aus den Reihen der Theologie kommt Kritik. Die Kirche beobachtet die Veranstaltungen der Glaubensheiler mit Besorgnis. Die Wanderprediger, so läßt sie verlauten, würden auf ihren Massenveranstaltungen eine Stimmung erzeugen, in der sie die Menschen davon überzeugten, daß ihre Krankheit eine Strafe Gottes für ihre Sünden sei. Die Kranken seien nur deshalb krank, weil sie nicht an Gott glaubten. In dem Moment, in dem sie sich zum Glauben bekannten, verspräche man ihnen, würden sie gesund. Das bedeutet natürlich zugleich, daß diejenigen, die nicht geheilt werden, als ungläubig dastehen und deshalb selbst schuld an ihrer Krankheit seien.
An diesem Vorwurf ist sicher etwas dran. Fairerweise sollte aber erwähnt werden, daß führende Vertreter der Kirche genau diese These durch viele Jahrhunderte selbst verbreiteten und damit zahllosen kranken Menschen und ihren Angehörigen namenloses Leid verursachten.

Was Kirchen, Ärzte und Medien unisono ärgert, ist die Tatsache, daß bei solchen Veranstaltungen sehr viel Geld im Spiel ist. Selbst wenn kein Eintritt verlangt wird – eine mehr oder weniger deutliche Aufforderung zum Spenden ist unabänderlicher Bestandteil sämtlicher Heilungsgottesdienste (und aller anderen ebenso!). Ob das Mißfallen auch darauf zurückzuführen ist, daß die hingerissenen Teilnehmer bei den großen Heilungsshows extra tief in die Taschen greifen? Besonders erfreulich für die Veranstalter ist die Tatsache, daß die Spenden (in den USA) steuerfrei sind.

In den letzten Jahren hat sich mehr als einmal gezeigt, daß nicht alle Heiler den Versuchungen des Geldes gewachsen sind: In den späten achtziger Jahren gab es einen Skandal, als aufflog, daß zwei populäre TV-Gurus, Jimmy Swaggert und Tammi Bakker, die Millionenspenden ihrer Fans allzu sorglos für private Zwecke ausgegeben hatten. Aber es zeigt sich stets aufs neue, daß auch die schwarzen Schafe unter den Heilern ihre Tätigkeit unbeschadet wiederaufnehmen können, wenn sie nur bußfertig genug vor den Bildschirm getreten sind. Jedes Land besitzt, das zeigt sich immer wieder, eine ganz spezifische Heilerszene. Amerika liebt seine TV-Prediger wie keine andere Nation der Welt. Bisweilen geht einer der Superstars auf Europatournee, aber niemand erreicht hier auch nur annähernd den Zulauf, der ihnen in den USA sicher ist.

Zu den schrägsten Vögeln in der bunten Schar der Glaubensheiler, die sich über den Atlantik trauen, gehört der Prediger, Heiler und Sänger Paul Esch. Von ihm wird verbreitet, daß auf seinen Veranstaltungen viele Leute mit Erstaunen feststellen, daß sich ihre Amalgamfüllungen in Gold verwandelt haben (eine Fähigkeit, die nicht einmal die Alchimisten beherrscht haben und die, wäre diese Geschichte auch nur halbwegs wahr, die Zahnärzte eines jeden Landes in Angst und Schrecken versetzen müßte). Tatsache ist, daß während Pauls Lieder zur Gitarre auffallend viele Zuhörer einen Taschenspiegel herausholen und sich – wie sie glauben – unauffällig ihre Zähne betrachten. Und man kann sicher sein: Irgendwo befindet sich immer jemand, der plötzlich verwundert ausruft, er habe mit einemmal lauter Goldfüllungen im Mund ... Womit bewiesen ist, daß Menschen grundsätzlich bereit sind, alles zu glauben, das in irgendeiner Weise von Nutzen für sie ist.

Dies mag auch das Geheimnis des Erfolges von Kathy Kuhlmann, Derek Prince und all den anderen Predigern sein, die Liebe predigen, Heilung versprechen und Spenden sammeln, ohne ihre Integrität zu verlieren. Wir werden niemals objektiv nachweisen können, daß die Liebe Gottes die Person dieses oder jenes Predigers benutzt hat, um einen Menschen zu heilen. Wir können auch nicht beweisen, daß der Glaube und die Hoffnung der Kranken, die zu diesen Veranstaltungen gehen und sich hinterher gesund fühlen, lediglich ihre Selbstheilungskräfte angeregt hat, wie das immer wieder behauptet wird. Alles, was wir wissen, ist, daß der veränderte Bewußtseinszustand, der mit dem Besuch solcher Veranstaltungen verbunden ist, mit dem Prozeß der Heilung durch unsichtbare Fäden verknüpft ist. Aber das ist mit der Liebe nicht anders.

Wenn Sie die leiseste Hoffnung haben, daß einer der Glaubensheiler auf einer Tournee durch Europa Ihnen die Hilfe bringen kann, die auf anderem Wege nicht möglich ist, so gehen Sie hin. Überall in der Welt machen Menschen, die geheilt werden möchten, nichts anderes. Zwischen den Anden und Zimbabwe gibt es ganz ähnliche Heilzeremonien, auch wenn es nicht der christliche Gott ist, der dort mit Gesang, Tanz und ekstatischen Rhythmen verehrt und um Hilfe gebeten wird. Mag sein, daß Sie sich danach für eine gewisse Zeit tatsächlich ein wenig besser fühlen. Mag auch sein, daß Sie krank und angewidert von dem falschen Zungenschlag mancher Prediger und der hochprofessionellen Vermarktung der Liebe Gottes nach Hause zurückkehren. Gleichwie – der Weg zu einem möglichen Wunder führt immer durch das Herz, niemals über den Kopf.

Heilungsgottesdienste in den christlichen Kirchen

Wem die Vorstellung, in der Gemeinschaft Gleichgesinnter Gott um Beistand und Heilung zu bitten, aber die Veranstaltungen der Evangelisten zu »amerikanisch« vorkommen, hat immer noch die Möglichkeit, sich nach offiziellen Heilungsgottesdiensten umzuhören, die mutige Pfarrer beider großen Konfessionen mittlerweile veranstalten, manchmal in Zusammenarbeit mit Ärzten oder Heilern. Dabei bezieht sich das Wort Heilung ausdrücklich nicht nur auf Krankheiten, sondern auf Sorgen, Kümmernisse und Probleme aller Art – vom Liebeskummer bis zur angedrohten Kündigung.
»Ich habe zwar noch nicht das erlebt, was Sie als großes Wunder bezeichnen würden«, so der evangelische Pfarrer Boerschtmann, der seit fünfzehn Jahren solche Gottesdienste mit einem Team von fünfzehn Mitarbeitern gestaltet, »aber so manches kleine. So mancher Kranke oder Verzweifelte ist,

Die Jansenisten: Wunder vom Fließband

Wer sich ein wenig in Religionsgeschichte auskennt, wird durch das Verhalten der verzückt betenden, lautstarken Menschenmengen deutliche Anklänge nicht nur an Massenhysterie, sondern auch an Jansenismus entdecken.
Anfang des 17. Jahrhunderts gründete der niederländische Theologe Jansen in Paris eine eigene religiös-sittliche Cornelius Reformbewegung innerhalb der katholischen Kirche. Nicht nur dem Papst, sondern auch dem König waren die fanatischen Jansenisten ein Dorn im Auge. Aber obgleich von allen Fronten gegen die neue Bewegung gewettert wurde, war der Jansenismus innerhalb kürzester Zeit beim

nachdem ihm die Hand aufgelegt wurde und er das Mitgefühl der Gemeinde spürte, mit leichtem Herzen nach Hause gegangen. Dabei ist die körperliche Berührung sehr wichtig.«
Konservative Theologen stehen solchen Veranstaltungen mit gemischten Gefühlen gegenüber. Zu groß sind die Bedenken, daß eine nicht geglückte Heilung die Kranken an ihrem Glauben zweifeln lassen oder, ähnlich schlimm, als Strafe Gottes für begangene Sünden und damit »ihre eigene Schuld« angesehen werden könne. Aber die Gläubigen und die Kranken nutzen diese Gelegenheiten gern.
Die Hamburger Petrikirche, die Kieler Nikolaikirche und in München die Bonifazkirche unter dem Jesuitenpater Odilo und die evangelische Lukaskirche haben bei solchen Veranstaltungen jedesmal »full house«. In der Elisabethkirche in Basel bieten seit einiger Zeit jeden Donnerstagnachmittag mehrere Heilerinnen ihre Dienste durch Handauflegen an und verzeichnen großes Interesse. Rund fünfzig Personen bitten jedesmal um Heilung.

Volk sehr populär, vor allem wegen der vielen Wunderheilungen, die die führenden Vertreter dieser Richtung bewirkten. Einer der beliebtesten war der Geistliche François de Paris. Der Abbé de Paris soll mehr Wunder bewirkt haben als je ein Mensch zuvor. Er habe, so wird aus seriösen Quellen berichtet, zahllose Krebskranke und Gelähmte, Blinde und Taube und auch viele, die an (damals noch unheilbaren) Krankheiten litten – wie Rheuma, Arthritis, eitrige Geschwüre und chronisches Fieber –, geheilt. Viele dieser Wunder wurden von renommierten Richtern an Ort und Stelle beglaubigt. (Im 17. Jahrhundert hatten die Richter eine höhere Glaubwürdigkeit und ein viel höheres Prestige als die Ärzte.) Auch nach dem Tode des Abbé pilgerten die frommen Verehrer in Scharen zu seinem Grab.

Dort wurden sie von den unglaublichsten Gliederverrenkungen geschüttelt. »Die Convulsionäre« nannte man ungläubig die Frommen, die am Grab massenweise in Trance fielen und dann nicht nur Bewegungen ausführten, zu denen normalerweise kein menschlicher Körper in der Lage ist, sondern auch die unvorstellbarsten körperlichen Qualen ertrugen, ohne Schmerzen zu empfinden. Noch zwei Jahrzehnte nach dem Tod des Abbé soll es an seinem Grab zu zahllosen Heilungen gekommen sein. Die Kirche, die die Wunder nicht bestreiten konnte, weil sie zu gut dokumentiert waren, erklärte schließlich, sie haben tatsächlich stattgefunden, seien aber ein Werk des Teufels gewesen.

Wenn man diese Erklärung nicht akzeptieren mag und auch nicht daran glaubt, daß Gott die jansenistischen Katholiken mehr geschätzt zu haben scheint als die römischen, dann lassen die Ereignisse nur einen einzigen Schluß zu: Es muß eine wie auch immer geartete übersinnliche Kraft im Spiel gewesen sein. Auf welche Weise tiefe Frömmigkeit und Hysterie die verborgenen Kräfte des Geistes aktivieren, bleibt ein Geheimnis, auch heute noch, nahezu dreihundert Jahre nach den seltsamen Vorfällen von Paris. Wir können nur spekulieren – zum Beispiel, daß religiöse Wunder das Ergebnis der kollektiven seelischen Kräfte einer großen Zahl von Gläubigen sind. Aber werden sie dadurch, daß man ihnen einen Namen gibt, kleiner?

Kann Glaube wirklich heilen? Was die moderne Wissenschaft darüber zu sagen hat

> Der Versuch, Spiritualität wissenschaftlich zu messen, ist ungefähr so erfolgreich wie der Versuch, Wackelpudding an die Wand zu nageln.
>
> *Wissenschaftler aus einem amerikanischen Forschungszentrum*

Eetla Soracco aus Santa Fé ist eine von zwanzig Geistheilern, die im Auftrag von Dr. Elisabeth Targ, klinischer Direktor für psychosoziale Onkologie, Forschung am California Pacific Center in San Francisco in einem Doppelblindversuch für zwanzig schwerkranke Aidspatienten beten, täglich eine Stunde lang. Die Heiler haben von ihren Patienten nur ein Foto, den Namen und in einigen Fällen die Blutbilder. Die Ergebnisse sind so ermutigend, daß eine weitere Studie in größerem Rahmen geplant ist.

Vor zwanzig Jahren hätte sich kein seriöser Mediziner getraut, eine solche Studie in Auftrag zu geben. Sein Ruf wäre ruiniert gewesen. Aber mittlerweile interessieren sich immer mehr Ärzte und Wissenschaftler für den Zusammenhang zwischen Heilung und Spiritualität; solche Forschungen sind nicht mehr der Todeskuß, professionell gesprochen. Holistische und alternative Medizin wird auch an den Universitäten immer ernster genommen, und darin hat ebenso Spiritualität ihren Platz.

Die Medizin hat nun entdeckt, was die Kirche schon seit Jahrhunderten weiß. Die Kraft des Glaubens kann Schmerzen lindern, Krankheiten heilen und ein Gefühl des Wohlbefindens vermitteln.

Die Ärzte haben herausgefunden, daß der Glaube an die Möglichkeit, geheilt zu werden, oft genug der Weg zur Heilung ist. An der Universität Harvard gibt es dafür gleich eine ganze Abteilung. »Der Glaube heilt«, sagt Dr. Herbert Benson, Präsident des Körper-Geist-(Mind-Body-)Instituts an der Universität Harvard in Boston. Das seit sechs Jahren bestehende Institut untersucht die Beziehung zwischen Körper, Geist und Seele der Patienten. 90 Prozent der Kranken, die an ihre Heilung glauben, profitieren von diesem Glauben, sagt Benson.

Die veränderte Einstellung der Mediziner spiegelt die veränderte Einstellung ihrer Patienten wider. Medizintechnik ist gut und schön. Aber wenn Menschen krank sind, brauchen sie mindestens genauso dringend persönliche Wärme und Zuwendung, und diese Qualitäten wären über der High-Tech-Medizin um ein Haar abhanden gekommen. Die westliche Medizin ist stark, wenn es um Krisensituationen geht, die Behandlung von akuten Infektionen, Nierenversagen, Herzaustausch etc. Aber seitdem die chronischen Krankheiten so im Vormarsch sind – koronare Erkrankungen, Bluthochdruck, Asthma, Allergien, Arthritis, Depressionen und akute Krankheiten, die zu chronischen werden, wie Krebs, Aids etc. – müssen sie umdenken lernen.

»60 bis 90 Prozent der Menschen, die zum Doktor gehen, haben psychosomatische Krankheiten«, so Dr. Herbert Benson. »Es ist zwar ein Triumph der Medizin, daß wir lange genug leben, um diese chronischen Krankheiten überhaupt zu bekommen. Aber wenn sie dann auftreten, ist die moderne Medizin mit ihrem Latein meist sehr schnell am Ende.«

Für die Patienten, die gelernt haben, an die Allmacht der Medizin zu glauben, ist das bitter. Nicht nur, daß sie keine Hilfe mehr bekommen, sie fühlen sich auch nicht verstanden und wenden sich immer mehr den alternativen Heilern zu, suchen dort den Trost und das Verständnis, das ihnen die offizielle Medizin versagt. Milliarden verschwinden in diesem Markt. Nicht zuletzt deshalb sind die Ärzte gezwungen, sich damit auseinanderzusetzen. Mittlerweile gibt es über zweihundert Studien, die sich direkt oder indirekt mit der Rolle der Religion und des Glaubens in der Heilung befassen. Die meisten von ihnen kommen zu dem Ergebnis, daß eine religiöse Einstellung gut ist für die Gesundheit:

- Eine Studie am Dartmouth-Hitchcock Medical Center aus dem Jahre 1995 ergab, daß bei 232 Patienten, die am Herzen operiert worden waren, diejenigen, die Kraft aus ihrem Glauben schöpften, dreimal so hohe Überlebenschancen hatten wie diejenigen, die nicht religiös waren.
- Eine Langzeitstudie über dreißig Jahre kam zu dem Ergebnis, daß Kirchgänger niedrigere Blutdruckwerte haben als Nichtkirchgänger, und zwar selbst dann, wenn man die Risikofaktoren wie Rauchen etc. mit einbezieht.

Wer nicht an Wunder glaubt,
der ist kein Realist.

Prof. W. M. Gallmeier
Arbeitsgruppe für Biologische Krebstherapie

- Eine weitere Studie ergab, daß Männer und Frauen, die regelmäßig zur Kirche gehen, nur ein halb so hohes Risiko von Herzkranzgefäßerkrankungen haben wie Nichtkirchgänger.
- Eine Studie aus dem Bereich der Gerontologie, durchgeführt an viertausend alten Menschen, die noch zu Hause lebten, kam zu dem Ergebnis, daß diejenigen, die regelmäßig zum Gottesdienst gehen, weniger zu Depressionen neigten und insgesamt gesünder waren als die Kontrollgruppe.
- Eine Untersuchung an dreißig Frauen, die eine Hüftoperation hinter sich gebracht hatten, ergab, daß die Teilnehmerinnen, die sich als religiös bezeichneten und regelmäßig zur Kirche gingen, bei der Entlassung besser laufen konnten und weniger depressiv waren als die anderen.
- Zahlreiche Studien bezeugen, daß religiöse Menschen weniger

an seelischen Krankheiten leiden und eine wesentlich geringere Selbstmordrate aufweisen als andere.

- Dr. Herbert Benson hat herausgefunden, daß Glaube sogar noch heilsamer ist als Meditation, die er als eine einfache Entspannung ohne Hinwendung zu einem höheren Wesen definiert. Seine gläubigen Patienten waren im Durchschnitt gesünder und erholten sich nach Krankheiten schneller als solche, die »nur« meditierten.

Wie kann man diese Ergebnisse erklären?

Physiologisch betrachtet, so Benson, bewirkt ein Gebet den gleichen Effekt wie Entspannung. Beide haben einen günstigen Einfluß auf die Epinephrine und andere Streßhormone und führen deshalb zu niedrigerem Blutdruck, regelmäßigem Herzschlag und Atem und anderen positiven Resultaten.

Studien haben außerdem ergeben, daß der Entspannungsreflex und Spiritualität im Gehirn ein gemeinsames Quartier haben.

Der Entspannungsreflex wird durch die Amygdala kontrolliert, ein kleines mandelförmiges Teilchen im Gehirn, das zusammen mit dem Hippokampus und dem Hypothalamus das sogenannte limbische System ausmacht. Dieses limbische System spielt eine Schlüsselrolle bei Gefühlen, Sex, schmerzlichen und schmerzlich-süßen Erinnerungen und offensichtlich auch bei Spiritualität. Wenn während einer Gehirnoperation die Amygdala oder der Hippokampus elektrisch stimuliert werden, haben die Patienten Visionen von Engeln und Teufeln. Die Fähigkeit zum Erleben religiöser Erfahrungen hat eine neuroanatomische Basis, schließt Dr. Rhawn Joseph, Neurologe am Palo-Alto-Forschungszentrum in Kalifornien.

Viele Wissenschaftler glauben übrigens, daß diese neuronalen und hormonellen Pfade auch der Grund für die Wirkung des Placeboeffekts sind. Dazu Dr. Herbert Benson: »Der Glaube allgemein ist etwas wunderbar Heilsames. In 60 bis 90 Prozent der Fälle trägt schon der Glaube an den Erfolg einer medizinischen Behandlung

Ein Wunder wird immer ein Mysterium bleiben, nicht, weil die Wissenschaft dem Phänomen nicht ein Stück weit auf die Spur kommen könnte, sondern weil die menschliche Seele niemals völlig ausgelotet und die Geheimnisse des menschlichen Herzens nie ganz gelüftet werden können.

Hirshberg/Barasch

zum Erfolg bei. Aber der Glaube an eine unbesiegbare, göttliche Heilkraft ist noch viel stärker.«

Haben die Gläubigen wirklich Gott auf ihrer Seite? Werden ihre Gebete beantwortet? Jeffrey Levin behauptet, ein echter Wissenschaftler könne das zumindest nicht ausschließen. Eine der bekanntesten Studien, die sich damit beschäftigt haben, stammt aus dem Jahre 1988 und wurde von dem Kardiologen Dr. Randolph Byrd in San Francisco durchgeführt. Er führte sie mit 393 Patienten aus seiner Herzabteilung durch. Für die nach dem Zufallsprinzip ausgewählte Hälfte von ihnen ließ er besonders strenggläubige Christen, die »Born again Christians«, beten. Um den Placeboeffekt zu vermeiden, wurden die Patienten nicht über das Experiment informiert. Byrd fand heraus, daß die Kontrollgruppe (also die, für die *nicht* gebetet wurde) fünfmal so häufig Antibiotika benötigte und dreimal so häufig Komplikationen entwickelte wie die Gruppe, für die gebetet wurde.

Die Studie von Byrd galt einige Jahre lang als die Sensation schlechthin. Mittlerweile ist sie wegen einiger Mängel hinsichtlich der Untersuchungsmethoden allerdings in die Schußlinie der Kritiker geraten, zumal eine jüngere Studie über die Wirkung des Gebets auf Alkoholiker erbrachte, daß das Gebet dort *nicht* wirkte. Aber wie es schon im Motto zu diesem Kapitel heißt: »Der Versuch, Spiritualität wissenschaftlich zu messen, ist ungefähr so erfolgreich wie der Versuch, Wackelpudding an die Wand zu nageln.«

Glaube als Selbstzweck?

Kein Thema, zumindest kein offizielles, ist für die Naturwissenschaftler die Frage, ob die durch Glauben geförderte Besserung bzw. Heilung die Antwort eines liebenden Gottes auf ein Gebet ist. »Wir sagen nicht, ob Gott existiert oder nicht«, sagt Benson. »Aber der Glaube an Gott ist der stärkste Glaube, den die meisten Menschen haben.« Er und seine Mitarbeiter wollen die Wirksamkeit jedoch keinesfalls auf einen christlichen Gott begrenzen oder auf irgendein bestimmtes göttliches Wesen. Spirituelle Heilung muß nicht auf den religiösen Bereich beschränkt werden. Spiritualität ist der Kontakt mit einer höheren Macht. Das kann eine weltliche Ideologie sein, der Buddhismus, der nicht an ein höheres Wesen glaubt, Humanismus, die Arbeit, was auch immer. Dieses »Mehr« verspricht, daß wir nicht allein sind, und trägt dadurch zur emotionalen Gesundung bei. Aber die meisten verbinden Spiritualität trotzdem mit einem höheren Wesen, einer transzendenten Macht. Einer, die uns den Sinn des Lebens erklärt und welche Rolle wir in der Welt spielen, ganz gleich, ob damit Jesus, Allah, Jehovah, wer auch immer und welche Religion auch immer verbunden ist. Denn die Behauptung, daß der Akt des Glaubens wichtiger sei als die Existenz Gottes, auch wenn das manche meinen, würde bedeuten, daß der Glaube nichts weiter wäre als ein Placebo. Eine leere Geste, die nur dadurch bedeutsam wird, daß der Patient daran glaubt.

Eine Meinungsumfrage

Time Magazine fragte im Jahre 1994 1004 Amerikaner. Glauben Sie:

– an die heilende Kraft eines persönlichen Gebets?

Ja:	82 Prozent
Nein:	13 Prozent

– daran, daß man jemandem hilft, gesund zu werden, indem man für ihn betet?

Ja:	73 Prozent
Nein:	21 Prozent

– daran, daß Gott manchmal eingreift und Menschen mit schwerer Krankheit heilt?

Ja:	77 Prozent
Nein:	18 Prozent

– daran, daß Glaubensheiler Menschen durch ihren Glauben gesund machen können oder durch Berührung?

Ja:	28 Prozent
Nein:	63 Prozent

– daran, daß Ärzte gemeinsam mit ihren Patienten beten sollten, wenn diese das wünschen?

Ja:	64 Prozent
Nein:	27 Prozent

Die Kirche und die Wunder: Eine zwiespältige Beziehung

> Wenn Wunder definiert werden als Dinge, die nicht geschehen können, dann können auch die Wunder in der Bibel nicht geschehen sein. Selbst wenn wir eine notariell beglaubigte Aussage eines Pathologen besäßen, die bestätigt, daß Jesus heil und gesund ist, würde ihm das kein Mensch abnehmen, der grundsätzlich davon überzeugt ist, daß kein Toter wieder lebendig werden kann.
>
> *Murray Harris, Professor für Theologie*

Annähernd zwei Jahrtausende lang galt es im Christentum als ausgemacht, daß die Bibel wörtlich zu nehmen sei. Von Gottvater persönlich diktiert, Wort für Wort wahr und völlig frei von Irrtümern. Auch die Wunder wurden nie hinterfragt. Im Gegenteil: Je phantastischer ein Wunder war, so der Priester und Bestsellerautor Peter de Rosa, desto wertvoller war es, nicht nur für die ungebildeten Christen, sondern auch für den Klerus. Zweifeln an den Wundern hieße zweifeln an Gott. Aber warum hätte man überhaupt daran zweifeln sollen? Ganz im Gegenteil: Die Welt war in den frühen Jahren des Christentums geradezu wundersüchtig. Und das ist wiederum kein Wunder: In der wilden, kalten Welt vergangener Jahrhunderte, einer Welt voller Dämonen, magischer Mächte und tödlicher Gefahren, in der es für viele Menschen wenig Grund zur Freude und kaum Hoffnung auf Besserung ab, waren Wunder das strahlende Licht in der Dunkelheit. Selbst dann, wenn sie einem niemals selbst widerfuhren: Zumindest bildeten sie einen spannenden Gesprächsstoff. Alle redeten darüber.

Nicht einmal Augustinus, gestorben im Jahre 430 n. Chr., den sie später den Kirchenvater nannten und der gewiß zu den klügsten Menschen seiner Zeit gehörte, war immun gegen die allgemeine Wundersucht, er trug sogar kräftig zu ihrer Verbreitung bei. Augustinus sammelte Wundergeschichten und veröffentlichte die 25 besten davon später in seinem Werk *Gottesstaat*, das zu einem Klassiker der theologischen Literatur wurde. Da beschreibt er zum Beispiel, wie ein Kind aus der Hölle zurückgeholt und von den Toten auferweckt wird, damit es noch getauft werden kann.
Zum besseren Verständnis dieses merkwürdigen »Wunders« ein paar Hintergründe: Die Hölle war ein Thema, das den Kirchenvater noch mehr faszinierte als die Wunder. Er befaßte sich intensiv mit dem Ort der Finsternis und hatte dank göttlicher Eingebung darüber präzise Informationen: Ihm verdanken wir zum Beispiel die Gewißheit, daß die unzähligen Kinder, die damals bei oder kurz nach der Geburt starben, noch ehe sie getauft werden konnten, für das ewige Höllenfeuer bestimmt waren. Weil Augustinus aber kein Unmensch war, hatte er den Müttern zum Trost verkündet, daß die Kleinen nur am Rande des Höllenfeuers schmoren müßten, dort, wo es noch am wenigsten schmerzhaft sei. Diesem Schicksal war das ungetaufte Kind in Augustinus' Wundergeschichte entronnen.
Wir, die wir mehr an das Leben des Kindes und an die Gefühle der armen Mutter denken, würden gern wissen, ob das Baby nur für die Taufe wieder lebendig gemacht wurde oder ob es auch danach noch weiterleben durfte; aber das erfahren wir leider bei Augustinus nicht. Dafür lesen wir von weiteren Wundern: wie ein hoher Herr in Todesangst seine Hämorrhoidenoperation erwartete und in der Nacht vor dem Eingriff seine frömmsten Freunde (Augustinus gehörte auch dazu) und die Spitzen des Klerus bat, für seine Genesung zu beten. Am nächsten Morgen stellte der behandelnde Arzt verblüfft fest, daß die schmerzhaften Knoten allesamt verschwunden waren.
Wenn wir diese Geschichten heute lesen, sind wir eher darüber verblüfft, wie wenig sich die Qualität der Wunder in den letzten 1500 Jahren verändert hat.

Ungewöhnlich, aber leider auch unvollständig und deshalb etwas unbefriedigend ist das nächste »Augustinus-Wunder«: Da erfahren wir, daß eine krebskranke Nonne durch eine Salbe geheilt wurde, in die ein Priester hineingeweint hatte. Den Grund seiner Traurigkeit und ob das womöglich etwas mit der Nonne zu tun hatte, bleibt uns leider ebenso verborgen wie die übrige Zusammensetzung der Wundersalbe.
Die Menschen hatten nun einmal eine Vorliebe für übernatürliche Dinge, die Hintergründe interessierten jahrhundertelang niemanden. Rationale Spielverderber gab es nicht. Im Gegenteil: Der Glaube an Wunder war so etwas wie eine Meßlatte für Frömmigkeit. Je mehr Dinge jemand auf ein Eingreifen Gottes zurückführte, desto frommer war er nach Meinung der anderen.
Und die Kirche nutzte die Faszination fürs Übernatürliche kräftig für ihre Zwecke aus: Sie machte mit den Wundern im Alten wie im Neuen Testament Politik.
War es im Alten Testament noch als ganz normal angesehen worden, daß auch andere Religionen Wunder hervorbringen konnten (bloß eben nicht ganz so große), ließ das Christentum an den fremden Wundern kein gutes Haar mehr. Das Problem dabei war freilich, sich selbst und andere davon zu überzeugen, daß die von Jesus und seinen Jüngern bewirkten Wunder sich wesentlich von denen unterscheiden, die im Laufe der Zeit vielen anderen Wundertätern zugeschrieben wurden. Der Buddha zum Beispiel war auch auf dem Wasser gewandelt, und verglichen gar mit den spektakulären Wundern der zahlreichen Hindugottheiten, waren die Wunder Christi sogar fast ein bißchen dürftig. Die Kirchenlehrer lösten das Problem, indem sie schlichtweg bestritten, daß heidnische Völker überhaupt wunderfähig waren, und was sich bei ihnen in dieser Beziehung abspielte, wäre entweder Betrug und Scharlatanerie oder aber ein übler Trick von Teufeln und Dämonen. Die einzig wahren Wunder wären die christlichen.
Speziell die Wunder des Neuen Testaments wurden ganz gezielt zu »Propagandazwecken« eingesetzt, denn es zeigte sich, daß sie bei

den heidnischen Völkern hervorragend ankamen. Die Wundertaten Jesu imponierten den heidnischen Stämmen derart, daß es mit ihrer Hilfe gelang, ganze Volksmassen schnell zum Christentum zu bekehren.
(Natürlich waren die Wunder nicht das einzige Mittel der christlichen Missionare, um Anhänger und politischen Einfluß zu gewinnen. In frühchristlicher Zeit wurden auch ganz gezielt gefälschte Apostelbriefe verbreitet. Es stellte sich aber schnell heraus, daß sie mit den Wundern einfach nicht Schritt halten konnten.)
Aber auch im eigenen Hause war der Wunderglauben des Volkes viele Jahrhunderte lang für die Kirche ein hervorragendes Machtmittel. Gottvater, der, wie jedermann wußte, früher ein launischer, unberechenbarer Herr war, liebte es, hofiert zu werden, andernfalls neigte er zu drastischen Aktionen.

Wenn jemand von der Materie geheilt wird, indem er ihr vertraut, um wieviel mehr wird er, wenn er sich auf die Kraft Gottes verläßt, geheilt werden? Warum gehst du dann nicht zu dem mächtigeren Herrn?

Kirchenlehrer Tatian

Und der Klerus war die einzige Instanz, die wußte – oder zu wissen vorgab – wie man Gott bei Laune halten konnte:

¤ Wunder konnte man am ehesten erhoffen, indem man Gott freundlich stimmte: Wie das ging, das wußte am besten die Kirche. Sie hatte die »Beziehungen«. Ihre Priester, vor allem aber ihre Heiligen, kannten die Spielregeln und waren dank ihres guten Kontaktes zu Gott die einzigen, die als Vermittler in Frage kamen.
¤ Krankheiten, Katastrophen, Epidemien und Unglücksfälle waren entweder das Werk von Dämonen oder ein Beweis dafür, daß Gott sich über etwas geärgert hatte. Aber nur die Kirche kannte die Ursache seines Grolls, und nur sie war in der Lage, durch Messen,

Bittgottesdienste und Opfer das Unheil abzuwenden. Die Pest, die im Mittelalter rund ein Viertel der Bevölkerung Europas auslöschte, war natürlich eine Strafe Gottes. Ebenso Blitz, Sturm, Hagelschlag und, und, und …

Als – ein Drittel der Bevölkerung Europas war bereits ausgelöscht – schließlich herauskam, daß nicht Gottes Zorn, sondern die Ratten die Schuld an der Pest trugen und daß auch kein zürnender Gott den Blitzstrahl vom Himmel schleuderte, sondern daß er eine Folge der Elektrizität war, war der Klerus zunächst alles andere als glücklich. Die gewinnbringende Furcht der Menschen vor diesen und ähnlichen Katastrophen hatte schließlich jahrhundertelang mit großer Zuverlässigkeit ihre Macht und ihren Besitz vermehrt. Doch es kam noch schlimmer.

Die Entzauberung der Wunder

Das Wissen über das Universum nahm ständig zu. Immer neue Zusammenhänge wurden entdeckt, und immer mehr Ereignisse, die traditionell als Wunder gegolten hatten, ließen sich nun ganz einfach mit den Naturgesetzen erklären. Für alles und jedes gab es eine logische Erklärung. Was nicht auf den Naturgesetzen gründete, das gab es schlicht und einfach nicht. Und so war es eine reine Frage der Zeit, bis die Wissenschaft sich daranmachte, auch den Wundern den Nährboden zu entziehen und das Neue Testament zu enttarnen.
Die Kirche setzte sich eine Weile erfolglos zur Wehr, indem sie die Erkenntnisse der Wissenschaft einfach abstritt. Doch als immer mehr ihrer heiligen Kühe geschlachtet wurden, begehrte sie schließlich auf und trat zur großen Kraftprobe an: Als Galilei darauf bestand, daß Kopernikus recht hatte und die Erde sich wirklich um die Sonne drehte und nicht umgekehrt, obwohl das so in der Bibel stand, kostete das zwar Galilei die Ehre, doch auf Dauer gesehen hat der Klerus in dieser Sache mit Sicherheit den kürzeren gezogen.

Noch eine Meinungsumfrage

Mögen die Theologen noch so unsicher sein, ob die Auferstehung Christi nun ein Mythos oder eine historische Tatsache ist: Die Gläubigen, die sonntags in der Kirche das Glaubensbekenntnisse beten, haben mit der Stelle »... gekreuzigt, gestorben und begraben, am dritten Tage wieder auferstanden von den Toten, aufgefahren gen Himmel« keine Probleme. Das ist zumindest das Ergebnis aller großen Meinungsumfragen, die in den USA in den letzten Jahren darüber durchgeführt wurden. Überall geben etwa 90 Prozent der Befragten an, daß sie an die Existenz des Himmels glauben. Und 78 Prozent meinen, sie hätten eine gute bis ausgezeichnete Chance, dorthin zu kommen ...
Die Menschen, so sieht es aus, sehnen sich heute mehr denn je nach einem Gott, der sich um jeden einzelnen persönlich kümmert.

Immerhin wurde die Kirche, was die Inflation der Wunder betraf, ein wenig kritischer: Als immer mehr weinende Madonnen, zauberkräftige Pseudoreliquien, Jesusantlitze auf Tortillas, tanzende Sonnen und ähnliche angebliche Wunder phantasievoller Scharlatane die Kirche in Gefahr brachte, ob ihres beharrlichen Festhaltens am Wunderglauben der Lächerlichkeit preisgegeben zu werden, machte sie schließlich eine überraschende Kehrtwendung: Wie schon gesagt wurde, beschloß der Kardinal Lambertini, der spätere Papst Benedikt XIV, als erster, daß Wunder künftig nicht mehr ohne konkrete Beweise akzeptiert würden. Er war es, der 1735 die Kriterien für die Anerkennung von Heilwundern erstellte, die dann in Lourdes angewendet wurden und seitdem für einen stetigen Rückgang der Wunder gesorgt haben. Doch dabei blieb es nicht.

Dieselbe Kirche, die fast zwei Jahrtausende lang die Wunder Christi in den Mittelpunkt ihrer Religion gestellt hatte und deren zentrale Botschaft das größte aller Wunder, die Auferstehung Jesu, ist, ging nun nach und nach dazu über, sich von den Wundern des Neuen Testaments zu distanzieren. Naturgesetze können nicht durchbrochen werden, nicht einmal von Gott, sagte die moderne Theologie. Sie machten sich daran, das Neue Testament von Wundern zu »säubern«, und das ist weder dem Neuen Testament noch der Kirche gut bekommen. Zunächst wurde nach einer logischen, »rationalen« Erklärung für die Wunder gesucht, die nun keine mehr waren. Jesus wandelte nicht wirklich übers Wasser, das sah nur so aus. Aha. Die Tochter des Jairus war nicht wirklich tot gewesen, sie hatte nur im Koma gelegen. Sieh an. Und weil mit dieser Erklärung wirklich niemandem gedient war, schon gar nicht den Gläubigen, die nun plötzlich nicht mehr wußten, woran sie nun glauben sollten, gingen die Bibelforscher als nächstes dazu über, die Wunder des Neuen Testaments zu Mythen umzufunktionieren.
Und schließlich wurde dann noch die Bedeutung der Wunder Christi heruntergespielt. Was sind schon Wunder, hieß es plötzlich seitens der Kirche. Wunder haben für den wahren Glauben keinerlei Bedeutung. »Warum wollen sie Zeichen und Wunder?« fragte irritiert schon Jesus. Wenn er sie ihnen zu Gefallen trotzdem tat, dann nur, weil die Menschen an ihn glaubten, und nicht, damit sie an ihn glaubten. Die wahrhaft Gläubigen, so die Exegeten und die modernen Theologen, brauchen kein Wunder. Und für die anderen ist kein Wunder ausreichend, um sie zu überzeugen.
Während die Theologen so argumentieren – ich habe das an einer früheren Stelle in diesem Buch bereits angesprochen –, werden die offiziellen Wunder immer weniger, nicht nur in Lourdes. In jüngerer Zeit greift der Verdacht um sich, daß entweder Gott die Neigung zur Einmischung in die Welt verloren hat oder daß die Menschheit jetzt besser als früher versteht, wie er vorgeht. Das Problem dabei ist nur: Der Wissenschaft und den Intellektuellen machen die Gottesforscher mit diesem Zugeständnis möglicherweise eine Freude, nicht aber den

ganz normalen Christen. Die fühlen sich betrogen und wollen ihre Wunder wiederhaben!

Die neue Sehnsucht nach Wundern

Eine relativ aktuelle Umfrage des Nachrichtenmagazins *Time* hat ergeben, daß 69 Prozent der Amerikaner an Wunder glauben; und die Kirchen und Sekten, die den stärksten Zulauf haben, sind die, deren Gottesdienste sich um Wunder drehen. In Deutschland sind es, einer Umfrage im Frühjahr 1997 zufolge, nur 25 Prozent, was einen entweder am kritischen Verstand der Amerikaner, am Glauben der Deutschen oder aber ganz schlicht am Wert von Meinungsumfragen zweifeln läßt.

Fest steht jedoch: Unsere moderne, rationale Welt, so sieht es aus, hungert nach Dingen, die sich nicht mit dem Verstand – oder einem Naturgesetz – erklären lassen. Auf einer Wiese im amerikanischen Bundesstaat Georgia fanden sich kürzlich Zehntausende von Schaulustigen ein, weil es hieß, daß sich die Jungfrau Maria von dort aus in den Wolken zeigte. Angebliche UFO-Sichtungen rufen Massenhysterien hervor. Über zwei Millionen Menschen pilgern jährlich nach Lourdes. Fünfzigtausend besuchen die Veranstaltungen berühmter Glaubensheiler, an deren Heilkräfte jeder dritte Amerikaner glaubt; von den Millionen, die diese Sendungen regelmäßig auf dem Bildschirm verfolgen, ganz zu schweigen.

Je entschlossener sich die Theologen daranmachen, auch die letzten biblischen Wunder zu enttarnen, desto größer wird die Sehnsucht der Menschen danach; und je mehr ihnen die Kirche dieses Element verweigert, desto mehr machen sich daran, die Lücke außerhalb der offiziellen Religionen aufzufüllen, die der Verzicht auf Wunder in der Kirche gelassen hat.

Während bei einer internen Abstimmung unter Amerikas führenden Theologen über die Frage »Ist Jesus tatsächlich von den Toten auferstanden?« eine klare Mehrheit mit »Nein« stimmte, macht sich die Gegenseite daran, moderne Wunder zu sammeln. Der amerikanische Erfolgsautor Dan Wakefield trug glaubwürdige und beglaubigte Wunder zusammen, die ihm Angehörige der verschiedensten Religionen berichtet hatten. Da ist beispielsweise der Fall von dem Mann, der einen Stromschlag erhielt, welcher die tödliche Stärke um ein Vielhundertfaches überstieg, und überlebte. Da ist die Frau, deren Tochter nach einem Unfall keine Chance gegeben wurde, je aus dem Koma zu erwachen, und die heute wieder zur Schule geht. Der Manager, dem ein Nierenstein entfernt werden sollte, und als er in den OP gefahren wurde, war der Stein weg. Der Mann ist davon überzeugt, dies habe etwas damit zu tun gehabt, daß dreitausend Leute für ihn gebetet hatten. Seine Frau hatte das organisiert.

Die Theologen hören solche Geschichten mit großer Skepsis. Sie mißtrauen Wundern aus dem gleichen Grund wie Jesus, aber auch noch aus einem weiteren: Wer zugibt, daß Wunder möglich sind, sollte besser eine gute Erklärung dafür parat haben, warum sie so häufig ausbleiben. Warum verwandelte Jesus auf der Hochzeit von Kana Wasser in Wein, obgleich die Gäste ohnehin schon genug getrunken hatten, aber in der Dritten Welt läßt er zu, daß Millionen Menschen verhungern? Warum heilte er Lazarus, aber nicht den Mann, der eine kranke Frau und fünf kleine Kinder zurückläßt?

Die wirkliche Glaubensprüfung findet statt, wenn *kein* Wunder geschieht. Zu glauben, wenn man ein Wunder erlebt hat, ist ziemlich simpel, sagt die Kirche. Die Faszination ist der Feind des wahren Glaubens. Das ist ganz sicher richtig. Doch immer mehr Menschen geben freimütig zu, daß ihnen der Glaube leichter fällt, wenn er durch Wunder untermauert wird. Die Esoterikszene boomt wie nie zuvor, weil sie dem Irrationalen eine Chance gibt. In den USA (für Deutschland gibt es keine vergleichbaren Werte) haben nachweislich die beiden Religionsgemeinschaften (die Charismatische Erneuerungsbewegung und die Pfingstgemeinde) den mit Abstand größten Zuwachs, die »Zeichen und Wunder« in den Mittelpunkt ihres Gottesdienstes stellen. Die Anführer beider Richtungen versichern übereinstimmend: »Die Leute kommen nicht zu uns, um Predigten zu hören, sie kommen, um etwas zu tun.« Und dazu, so scheint es, haben sie ausreichend Gelegenheit. Sonntag für Sonntag kommt es dort während des inbrünstigen Gebetes zu wunderbaren Heilungen. Die frommen Mitglieder berichten über Visionen, die sie erlebt haben oder gehen in Trance und sprechen in fremden Sprachen – sie reden in Zungen, wie das in der Bibel heißt –, und man kann sich unschwer vorstellen, daß solche Gottesdienste für die Mehrheit der Menschen attraktiver ist als die gute alte Sonntagspredigt. Für sie alle ist es selbstverständlich, daß christliche Wunder im Unterschied zu allen anderen Wundern die Welt überzeugen sollen, daß Christus der Gottessohn ist. Aber auch die Heilungsgottesdienste in der Hamburger Petrikirche (und in vielen anderen Kirchen Deutschlands), von denen bereits die Rede war, sind immer bis auf den letzten Platz besetzt.

Indessen bestehen manche Theologen der großen christlichen Kirchen weiterhin darauf, daß die Lehren Jesu wichtiger sind als das, was über den Heiland geschrieben wurde. Sie gestehen ihm allenfalls die Wirkung eines Placebos zu: Der Glaube an seine Heilkraft wäre so groß gewesen, daß die Menschen von selber wieder gesund geworden wären, ihre Krankheiten seien ohnehin nur psychosomatisch gewesen.

Dann bleibt natürlich auch von Christus selbst wenig mehr übrig als ein großer Menschenführer, ein Meister, ein moralischer Lehrer. Und das bringt das Christentum in die Bredouille. »Entweder Jesus war, wie er sagte, der Sohn Gottes, oder aber er war ein Verrückter oder etwas Schlimmeres«, kommentiert trocken der amerikanische Theologieprofessor C. S. Lewis.

Murray Harris, ein konservativer Professor für Theologie an der Evangelical Divinity School, Deerfield, versucht zu retten, was zu retten ist, und rät dringend zur Rückkehr zum ursprünglichen Glauben. »Die Geschichte von der Auferstehung«, so Harris, »ist besser dokumentiert als viele andere Ereignisse dieser Zeit, die wir, ohne zu zweifeln, als historisch echt betrachten. Wir haben das leere Grab in allen vier Evangelien, die immerhin drei bis vier unabhängige

Quellen sind, und in dreien Erscheinungen des wiederauferstandenen Christus. Und eindeutig hat keiner vom anderen abgeschrieben. Demgegenüber haben wir nur zwei zeitgenössische Berichte über Hannibals höchst unwahrscheinliche Alpenüberquerung mit 38 Elefanten im Schlepptau, aber niemand zweifelt daran, daß das wirklich passiert ist. Wenn Wunder als Ereignisse definiert werden, die schlicht und einfach nicht möglich sind, dann können natürlich die Wunder in der Bibel auch nicht passiert sein.
Selbst wenn wir den unter Eid abgegebenen Bericht eines Pathologen besäßen, daß Christus wohlauf und lebendig wäre – dann würde man ihm das nicht glauben, weil ein Toter nicht wieder lebendig werden kann. Da wäre kein Beweis ausreichend.«
Und während so die Kirche an ihrer Basis rüttelt, um den Aberglauben aus der Religion zu vertreiben, wird auf der Gegenseite, der Naturwissenschaft, die Bereitschaft zur Anerkennung von Wundern mit jedem Tag größer. Doch das ist, im wahrsten Sinne des Wortes, ein anderes Kapitel.

Teil 2: Wunder, die der Geist bewirkt

Die sanfte Revolution

> Für mich ist jede Stunde des Lichts
> und der Dunkelheit ein Wunder.
> Jeder Kubikzentimeter Raum ist ein Wunder.
>
> *Walt Whitman*

Auf dem Gebiet der Heilkunde ist es in den letzten Jahrzehnten zu einer sanften Revolution gekommen. Immer mehr Ärzte, Heiler und Therapeuten gelangen zu einer Erkenntnis, die für viele von ihnen das größte alle Wunder ist – und zugleich eine Lektion in Demut –: Um von einer schweren Krankheit zu genesen, braucht man nicht unbedingt einen Arzt, keinen Wunderheiler und erst recht nicht die Wissenschaft. Das schafft der Körper ganz von allein. Er enthält Hunderte, wenn nicht sogar Tausende von Substanzen, mit denen er sämtliche Krankheiten – vom Schnupfen bis Aids – ohne jede fremde Hilfe heilen kann. Das dumme ist nur, daß er oft ganz vergessen hat, über welch wunderbare Kräfte er verfügt. Und selbst wenn er sich vage daran erinnert, weiß er nicht mehr, wie das geht. Dann muß man ihm einfach beibringen, wie er diese Selbstheilungskräfte mit Hilfe seines Geistes aktivieren kann. Wenn er das begriffen hat, geschieht das ersehnte Wunder oft ganz von allein.

So unangenehm diese Vorstellung für die Schulmedizin ist – wer hört schon gern, daß er entbehrlich sei? –, die Fakten, die für diese Theorie sprechen, sind mittlerweile so gewichtig geworden, daß die medizinische Forschung gezwungen ist, sich ernsthaft mit dem Phänomen der Selbstheilung zu beschäftigen. Es gibt eine ganze Reihe von Methoden, die sich als vielversprechend erwiesen haben, aber leider keine einzige, die immer wirkt. Der menschliche Geist, so scheint es, ist sehr wählerisch, wenn es um die Aktivierung der Heilungskräfte geht. Er reagiert längst nicht auf alles und längst nicht

Die Macht der Meditation

Eine ganze Reihe von westlichen Wissenschaftlern, vor allem Dr. Herbert Benson von der Universität Harvard, haben sich mit den Auswirkungen der Meditation auf die Gesundheit befaßt. Sie fanden unter anderem heraus, daß Meditieren den Blutdruck normalisiert, die Ausschüttung von Streßhormonen im Blut reduziert, die Gehirnströme positiv beeinflußt und das Risiko, einen Herzanfall zu bekommen, erheblich verringert und den Alterungsprozeß verlangsamt.
Nach Ansicht von Dr. Siegel trifft das ohne jeden Zweifel alles zu: »Ich kenne persönlich keine einzige Tätigkeit, die die Lebensqualität so sehr verbessert wie die Meditation.« Aber das beste von allem sei dies: »Ich habe einmal einen Brief bekommen von einer Frauengruppe, die das Meditieren angefangen hatten, um ihren Busen zu vergrößern. Das ist ihnen tatsächlich gelungen. Aber die Erfahrungen, die sie während der Meditation gesammelt hatten, waren für ihr ganzes Leben so überwältigend, daß die Größe ihres Busens für sie nicht mehr so wichtig war.«

Bernie Siegel
in *Love, Medicine and Miracles*
(Harper and Row, 1986)

immer gleich. Manchmal möchte er ein tägliches »Kino« haben, voll von spannenden inneren Bildern, in denen in allen Einzelheiten zu sehen ist, wie die »guten« (»gesunden«) Zellen die »bösen« (»kranken«) besiegen. Manchmal besteht er darauf, daß man sein ganzes Leben von Grund auf ändert, positiv zu denken lernt. Gelegentlich möchte er sich einfach nur amüsieren – dann ist Lachen wirklich die beste Medizin.
In vielen Fällen hat es sich als wirkungsvoll erwiesen, daß man mit

dem Unbewußten Kontakt aufnimmt und es unter Hypnose an seine vergessenen Zauberkräfte erinnert. Bisweilen können Trancereisen in frühere Leben die verborgenen Krankheitsursachen an den Tag bringen, bewußtmachen und dadurch Wunder bewirken, ebenso wie Meditationen, Blüten- und Edelsteinessenzen, die negative Stimmungen auflösen, Affirmationen und viele andere sogenannte alternative oder holistische Methoden, um dem Geist wieder auf die Sprünge zu helfen. Sie alle haben – einzeln oder in der Kombination – nachweislich dazu geführt, daß durch geheimnisvolle Interaktionen von Geist und Körper unheilbare Krankheiten manchmal geheilt wurden.
Häufig ist mit solchen unerklärlichen Heilungen eine Bewußtseinsveränderung verbunden. Dann sagt man, diese Menschen haben aus ihrer Krankheit die Lektion gelernt, die das Schicksal für sie vorgesehen hatte, und dadurch sei die Krankheit überflüssig geworden. Aber manchmal tritt das Wunder offenbar auch ohne erkennbare Eigenleistung ein. Da reicht es schon (zumindest für eine Weile), daß man den Geist überlistet, indem man ihm anstelle richtiger Medizin heimlich Zuckerpillen gibt. Auch wenn die Heilung nicht von Dauer ist, so handelt es sich dabei trotzdem um ein Wunder des Geistes.

Placebos: Wunderpillen für den Geist

> Der Glaube an die Götter oder die Heiligen kuriert den einen, der Glaube an eine kleine Pille den anderen, hypnotische Suggestionen einen dritten, der Glaube an einen ganz gewöhnlichen Arzt den vierten ... Der Glaube, mit dem wir arbeiten, hat zwar seine Grenzen, aber er ist uns eine sehr große Hilfe, ohne die wir schlecht dastünden.
>
> *Sir William Osler, Medizinhistoriker*

Placebos sind für ernsthafte Wissenschaftler eine peinliche Angelegenheit. Eigentlich sollten diese bunten Zuckerpillen nur einen einzigen Zweck erfüllen: Sie sollten nachweisen, wie fabelhaft das echte Medikament wirkt, das in Kürze auf den Markt kommen wird. Dummerweise haben sich die kleinen Dinger, die nichts, aber auch gar nichts enthalten, was auch nur entfernt einem Wirkstoff ähneln könnte, verselbständigt. Sie tun genau das, was sie absolut nicht tun dürften: Sie wirken oft so gut wie das eigentliche Mittel, manchmal sogar besser. Beileibe nicht etwa nur in Ausnahmefällen, sondern regelmäßig. Egal, um welche Krankheit es geht, ob Krebs oder Kopfweh, und völlig gleichgültig, wie stark die Substanz ist, die sie »vertreten«: In jedem dritten Fall, gelegentlich auch noch häufiger, erfüllt ein Placebo genau den Zweck, den es keinesfalls erfüllen dürfte. Kann so etwas denn mit rechten Dingen zugehen?
Resigniert oder erfreut sagte Dr. Alan Roberts 1994 auf einer Tagung für alternative Medizin: »Je nach Neigung spricht man von einem Placeboeffekt, von einem Wunder, von göttlichem Eingreifen oder von einer spontanen Remission.«

Wenn ein neues Medikament getestet wird, ist dabei außer wissenschaftlichem Interesse zwangsläufig auch immer eine gewisse Skrupellosigkeit im Spiel. Es gibt nämlich nur eine Möglichkeit herauszufinden, ob das Mittel so wirkt, wie man sich das erhofft oder nicht, oder ob es möglicherweise sogar schadet: Die Menschen, die unter der Krankheit leiden, gegen die das Medikament helfen soll, müssen es ausprobieren. In jedem Fall wird also der Patient zum Versuchskaninchen.

Damit ist es aber noch längst nicht getan. Der Patient wird im Namen der Wissenschaft auch noch systematisch hinters Licht geführt. Um die Wirkung eines Medikaments objektiv zu testen, werden die Probanden in Gruppen geteilt. Allen gemeinsam erklärt man, daß sie ein neues Mittel erhielten, das zu den höchsten Hoffnungen berechtige. Wenn alles gutgehe, werde ihnen dieses Medikament dazu verhelfen, wieder gesund zu werden. Doch nur die Hälfte der Testpersonen bekommt tatsächlich das neue Medikament. Die zweite Gruppe kriegt heimlich Zuckerpillen. Nach einiger Zeit wird dann verglichen, ob es der Gruppe, die das echte Mittel eingenommen hat, spürbar und sichtbar besser als der Kontrollgruppe geht.

Aber nicht nur die Patienten werden beschummelt, sondern auch die Ärzte: Seit man herausgefunden hat, daß nicht nur der Glaube der Patienten an ein neues Mittel Einfluß auf dessen Wirkung hat, sondern auch die unterbewußt signalisierte Einstellung des Arztes, der es verordnet, werden solche Versuche noch trickreicher angelegt: Oft wissen nicht mal die Ärzte und Schwestern, die die Mittel austeilen, ob die Patienten nun das echte oder das getürkte Medikament bekommen. Die einzigen, die darüber informiert sind, sind die Versuchsleiter. »Placebo« nennt man solche Mittelchen, die keinerlei Wirkstoffe enthalten. Das ist lateinisch und heißt soviel wie »Ich werde gefallen«; und schon diese Bezeichnung deutet auf einen gewissen Zynismus hin. Auch die Untersuchungsmethode hat einen Namen: Ein Versuch, bei der buchstäblich keiner weiß, was er tut, heißt »Doppelblindstudie«, und alle sind sehr stolz darauf, wie

Hühnersuppe gegen Grippe

Die Ärzte (und auch die Pharmaindustrie) wissen längst, daß die Patienten an eine bestimmte Hierarchie der Medikamente glauben: Spritzen halten sie für stärker als Pillen, Kapseln für wirkungsvoller als Tabletten. Weiße Pillen wirken stärker als braune, und je teurer ein Mittel ist, desto besser hilft es. Neue Medikamente wirken stärker als solche, die schon länger auf dem Markt sind. Daher stammt übrigens die alte Medizinerweisheit: »Behandle möglichst viele Patienten mit einem neuen Medikament, solange es noch wirkt.« Übrigens fungieren längst nicht nur Medikamente als Placebos: Auch Amulette, Kupferarmbänder, Kristalle oder Mutters Hühnersuppe können eine mächtige Placebowirkung haben, ebenso wie die Rituale, die mit dem Heilungsprozeß verbunden sind: der regelmäßige Arztbesuch, die Visite im Krankenhaus, und – wie Professor Buckman von der Universität Toronto meint – fast alle alternativen Therapien.

Bis zum Ende des 19. Jahrhunderts, so der Professor, war der überwiegende Teil aller Behandlungsmethoden, vom Aderlaß

objektiv und wissenschaftlich sie vorgehen. Zumindest war das früher so.

Mittlerweile haben die Wissenschaftler nämlich eben die Entdeckung gemacht, von der eingangs die Rede war und die sie immer wieder aufs äußerste irritiert: Bei einem runden Drittel der Patienten, manchmal sogar noch öfter, wirken nämlich die Placebos genauso wie die echten Mittel. Und das unverändert seit fünfzig Jahren. Für Pharmakonzerne und Wissenschaftler, die Jahre und Jahrzehnte und diverse hundert Millionen Forschungsgelder darauf verwendet haben, ein erstklassig wirksames Medikament zu entwickeln und auf bis zum Eidechsenblut, therapeutisch völlig wirkungslos. Aber viele haben zumindest zeitweise trotzdem geholfen, weil die Ärzte und die Patienten daran glaubten. Ähnlich verhält es sich nach Professor Buckman mit den alternativen Therapien. Er ist davon überzeugt, daß nur eine Handvoll von ihnen nachgewiesenermaßen wirksam sind: Akupunktur gegen Schmerzen, Chirotherapie gegen Schmerzen am unteren Rücken und ein traditionelles chinesisches Mittel aus zwölf Kräutern gegen Ekzeme im Kindesalter.

»Aber in den meisten Fällen«, so Buckman, »kann man die Heilung durch alternative Therapien – die durchaus echt sein kann – nicht chemischen oder mechanischen Prozessen zuschreiben, sondern der Beachtung und Zuwendung, die die Patienten erfahren, dem gesünderen Leben, das sie nun führen, sowie last, not least der Macht der Placebowirkung. Die Menschen sind frustriert von der Schulmedizin. Wenn man krank ist, braucht man Unterstützung, Zuwendung von Menschen oder Systemen. Mutters Hühnersuppe gegen Grippe wirkt, weil Mutter sie für dich gekocht hat.«

den Markt zu bringen, ist das immer wieder ein Schlag ins Gesicht. Aber sooft man der Sache auch nachgeht, es ändert sich einfach nichts: Mittlerweile hat man den sogenannten Placeboeffekt in Hunderten von Studien in aller Welt gründlich immer wieder aufs neue erforscht. Das Ergebnis ist stets gleich: 30 bis 40 Prozent der Kranken reagieren auf die Zuckerpillen mit einer spürbaren Besserung. Und zwar unabhängig davon, wie schwer die Krankheit ist. Ganz egal, ob Angina pectoris oder Migräne, Allergien, Fieber, Erkältung, Asthma, Akne, Schmerzen, Warzen, Psychosen, Depressionen, Arthritis, multiple Sklerose, Diabetes, Parkinson, Krebs – bei einem Drittel der

Patienten, die nur die Placebos bekommen haben, geht es nach der Pseudomedizin zumindest für eine Zeit erheblich besser ... Einige Testergebnisse sind besonders verblüffend:

- ¤ In einer Doppelblindstudie kam heraus, daß 54 Prozent der Patienten fanden, daß das Placebo ebenso wirksam war wie Schmerzmittel. Und in sechs unterschiedlichen Studien (die Wissenschaftler konnten das Ergebnis offenbar selber nicht glauben und haben es wieder und wieder überprüft) erwies sich das Placebo sogar als ebenso schmerzlindernd wie Morphium!
- ¤ 1983 wurde in einer großangelegten Studie die Wirkung diverser Chemotherapien auf verschiedene Krebsarten untersucht. Das faszinierendste Ergebnis kam aus der Gruppe, die nur Placebos bekommen hatte: Fast jeder dritte der Probanden verlor im Verlauf der Therapie büschelweise die Haare – genau so, wie man das immer im Zusammenhang mit der Chemo hört oder liest und wovor die Patienten so große Angst haben. Diese Studie wurde an mehreren englischen Krankenhäusern an 411 Patienten gleichzeitig durchgeführt. Berichtet darüber wurde im *World Journal of Surgery*, 1983, Seite 390–399.
- ¤ Schwangere Frauen, die über morgendliche Übelkeit klagten, bekamen den Sirup von Ipecac, eine Substanz, die Brechreiz auslöst. Dazu wurde ihnen gesagt, das brandneue Mittel habe sich als hochwirksam gegen Schwangerschaftsbeschwerden dieser Art erwiesen. Sämtliche Patientinnen, die monatelang über Übelkeit geklagt hatten, fühlten sich daraufhin morgens topfit.
- ¤ Patienten, die überzeugend behaupteten, daß sie nicht schlafen können, wenn sie abends noch Kaffee trinken, wurde eine Koffeinlösung gespritzt! Dabei sagte man ihnen, es handele sich um ein neuartiges, besonders starkes Beruhigungsmittel. Keiner von ihnen war wachzuhalten!
- ¤ In einer weiteren Studie wurde Patienten mit offenen Geschwüren ein Medikament verabreicht, das von den behandelnden Ärzten als das zur Zeit wirksamste Mittel zur Behandlung von Geschwü-

ren gepriesen wurde. Bei über 70 Prozent der Patienten hörten die Blutungen sofort auf. Einer anderen Gruppe wurde mitgeteilt, daß es sich um ein Mittel im Experimentierstadium handele. Nur bei 25 Prozent hörten die Blutungen auf. Tatsächlich bekamen aber *beide* Gruppen nichts als Placebomittel!

¤ Besonders infam ist der Versuch, der in den fünfziger Jahren mit Herzpatienten durchgeführt wurde. Damals erprobten die Chirurgen eine vielversprechende Operation, mit der sie die starken Herzschmerzen von Angina-pectoris-Patienten zu lindern hofften. Bei Angina pectoris sind die Kranzgefäße so verengt, daß der Herzmuskel nur mangelhaft durchblutet wird. Die Chirurgen versuchten, durch Verschließen der Vene mehr Blut in den Herzmuskel fließen zu lassen. Die Befürworter dieser Operationstechnik sprachen begeistert davon, daß 75 Prozent ihrer Patienten nach dem Eingriff wesentlich weniger Schmerzen hätten. Die Konkurrenz, die das anzweifelte, führte bei einer Gruppe von Patienten die Operation ordnungsgemäß durch. Bei einer zweiten, gleich starken Gruppe operierten sie nur zum Schein – das heißt, sie setzten die Patienten unter Narkose, öffneten den Brustkorb – und nähten ihn gleich wieder zu. Den Patienten wurde gesagt, der Eingriff sei zur vollsten Zufriedenheit verlaufen. Das Ergebnis verwirrte sogar die zynischen Chirurgen: Diejenigen, bei denen überhaupt nichts passiert war, berichteten begeistert, wie wohl sie sich nach dem Eingriff fühlten. Der Erfolg war bei ihnen noch größer als bei denen, die tatsächlich operiert worden waren. Und nicht nur das: Der Erfolg hielt auch länger an: Die Placebopatienten brauchten weniger Schmerzmittel, waren körperlich fitter und nahmen schneller ihre Arbeit wieder auf als die Gruppe, die tatsächlich operiert worden war!

Ein Wunder ohne Happy-End

Die schönste, berühmteste und letzten Endes traurigste Geschichte über die Macht des Placebos auf Körper und Geist stammt von Dr. Philip West und dem Psychiater Dr. Bruno Klopfer. Sie wurde im Jahre 1957 in der renommierten Fachzeitschrift *Journal of Projective Techniques and Personality Assessment* veröffentlicht und ging später durch die gesamte medizinische Welt. Hier die Übersetzung des Artikels:

»Herr W. litt an einer weit fortgeschrittenen bösartigen Erkrankung der Lymphknoten, einem Lymphosarkom. Schließlich kam der Tag, an dem er gegen alle bekannten lindernden Behandlungsmethoden resistent geworden war. Riesige orangengroße Tumoren befanden sich in seinem Hals, unter den Achseln, in der Leiste, in der Brust und im Bauch. Jeden Tag mußten ihm ein bis zwei Liter einer milchigen Flüssigkeit aus der Brust abgesaugt werden. Er mußte häufig zur Sauerstoffmaske greifen, und wir hatten den Eindruck, daß der Krebs sich im Endstadium befand und keine Behandlung mehr möglich war. Man konnte ihm nur Sedativa verabreichen, um ihm seinen Weg zu erleichtern.
Trotz alledem war Herr W. nicht ohne Hoffnung, im Gegensatz zu seinen Ärzten. Die Zeitungen hatten nämlich über ein neues Medikament berichtet, das demnächst auf den Markt kommen sollte. Von ihm erwartete er seine Rettung. Es hieß Krebiozen und war, wie sich später herausstellte, ein völlig wirkungsloses Präparat.
Irgendwie erfuhr er, daß unser Krankenhaus zu den hundert von der Ärztekammer ausgewählten Häusern zählte, in denen die Behandlung mit Krebiozen getestet werden sollte. Uns wurde von diesem Mittel eine Menge zur Verfügung gestellt, die zur Behandlung von zwölf Fällen ausreichte. Herr W. kam nicht in die engere Wahl, die Bedingung dafür war nämlich unter anderem, daß die voraussichtliche Lebenserwartung des Patienten mindestens drei, besser sechs Monate betrug. Diese Voraussetzung erfüllte er

sicherlich nicht, es schien mir schon fast übertrieben, ihm mehr als zwei Wochen einzuräumen.
Wie dem auch sei: Ein paar Tage später traf das Medikament ein, und wir begannen, ein Testprogramm aufzustellen, das Herrn W. natürlich nicht mit einschloß. Als er erfuhr, daß wir die Behandlung mit Krebiozen aufnehmen würden, kannte sein Enthusiasmus keine Grenzen, und sosehr ich es ihm auch auszureden versuchte, er bat so inständig um diese goldene Gelegenheit, daß ich gegen mein eigenes Urteil und gegen die Vorschriften des Krebiozen-Komitees beschloß, ihn in das Programm aufzunehmen.
Dreimal wöchentlich waren Injektionen zu verabreichen, und ich erinnere mich daran, daß er seine erste an einem Freitag erhielt. Vor Montag sah ich ihn nicht wieder, und als ich ins Krankenhaus kam, dachte ich, er werde vielleicht im Sterben liegen oder bereits tot sein, so daß sein Anteil an dem Medikament für einen anderen Patienten verwendet werden könne. Doch welche Überraschung wartete auf mich! Als ich ihn zuletzt gesehen hatte, hatte er nach Luft gerungen, war fiebrig und ans Bett gefesselt gewesen. Und jetzt spazierte er fröhlich durch die Station, plauderte glücklich mit den Schwestern und verbreitete eine Botschaft der guten Laune an jeden, der zuhören wollte. Ich eilte sofort los, um die anderen Patienten zu sehen, die zur selben Zeit die Injektion erhalten hatten. Keine Besserung oder Verschlechterung ihres Zustands war festzustellen. Nur im Fall von Herrn W. gab es diese brillante Besserung. Die Tumormassen waren geschmolzen wie Schneebälle an einem heißen Ofen und hatten sich in diesen wenigen Tagen auf die Hälfte ihrer ursprünglichen Größe zurückgebildet. Das ist natürlich eine viel raschere Rückbildung, als sie bei einem noch so strahlungsempfänglichen Tumor bei täglicher massiver Bestrahlung hätte erreicht werden können. Und wir wußten bereits, daß sein Tumor gar nicht auf Behandlung ansprach. Außer diesem einen ›nutzlosen‹ Schuß hatte er keine Behandlung bekommen.
Dieses Phänomen verlangte nach einer Erklärung, und nicht nur

das: Es forderte uns auf, unseren Geist zu öffnen, um zu lernen, nicht bloß, um eine Erklärung zu suchen. Zur großen Freude des Patienten wurden also, wie geplant, dreimal in der Woche Injektionen verabreicht. Innerhalb von zehn Tagen war Herr W. so weit, daß er aus seinem ›Sterbebett‹ entlassen werden konnte. Praktisch alle Krankheitssymptome waren innerhalb der kurzen Zeit verschwunden. So unglaublich es klingen mag: Dieser Patient im Endstadium, der bis vor kurzem seine Atemzüge durch eine Sauerstoffmaske genommen hatte, atmete jetzt nicht nur normal und aktiv, er stieg auch mit seinem Flugzeug auf und flog ohne Beschwerden in einer Höhe von fast 4000 Metern.

Diese unglaubliche Situation ereignete sich zu Beginn der Erprobung von Krebiozen. Nach zwei Monaten tauchten widersprüchliche Berichte in den Nachrichten auf. Keine der Testkliniken konnte positive Ergebnisse vermelden, die Erfinder der Behandlungsmethode widersprachen aber blind den entmutigenden Fakten, die allmählich ans Licht kamen.

Dies beunruhigte unseren Herrn W. im Laufe der nächsten Wochen erheblich. Obwohl er keine spezielle Ausbildung besaß, war er in seiner Denkweise mitunter doch ziemlich logisch und wissenschaftlich. Er begann den Glauben an seine letzte Hoffnung zu verlieren, die bisher für ihn lebensrettend gewesen war und nichts zu wünschen übriggelassen hatte. Als die Ergebnisberichte immer schlechter wurden, schwand sein Glaube, und nach zwei Monaten fast vollkommener Gesundheit fiel er in den ursprünglichen Zustand zurück, verfiel in eine düstere Stimmung und fühlte sich elend.

Hier sah ich meine Gelegenheit, das Medikament nochmals zu überprüfen oder vielleicht auch herauszubekommen, wie die angeblichen Erfolge der Medizinmänner zustande kommen (von denen viele tatsächlich bewiesen sind). Da ich diesmal schon über den angeborenen Optimismus meines Patienten Bescheid wußte, machte ich mir diesen zunutze. Es geschah aus rein wissenschaftlichen Gründen, es ging darum, ein perfektes Kontrollinstrument

Vitamine gegen Brustkrebs

Die Kanadierin Rosaria Farro ist davon überzeugt, daß es *Vitamine* waren, die sie von ihrem Brustkrebs heilten. Rosaria erfuhr Mitte der siebziger Jahre die Diagnose Brustkrebs und ließ sich operieren. Acht Jahre später hatte sie Metastasen in der anderen Brust. Sie ließ sich erneut operieren, verzichtete aber auf Chemotherapie und Bestrahlung, weil sie davon überzeugt war, daß beides mehr Schaden anrichte als Nutzen stifte. Statt dessen nahm sie unter ärztlicher Kontrolle jede Menge Vitamine und Mineralien ein; und daß sie heute, nach zehn Jahren, keine Beschwerden hat, führt sie auf die 20 bis 25 Pillen zurück, die sie jeden Morgen zu sich nimmt.
»Nicht in Panik geraten, das ist das wichtigste. Lese alles, sammle alle Informationen, die du bekommen kannst. Dann übernimm die Verantwortung für deine Gesundheit selbst. Du bist der einzige, der dich heilen kann«, so lautet ihr Rat an Frauen in ihrer Situation.

durchzuführen, das all die verwirrenden Fragen klären würde, die dieser Fall aufgeworfen hatte. Außerdem konnte mein Plan ihm in keiner Weise schaden, da war ich mir sicher, und es gab ja ohnehin nichts, was ihm helfen konnte.
Als Herr W. schon fast aufgegeben hatte und verzweifeln wollte, weil seine Krankheit trotz des anfangs so gut wirkenden Wundermittels wieder ausgebrochen war, beschloß ich, die Chance zu nutzen und den Medizinmann zu spielen. Ich log ihm bewußt vor, er solle nicht glauben, was die Zeitungen berichteten, da das Medikament letztlich doch sehr vielversprechend sei.
›Was war denn dann der Grund für meinen Rückfall?‹ fragte er. Ich antwortete: ›Die Substanz baut sich bei der Lagerung ab.

Deshalb wird morgen ein neues, hervorragend überarbeitetes Produkt von doppelter Stärke hier eintreffen, das die günstige Wirkung der ersten Injektion mehr als wiederherstellen kann.‹

Die Nachricht war eine wahre Offenbarung für ihn, und Herr W., so krank er auch war, wurde wieder der optimistische Mensch, der er vorher gewesen war, bereit einen neuen Anfang zu machen. Durch eine angebliche Verspätung von einigen Tagen bis zum Eintreffen der Lieferung erfuhr seine Vorfreude auf die Rettung eine gewaltige Steigerung.

Mit viel Trara und einem großen Auftritt, den ich unter diesen Umständen für gerechtfertigt hielt, verabreichte ich die erste Injektion des doppelt starken, frischen Präparats, bestehend aus nichts weiter als sterilem Wasser. Die Ergebnisse dieses Experiments waren für uns zu dieser Zeit ganz unglaublich, obgleich uns wohl die leise Hoffnung auf das mögliche Resultat bewogen hatte, es überhaupt zu versuchen.

Die Genesung von seinem zweiten, wiederum fast todesnahen Zustand war noch dramatischer als die erste. Die Tumormassen schmolzen, die Brustflüssigkeit verschwand, er konnte in ambulante Behandlung überführt werden und nahm sogar das Fliegen wieder auf. Zu diesem Zeitpunkt war er ein Ausbund an Gesundheit. Die Wasserinjektionen wurden fortgesetzt, die auf so wunderbare Weise halfen. Über zwei Monate lang blieb er symptomfrei. Dann erschien in der Presse die letzte Meldung der amerikanischen Ärztekammer, die lautete: ›Landesweite Tests haben erwiesen, daß Krebiozen ein für die Behandlung von Krebs wertloses Medikament ist.‹

*Innerhalb von ein paar Tagen nach dieser Meldung wurde Herr W. wieder ins Krankenhaus eingeliefert, in extremis. Sein Glaube war verschwunden, seine letzte Hoffnung verloren, und in weniger als zwei Tagen erlag er seinem Leiden.«**

* Bruno Klopfer: »Psychological variable in human cancer«, *Journal of Projective Techniques and Personality Assessment*, Vol. 21, No. 4, New York 1957

Auch wenn Mr. W. letzten Endes den Kampf gegen den Krebs verloren hat: Man kann nur Respekt haben vor der Macht seines Glaubens, der in diesem Fall wirklich den Himalaja versetzt hat, wenn auch nur für eine gewisse Zeit. Man empfindet Hochachtung vor dem Mut und auch vor der Menschlichkeit seiner Ärzte, deren mitfühlender Bericht sich so wohltuend von den meisten anderen Placebostudien unterscheidet.
Doch was sagen uns nun solche Studien, außer daß unter den Ärzten oft einer dem andren nicht traut und daß bei der Überprüfung von neuen Medikamenten offenbar ein erheblicher Zynismus am Werke ist?

Da sandte der Herr feurige Schlangen unter das Volk; die bissen das Volk, daß viele aus Israel starben. Da kamen sie zu Mose und sprachen: Wir haben gesündigt, daß wir wider den Herrn und wider dich geredet haben. Bitte den Herrn, daß er die Schlangen von uns nehme. Und Mose bat für das Volk. Da sprach der Herr zu Mose: Mache dir eine eherne Schlange und richte sie an einer Stange hoch auf. Wer gebissen ist und sieht sie an, der soll leben. Da machte Mose eine eherne Schlange und richtete sie hoch auf. Und wenn jemanden eine Schlange biß, so sah er die eherne Schlange an und blieb leben.

4. Mose 21,6–9

Nun, da ist in erster Linie die Bestätigung dafür, daß wir sehr viel mehr zu unserer Heilung beitragen können, als wir das je zu hoffen wagten. Unser Körper besitzt ganz offensichtlich die Macht, völlig ohne fremde Hilfe Tumoren abzubauen, Warzen abzutragen, Bronchien zu öffnen und wahlweise Insulin auszuschütten oder auch nicht, aber wir sind uns dieser Macht nicht bewußt. Wir müssen es immer wieder hören oder am besten selbst erleben, damit wir eines Tages daran glauben.

Und noch eine weitere Bestätigung erhalten wir: Geist und Körper sind zu eng miteinander vernetzt, um als voneinander unabhängige Einheiten behandelt zu werden. Wer auf den einen einwirkt, muß den anderen immer mit verarzten. Medikamente wirken, wenn wir an sie glauben, und sie hören auf zu wirken, wenn wir den Glauben an sie verlieren. Daraus kann man den – für die Pharmaindustrie unerfreulichen – Schluß ziehen, daß Heilung mehr von der inneren Einstellung als von der Wirksamkeit eines Mittels abhängig ist. Der Placeboeffekt ist das klassische Beispiel für eine durch die Psyche ausgelöste Heilung. Oder schlichter ausgedrückt: Wir selber sind zu einem großen Teil dafür verantwortlich, ob wir geheilt werden oder nicht. Sind wir innerlich bereit, gesund zu werden, so ist offensichtlich jedes Mittel recht. Sind wir dagegen, aus welchen Gründen auch immer, nicht bereit dafür, so führen Methoden, die gegen unsere innerste Überzeugung durchgeführt werden, selbst dann viel seltener zum Erfolg, wenn es sich um hochwirksame Mittel oder technisch brillant durchgeführte operative Eingriffe handelt. Wir alle haben die Wahl!

Placebos: Schlechtes Image bei den Ärzten

Eigentlich könnten sich Ärzte über diese Erkenntnis freuen. Die Behandlung eines Patienten wird dadurch zu einer partnerschaftlichen Angelegenheit, einem Prozeß, an dem beide Seiten gleichermaßen beteiligt sind. Aber merkwürdigerweise haben die meisten Mediziner für den Placeboeffekt nichts als nackte Verachtung übrig. Sie fühlen sich von ihm hinters Licht geführt. Nicht nur, daß er ihnen die sauberen Ergebnisse ihrer wissenschaftlichen Studien verhunzt. Viel schlimmer ist, daß er ihre reale, überprüfbare Leistung herabwürdigt. Von ihnen verordnete biochemische Maßnahmen, die nachweislich »greifen«, sind für das Selbstbewußtsein des behandelnden Arztes viel wohltuender als ein Mittel, das bloß deshalb wirkt, weil der Patient daran glaubt. Dabei vergessen die Ärzte gern, daß ein sehr

Vaseline gegen Melanome

Der 46jährige Mann, der mit einem bösartigen Melanom am Ohr und Metastasen in einem Lymphknoten ins Krankenhaus kam, weigerte sich hartnäckig, dort zu bleiben. Also gab man ihm einen Termin für eine weitere Untersuchung und drückte ihm ein Schmerzmittel in die Hand und entließ ihn als Todeskandidaten. Gut ein Jahr später erschien er plötzlich wieder, offensichtlich geheilt. Den fassungslosen Ärzten berichtete er, er habe das Geschwür mit Vaseline eingerieben.

großer Teil der Medikamente, die sie täglich verordnen, ebenfalls nichts anderes als Placebos sind – und nicht zuletzt auch deshalb beim Patienten wirken, weil sie als ihr Arzt von der Wirkung überzeugt sind: Rheumasalben, durchblutungsfördernde Präparate, Venenmittel gegen Krampfadern, fast alle urologischen Mittel und diverse Präparate gegen Magenschleimhautentzündung – nach der Einschätzung von Experten handelt es sich bei rund einem Drittel der bei uns auf dem Markt befindlichen »echten« Arzneimittel um Massenplacebos.

So fatal das für das Selbstbewußtsein der Mediziner und – langfristig gesehen – die Umsätze der Pharmaindustrie sein mag: Für Menschen, die krank sind und Wege zur Gesundheit suchen, kann die Existenz des Placeboeffekts von großem Nutzen sein. Das, was eigentlich als Experiment der Wissenschaftler angelegt wurde und sich immer mehr als »Experiment der Natur« herauskristallisiert, enthält für uns alle eine wichtige Botschaft: Wenn es um Heilung geht, sind Körper, Geist und Seele in einer Art Netzwerk miteinander verbunden. Und jeder Beteiligte hat ein Wörtchen mitzureden.

Wie schön wäre es, wenn die Ärzte nicht aus gekränkter Eitelkeit »nur« vom Placeboeffekt redeten, sondern ihn, in der Erkenntnis, daß der Zweck die Mittel heiligt, in ihre Behandlung ganz systematisch einbauen würden. Ihn beim Kampf gegen die Krankheit nicht als Konkurrenten ablehnten, sondern als Verbündeten willkommen hießen.

Warum Placebos wirken

Ob es den Ärzten nun gefällt oder nicht: Die Placeboforschung hat dazu beigetragen, daß die Rolle des Glaubens bei der Heilung immer stärker anerkannt wird.

Bis vor kurzem waren die Wissenschaftler davon überzeugt, daß die Patienten sich nur »einbilden« würden, es ginge ihnen durch das Mittel besser (oder manchmal auch schlechter). Inzwischen ist nachgewiesen, daß die Veränderungen im Befinden durchaus nicht nur eingebildet, sondern sicht- und meßbar sind.

Aber was sind das für geheimnisvolle Kräfte in uns, die sowohl Gesundheit als auch Krankheit hervorbringen können? Manche Wissenschaftler glauben, die Endorphine seien die wunderbaren Retter: körpereigene Substanzen, die schmerzhemmend und glücklichmachend wirken und die der Körper in bestimmten Situationen ausschüttet. Es gibt Hinweise, daß er dies auch dann tut, wenn er sich freut, daß ihm endlich ein wirksames Medikament zugeführt wird. Eine relativ neue Fachrichtung, die Psychoneuroimmunologie, kurz PNI genannt, befaßt sich ausführlich mit der Placebowirkung und behauptet, Placebos wirken durch die Ausschüttung von sogenannten Neurotransmittern. Die neue Wissenschaft hat erste Hinweise darauf, daß der Glaube an die Wirkung von Placebos und der Glaube an den Schutz durch höhere Mächte, wovon schon die Rede war, im Gehirn ganz ähnliche Reaktionen auslösen. Das würde bedeuten, daß in Wahrheit nicht das Placebo der »Wirkstoff« ist, sondern der Gedanke des Patienten, der das Mittel einnimmt.

Festzustehen scheint jedenfalls, daß Placebos die körpereigenen Heilungsmechanismen anregen. Der Geist erteilt sich dadurch die

Erlaubnis, daß Heilung stattfinden kann. Norman Cousins schreibt: »Das Placebo ist demnach nicht so sehr eine Pille als vielmehr ein Prozeß … das Placebo ist der Arzt in uns.«*

Norman Cousins muß es wissen. Er hat (in Höchstdosierung) die wunderbarste Medizin für den Geist genommen, die man sich nur vorstellen kann: Er wurde durch Lachen von seinem »unheilbaren« Krebsleiden geheilt.

* Norman Cousins: *Anatomy of an Illness as Perceived by the Patient*, New York 1979

Lachen, die beste Medizin: Die denkwürdige Heilung des Norman Cousins

Um ja zu sagen, mußt du schwitzen,
mußt die Ärmel aufrollen
und mit beiden Händen ins Leben greifen,
bis zu den Ellbogen.
Es ist einfach, nein zu sagen,
selbst wenn das Neinsagen den Tod bedeutet.

Jean Anouilh, Antigone

Im Jahre 1964 fühlte sich Mr. Cousins, Medizinredakteur bei der Zeitung *The Saturday Review*, plötzlich krank, müde und fiebrig. Als es ihm trotz aller Bemühungen auch Wochen später noch nicht besser ging, überwies ihn sein Hausarzt schließlich für weitere Untersuchungen ins Krankenhaus. Dort wurde er so lange durch die Mühle der Diagnostik gedreht, bis feststand, was ihm fehlte: Norman Cousins litt am Morbus Bechterew, einer unheilbaren Erkrankung der Wirbelsäule, die im Laufe der Zeit zu schweren und äußerst schmerzhaften Versteifungen und Verformungen der Gelenke führt.
Bei Mr. Cousins kam dieser Zeitpunkt sehr schnell. Binnen kurzem wurden die Schmerzen so stark, daß er nicht mehr schlafen konnte. Weil die Krankheit so rasch voranschritt, hatten die Ärzte keine Hoffnung, daß er je wieder genesen würde, und das teilten sie ihm auch ganz offen mit.
Cousins war zunächst am Boden zerstört. Doch als Medizinjournalist wußte er natürlich, daß Streß und depressive Stimmungen die Widerstandskraft des Körpers noch zusätzlich schwächen, und weil er weiterleben wollte, bemühte er sich nach Kräften, seine negativen

Norman Cousins, der Mann,
der sich gesund lachte.

Gefühle zu überwinden. Da kam ihm plötzlich eine Idee. Wenn negative Stimmung eine Krankheit nachweislich verschlimmerte – wäre dann nicht auch das Gegenteil möglich? Könnte es nicht auch sein, daß eine positive Stimmung den Heilungsprozeß ankurbelte? Und weil er ja nichts mehr zu verlieren hatte, beschloß er, daß das immerhin einen Versuch wert wäre. Künftig wollte er nur das tun, was ihn fröhlich machen würde. Als erstes zog er aus dem Krankenhaus aus, mietete ein komfortables Hotelzimmer in der Nähe und stellte eine eigene Krankenschwester ein, von der wir annehmen dürfen (obgleich das nirgends erwähnt wird), daß es sich um eine hübsche junge Frau handelte ... Im Krankenhaus, erklärte er, könnte er nie und nimmer gesund werden. Sein Arzt, der ein ungewöhnlicher Mann gewesen sein muß, erklärte sich bereit, ihn bei seinem Kampf in jeder Weise zu unterstützen.

Sie setzten fast alle Medikamente ab. Mr. Cousins nahm nun nichts weiter ein als hohe Dosen von Vitamin C. Dann überlegte er, was er noch dazu beitragen könnte, um seine Stimmung zu heben. Und weil auch er, wie jedermann, schon einmal gehört hatte, daß Lachen die beste Medizin sei, machte er sich daran, alles menschenmögliche zu tun, um so oft, so lauthals und so herzlich wie möglich zu lachen. Er ließ sich einen Filmprojektor aufs Zimmer stellen (damals gab es noch keine Videos) und schaute sich stundenlang Filme von den Marx Brothers und anderen wunderbar albernen Slapstick-Komödien an, so lange, bis er alle auswendig kannte und trotzdem noch lachen mußte. Er las stapelweise Comics, ließ sich von der Krankenschwester heitere Bücher vorlesen und versäumte im Fernsehen keine Folge der Erfolgsserie »Versteckte Kamera«, bei der sich die Zuschauer, meist auf Kosten anderer, buchstäblich krank lachten. Norman Cousins lachte sich allerdings nicht krank. Im Gegenteil – er lachte sich buchstäblich gesund.

Zunächst fiel ihm nur auf, daß er, wenn er zehn Minuten lang herzlich gelacht hat, volle zwei Stunden tief schlafen konnte. Das war schon lange nicht mehr möglich gewesen. Ermutigt durch diesen Erfolg, hielt er seine Lachtherapie einige Monate lang durch. Nach und nach wurden seine chronischen Schmerzen immer erträglicher, eines Tages waren sie völlig verschwunden und kamen auch nicht wieder. Die verblüfften Ärzte wiederholten schließlich die Tests von früher und stellten zu ihrem größten Erstaunen fest, daß er sich eindeutig auf dem Wege der Heilung befand. Nach etlichen Monaten war Mr. Cousins so weit genesen, daß er seinen Beruf wiederaufnehmen konnte.

Als erstes veröffentlichte der Medizinjournalist im renommierten *New England Journal of Medicine* einen Bericht über seine spektakuläre Heilung, schließlich schrieb er auch ein erfolgreiches Buch darüber: *Anatomy of an Illness*. Natürlich nahmen ihm viele Mediziner nicht ab, daß er sich tatsächlich durch Lachen geheilt hatte, schließlich ließ sich das wissenschaftlich ja nicht beweisen. Statt dessen sprachen sie, wie immer, wenn sie eine Heilung nicht erklären konnten, weil sie allen Regeln widerspricht, lieber von »Spontanremission«. Andere nahmen ihn ernst genug, um die Auswirkungen des Lachens auf die Gesundheit zum Gegenstand wissenschaftlicher Forschung zu machen, und fanden immerhin heraus, daß Lachen die Bildung von Antikörpern in den oberen Atemwegen anregt und die Aktivität der Lymphozyten und der natürlichen »Killerzellen« steigert, die Viren und Tumoren bekämpfen.

Doch die Klügsten unter den Wissenschaftlern dachten darüber nach, was sie dazu beitragen könnten, daß die Patienten in den Krankenhäusern mehr zu lachen haben. Dummerweise war das Problem nicht so leicht zu lösen, weil fast alle Patienten im Krankenhaus unterschiedliche Vorstellungen darüber haben, was sie lustig finden, aber allein die Bemühungen waren lobenswert.

Norman Cousins dürfte über alle diese Versuche gelächelt haben. Er zog sich nach seiner Heilung vom Journalismus zurück und nahm einen Lehrauftrag an der Medizinischen Fakultät der Universität von Kalifornien an. Dort sollte er jungen Ärzten beibringen, wie wichtig Glauben, Vertrauen, Selbstbestimmung und positive Energien für die Heilung sind. Wir können davon ausgehen, daß ihm das glänzend gelungen ist. Norman Cousins starb im Jahre 1990 mit 78 Jahren.

Hypnose: Hokuspokus oder ein Königsweg?

> Ich mache immer wieder die
> Feststellung, daß es vielen
> Hypnotherapeuten an Phantasie gebricht.
> *Andrew Weil*

Kurz vor Ausbruch der Französischen Revolution machte in Paris ein deutscher Arzt Furore, der eine geradezu unglaubliche Behauptung aufstellte: Er versicherte, daß es ihm gelänge, seine Patienten mit der heilmagnetischen Kraft seiner Hände (oder auch durch magnetische Gegenstände) in eine Art Trance zu versetzen und sie dann zu heilen, indem er das gesunde Gleichgewicht der magnetischen Körpersäfte wiederherstellte. Franz Anton Mesmer setzte sich ganz nah an seine hingerissenen (überwiegend weiblichen) Patienten heran, strich mit seinen Händen über ihre erkrankten Körperteile und versetzte sie auf mysteriöse Weise in einen veränderten Bewußtseinszustand; er »mesmerisierte« sie, wie seine begeisterten Anhänger die Methode nannten.

Der merkwürdige Doktor führte auch Gruppenbehandlungen durch. Da erschien er angezogen wie ein Magier in einem Gewand aus lila Seide und mit seinem »magnetischen Stab«, dem Zauberstab der Magier. Die Prominenten standen Schlange. Selbst Königin Marie Antoinette gehörte zu Mesmers Fans.

Die etablierten Ärzte, wen wundert's, wurden erst hellhörig, dann neidisch. Bei den vielen angeblichen Heilerfolgen konnte es doch nie und nimmer mit rechten Dingen zugegangen sein! Schließlich starteten sie eine Rufmordkampagne gegen Mesmer. Da war die Rede von sexuellen Manipulationen, von moralischen Ungeheuerlichkeiten und natürlich von Scharlatanerie. Schließlich ließ der König,

Die verschiedenen Stadien der Hypnose,
die im 19. Jahrhundert noch Mesmerismus hieß.

Ludwig XVI., dessen eigene Frau so für den magnetischen Doktor schwärmte, eine Kommission zusammenstellen, zu der hochangesehene Wissenschaftler zählten. Sie bekamen den königlichen Auftrag, die Methode des deutschen Arztes auf Wirksamkeit zu untersuchen. Die Kommission kam erwartungsgemäß zu dem Schluß, daß es sich um reinsten Hokuspokus handele, keine Spur von Magnetismus sei vorhanden und hinter den zahlreichen Heilungen stecke nichts weiter als Einbildung. Mesmers Stern begann daraufhin zu sinken. Seine Methode jedoch blieb.
Der Marquis Armand de Puységur hatte ihn nämlich in Paris bei seiner Arbeit beobachtet und war davon so beeindruckt, daß er beschloß, die Bauern seiner Heimat ebenfalls magnetisch zu behandeln. Dabei fiel ihm auf, daß einige seiner Patienten während der Therapie in eine Art Wachschlaf zu fallen schienen: Sie beantworteten zwar alle seine Fragen, kamen ihm dabei aber vor wie Schlafwandler – Somnambule lautet das Fremdwort. Kurzerhand nannte er seine Methode Somnambulismus. Auch bei seinen Sitzungen geschahen manchmal die unglaublichsten Dinge. Einige Patienten »sahen« plötzlich hellseherisch die Ursache für ihre Krankheit und »hörten« gelegentlich auch bzw. wußten plötzlich, was zu ihrer Heilung zu tun sei. Manchmal konnten sich die hypnotisierten Seher sogar in andere Patienten hineinversetzen und die Ursachen von deren Krankheiten entdecken. Erst gut hundert Jahre später tauchte dieses Phänomen bei Edgar Cayce wieder auf (siehe Kasten S. 154).
Das Ganze war so mysteriös – und »unseriös« –, daß nur wenige mutige Ärzte wagten, die Methode auszuprobieren. Einer von ihnen war der englische Chirurg James Braid, der als Saulus begann – er war fest entschlossen, den Scharlatanen, die diesen Hokuspokus betrieben, das Handwerk zu legen – und als Paulus endete, indem er die Hypnotherapie endlich auf eine halbwegs wissenschaftliche Basis stellte: Er bewies, daß ein veränderter Bewußtseinszustand von jedem Menschen erreicht werden konnte und daß dies nicht das geringste mit Hexerei zu tun hatte. Schließlich trug er auch dadurch zur Akzeptanz der Methode bei, daß er für das Verfahren den Begriff

»Hypnose« prägte und die Auffassung, es sei das gleiche, was die Magnetiseure machten, aufgab. Aber für viele Ärzte wurde die Hypnose erst durch eine neue sensationelle Meldung interessant: Plötzlich hieß es, daß man mit ihrer Hilfe Operationen durchführen konnte, ohne daß die Patienten etwas von dem Eingriff spürten.

Operationen unter Hypnose

Man muß sich das einmal vorstellen: Zu Beginn des 19. Jahrhunderts gab es weder Äther noch Chloroform, keine einzige wirkungsvolle Methode, um die Patienten vor einer Operation einzuschläfern. Dabei waren durch Suggestion herbeigeführte Bewußtseinsveränderungen schon in der Antike bekannt, ebenso waren bereits vor zweitausend Jahren hervorragende Narkosemittel verwendet worden. zur Zeit des Hippokrates drückte man den Patienten vor einer Operation zur Betäubung einen mit Bilsenkraut, Haschisch und Mandragora präparierten Schwamm auf die Nase, um ihm die unerträglichen Schmerzen zu erleichtern. Die Araber, deren Heilkunst legendär war, benutzten ebenfalls einen Narkoseschwamm. Was dennoch nicht verhindern konnte, daß die bewährte Methode in Vergessenheit geriet und viele Jahrhunderte lang Menschen wahnsinnig wurden vor Schmerzen, die sie, etwa während der Amputation von Gliedmaßen, erdulden mußten. Das gehört zu den vielen Rätseln der medizinischen Vergangenheit.

Da wurde plötzlich, um das Jahr 1820, verbreitet, daß man mittels Hypnose bzw. Mesmerismus Patienten vor einer Operation in einen Zustand versetzen könne, in dem sie während der gesamten Prozedur keinerlei Schmerzen verspürten. Eigentlich hätte diese Meldung in der gesamten medizinischen Welt wie eine Bombe einschlagen müssen. Statt dessen gab es jedoch wiederum nichts als Skepsis. Die meisten Ärzte wollten es schlichtweg nicht glauben, weigerten sich darum auch, die neue Methode kennenzulernen, und verdammten sie nach altbewährtem Muster als Hexerei und Scharlatanerie. Die Ab-

Edgar Cayce, das Wunder von Kentucky

Einer der erstaunlichsten Heiler unseres Jahrhunderts war Edgar Cayce (1877–1945), Bauernsohn aus Kentucky.
Der schlichte, fromme, fast ein wenig einfältige Junge, der mit zwölf Jahren wegen Lernstörungen immer noch in der dritten Klasse war, ging mit vierzehn von der Schule ab und arbeitete in einer Papierwarenhandlung. Als er 21 war, bekam er eine chronische Kehlkopfentzündung, die die Ärzte zwar benennen, aber nicht behandeln konnten. Edgars Stimme war und blieb weg. Schließlich kam Al Layne, ein Heilpraktiker und Hypnotiseur aus der Nachbarschaft, auf die Idee, den jungen Mann in Hypnose zu versetzen und selbst zu fragen, was man gegen seine Beschwerden unternehmen könnte.
»Sprich mit normaler Stimme«, fügte er hinzu, wohl wissend, daß Edgar wegen seiner Krankheit schon seit Wochen kaum noch eine Stimme besaß. Dann geschah etwas völlig Unglaubliches: Der Mann, der als Junge Schwierigkeiten gehabt hatte, ein so simples Wort wie »cabin« zu buchstabieren, obwohl er es gerade 500mal abgeschrieben hatte, und der von medizinischen Dingen noch weniger Ahnung hatte als von Rechtschreibung, öffnete plötzlich den Mund und erstellte mit klarer Stimme seine Diagnose: »Die inneren Kehlkopfmuskeln«, so sprach er, »sind infolge eines eingeklemmten Nervs partiell gelähmt.« Kurze Pause. Dann folgte die Anweisung für die Therapie: »Dieser Zustand kann beseitigt werden, indem durch geeignete Suggestionen während der Trance die Durchblutung der entsprechenden Partien angeregt wird.«
Der zunächst seinerseits sprachlose Hypnotiseur kriegte schließlich doch den Mund wieder auf und befolgte den Therapievorschlag des Patienten. Nach wenigen Minuten lief der Oberkörper des bewußtlosen jungen Mannes dunkelrot an, ein Zeichen dafür, daß der Brustkorb durchblutet wurde.

Schließlich sagte Edgar: »Der Zustand hat sich normalisiert. Schlagen Sie nun vor, daß die Durchblutung sich ebenfalls normalisiert und daß der Körper erwachen soll.«
Layne tat, wie ihm gesagt wurde. Die dunkelrote Farbe verschwand, die Hautfarbe war wieder normal.
Edgar setzte sich hin, öffnete die Augen, hustete und sagte schließlich: »Mir geht's wieder gut. Ich kann wieder sprechen.« Offensichtlich hatte er sich selbst geheilt, ganz so, wie Al Layne sich das erhofft hatte. Aber er hatte an das, was geschehen war, keinerlei Erinnerung. Al Layne, der über das, was er während der Sitzung mit Edgar erlebt hatte, genauso verblüfft war wie dieser selbst, wollte wissen, ob es sich bei dem Erlebnis um einen einmaligen Fall gehandelt hatte, und machte die Probe aufs Exempel. Als er selbst mit einer schwierigen Diagnose nicht weiterwußte, bat er Edgar um Hilfe. In tiefer Trance »untersuchte« Edgar die ihm unbekannte Patientin. Dann teilte er Al Layne die präzise Diagnose und auch gleich die einzig in Frage kommende Behandlungsmethode mit. Als er aus der Trance erwachte, fehlte ihm wieder jegliche Erinnerung an das, was er gesagt hatte. Aber die kleine Patientin wurde durch seine Hilfe geheilt.
Die unglaublichen Fähigkeiten des jungen Mannes sprachen sich herum wie ein Lauffeuer, und bald konnte er sich vor Patienten nicht mehr retten. Seine Diagnosen waren so präzis, seine Behandlungsvorschläge so erfolgreich (allerdings ihrer Zeit oft um Jahrzehnte voraus), daß selbst die größten Skeptiker nicht mehr daran zweifeln konnten: Cayce besaß Kräfte, die nicht von dieser Welt waren. Bald zeigte sich, daß er selbst dann Patienten helfen konnte, wenn er von ihnen nur den Namen und den Wohnort kannte. Nach Zehntausenden von gut dokumentierten Heilungen starb Edgar Cayce 1945. Er blieb eine Legende – und ein Rätsel, bis zum heutigen Tag.

lehnung der Ärzteschaft führte dazu, daß diese Art der Anästhesie weitgehend ignoriert wurde.
Zu den wenigen, die sich ernsthaft dafür interessierten, gehörte John Elliotson, der Erfinder des Stethoskops. 1842 gründete er mit Billigung der Regierung ein Krankenhaus, in dem unter Hypnose operiert wurde. Ein zweiter Pionier war der englische Arzt Dr. James Esdaile. Er ging für einige Jahre nach Indien, wurde dort 1845 zum Chefarzt eines Government-Krankenhauses ernannt und erhielt den Auftrag, Operationen unter Hypnose zu erforschen. Zu seiner Freude bemerkte der englische Doktor, daß die Inder ideale Patienten für die Hypnose waren. Esdaile operierte wie ein Besessener. Insgesamt führte er 261 Operationen durch, bei denen die Patienten in hypnotischer Trance lagen. Es ist sogar eine genaue, reichlich makabre Statistik der Operationen erhalten geblieben, die er in den Krankenhäusern von Hooghly und Kalkutta durchführte (siehe Kasten).
Die Mortalitätsrate bei seinen 261 Operationen lag unter 6 Prozent – für die damalige Zeit eine äußerst niedrige Zahl.
Ein britischer Journalist, Mr. W. Sims, hatte während einer Indienreise Gelegenheit, ihm bei einer Operation zuzuschauen, und verfaßte darüber einen begeisterten Artikel für seine Zeitung. Dr. Esdaile mußte einer indischen Patientin ein Bein amputieren. Während er das Bein knapp oberhalb des Knies absägte, stellte Sims völlig fassungslos fest, daß die Patienten während der gesamten Prozedur nicht nur völlig ruhig dalag, sondern auch, daß die Wunde kaum blutete. (Diese Feststellung, daß während einer geglückten Hypnose keine Schmerzen zu spüren sind und auch die Wunden wesentlich weniger bluten und deutlich schneller heilen, ist später immer wieder bestätigt worden.)
Sims schreibt: »Während der ganzen Operation zeigte die Frau keine Bewegung oder Veränderung des Körpers, der Glieder oder der Haltung. Bis zum Schluß lag sie mit gleichbleibender Gelassenheit auf dem Tisch, und ich konnte kein Anzeichen dafür feststellen, daß sie sich unwohl fühlte.«
Der spektakulärste Bericht stammt von Esdaile selber: »S., 27 Jahre

Ein kleines Gespräch vor der Geburt

Der renommierte amerikanische Arzt Dr. Andrew Weil berichtet in seinem Bestseller *Spontanheilung* über ein Ereignis, das kurz von der Geburt seines Kindes geschah:

»Drei Wochen vor dem errechneten Geburtstermin bat ich einen Freund und Kollegen, Dr. Steve Gurgeview, der Hypnotherapie praktiziert, eine Sitzung mit Sabine zu machen, dahinter stand wieder der Wunsch, daß die Geburt möglichst pünktlich, schnell und ohne Komplikationen erfolgen sollte. Das Baby befand sich zu diesem Zeitpunkt in einer Steißlage, wie gerade eine Vorsorgeuntersuchung gezeigt hatte, und wir waren beide etwas beunruhigt ... Steve machte am Spätnachmittag eine einstündige Sitzung mit ihr. Er ermutigte Sabine, mit dem Baby zu sprechen und es zu bitten, sich vor der Einleitung der Geburt zu drehen und somit zu einer schnellen Geburt beizutragen. Als er Sabine aus ihrer Traumwelt zurückholte, machte sie einen äußerst entspannten Eindruck. Nachdem Steve wieder weggefahren war, gingen Sabine und ich in die Küche, um etwas zum Essen zu machen. Plötzlich umfaßte sie ihren Bauch und beugte sich vornüber.

›Was ist?‹ fragte ich.

›Ich glaube, das Baby dreht sich um‹, sagte sie erstaunt.

Der Zufall wollte es, daß an jenem Abend unsere Hebamme zum Essen kommen wollte. Sie untersuchte Sabine und bestätigte, daß das Baby jetzt in einer normalen Geburtslage war; das hieß, es hatte sich innerhalb von zwanzig Minuten gedreht, nachdem es darum gebeten worden war.«

Dr. Esdailes Operationen unter Hypnose

Oberschenkelamputation	2
Bein	1
Arm	2
Brüste, eine 17 Pfund, eine 10 Pfund	4
Daumen	1
große Zehe	1
Penis	3
1 Hoden	3
2 Hoden	2
1 vergrößerte Klitoris	1
Hodentumoren aller Größen, von 10 Pfund bis 102 Pfund	200
Krebs an der Wange	1
Krebs am Augapfel	1
Krebs am Skrotum	2
Tumoren am Ohr	2
Grauer Star	3
Knochenende nach Bruch abgesägt	1
Spitze des Daumens	1
Großer-Zeh-Nagel gezogen	5
Zahnfleisch	1
Hacken flayed	3
Penishypertrophie	3
Hypertrophie an der Klitoris	1
Lithotomie (Stein herausgeschnitten)	1
Lithotripsie (Stein zertrümmert)	1
Hämorrhoiden entfernt	2
Anusprolaps, kinderkopfgroß	1
strangulierte Hernie entfernt	3
Armbruch eingerichtet in Trance	3
Kniebruch	3
Lendentumor entfernt (nicht deszendierter Hoden)	1
Tumor im Antrum max.	1
Tumor am Bein	1
Insgesamt	261

alt, kam ins Native Hospital mit einem immensen Hodentumor, so schwer wie sein gesamter Körper. Er wurde am 10. Oktober 1846 zum ersten Mal mesmerisiert, dann nochmals am 11. und am 13.; an diesem Tag war er bereit für die Operation. Diese wurde am 14. durchgeführt. Der Tumor wurde in einem Laken hochgebunden, an dem ein Seil befestigt war ...« Es folgt eine ausführliche Beschreibung der technischen Voraussetzungen, unter denen die Operation überhaupt möglich war, und die Schwierigkeiten, ein Messer der passenden Größe aufzutreiben. Der Tumor soll nach einer halben Stunde 103 Pfund gewogen haben, also so schwer wie der Mann selbst gewesen sein. »Während der gesamten Operation«, schreibt Esdaile, »habe ich nicht erlebt, daß der Körper des Patienten sich auch nur bewegt hätte.«

Unter Hypnose wird der Schmerz nicht geringer, er wird auch nicht ausgeschaltet, sondern nur ignoriert. Der Patient spürt den Schmerz, aber es macht ihm nichts aus. Leider sind in unserem Kulturkreis nur etwa 15 Prozent aller Menschen für eine Hypnose so empfänglich, daß sie damit cinc ganze Operation durchstehen. Insofern war die Erfindung von Äther und Chloroform ein wahrer Segen. Trotzdem fällt es uns heute schwer zu verstehen, daß damals nicht mehr Ärzte die Methode willkommen hießen, die es ermöglichte, wenigstens einem Teil der Patienten die grauenhafte Marter der Operationen »bei vollem Bewußtsein« zu mildern, bei denen die Opfer nicht selten am Schock starben oder durch die Qualen den Verstand verloren.

Nach der Erfindung von Äther und Chloroform wurde die Hypnose nur noch gelegentlich verwendet, vor allem bei Patienten, die auf Narkosemittel allergisch reagierten. Aber auch heute werden noch manchmal Operationen unter Hypnose durchgeführt: In einer Studie, die 1979 veröffentlicht wurde, ist von einem Kaiserschnitt die Rede, von einer Blinddarmentfernung, von etlichen Zahnoperationen. Und schließlich geistert durch die medizinische Fachliteratur noch die ganz und gar unglaublich klingende, aber offensichtlich wahre Geschichte von dem amerikanischen Arzt, der sich für die Entfernung seiner Gallenblase selbst in Hypnose versetzt hatte. Die Kollegen im

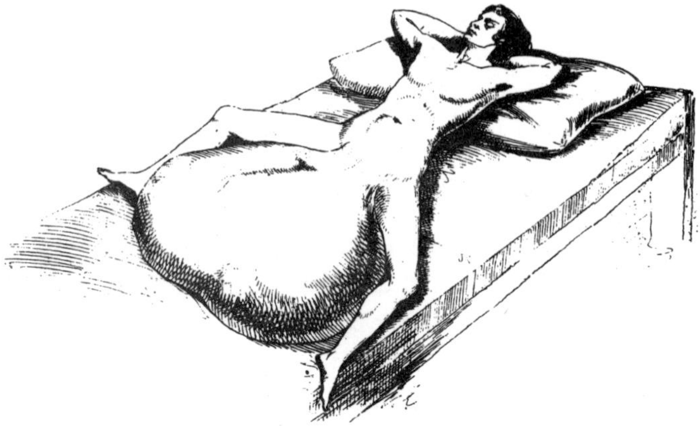

Der spektakulärste Fall in der Geschichte der Hypnose. Diesen riesigen, über 100 Pfund schweren Hodentumor soll der englische Arzt Dr. Esdaile entfernt haben, während der Patient in hypnotischer Trance lag. Andere Narkosemittel wandte man zu dieser Zeit noch nicht an …

OP schnitten ihn auf – die Wunde ist immerhin 25 bis 30 Zentimeter lang –, entfernten die Gallenblase und nähten ihn wieder zu. Worauf der Doktor sich vom OP-Tisch erhob und ruhig in sein Zimmer ging *(American Journal of Clinical Hypnosis).*

Mit Hypnose gegen Krankheiten aus dem Unbewußten

Knapp hundert Jahre nach Mesmers unrühmlichem Abgang machte der Neurologieprofessor Jean-Martin Charcot in Paris mit einer Reihe von hochdramatischen öffentlichen Vorführungen die verfemte Hypnose salonfähig. Vor den faszinierten Zuschauern demonstrierte er, wie hoffnungslos Gelähmte unter Hypnose auf seinen Befehl hin scheinbar mühelos aufstanden und durch den Hörsaal gingen. Sobald die Hypnose beendet wurde, brachen sie wieder zusammen, unfähig, sich zu bewegen. Fast jeder Zuschauer begriff nun, daß die Krankheitsursache bei diesen Gelähmten nicht so sehr in den Beinen lag als vielmehr in einem verborgenen Winkel des Unbewußten. Zwar war diese Erkenntnis nicht gerade neu. Mit dem Appell an das Unbewußte hatten Heiler, Schamanen und Priesterärzte schon in allen Kulturen und zu allen Zeiten gearbeitet. Der Medizinmann erreicht dieses Ziel mittels monotoner Gesänge und Riten, Trommeln, Rhythmus, gelegentlich greift er jedoch auch zu Drogen, so wie sein moderner Kollege. Aber Charcot war nicht nur ein charismatischer Mann, sondern auch ein renommierter Wissenschaftler; und so begann nun auch die westliche Wissenschaft sich ernstlich mit der Hypnose zu befassen.

In seinen hoffnungslos überfüllten Vorlesungen fiel immer wieder das Stichwort von der »Hysterie«, die angeblich die körperlichen Symptome vieler Krankheiten verursache – Lähmungen, Sehstörungen, Epilepsie etc. – und die aus oft unbewußten Ursachen entstünde. Um Heilung zu erreichen, ginge es lediglich darum, die Sperre zwischen Bewußtsein und Unbewußtem mittels Hypnose zu über-

winden. Dann bräuchte man dem Patienten nur noch erfolgreich zu suggerieren, daß er von seiner Krankheit geheilt sei.
»Suggestion« wurde zum Zauberwort der nächsten Jahrzehnte. Eine Zeitlang schien es das Wundermittel zu sein, der Stein der Weisen, nach dem die Menschheit seit Jahrtausenden gesucht hatte. Bei psychosomatischen oder, wie es damals hieß, »hysterischen« Erkrankungen bräuchte man den Patienten lediglich einzureden, daß sie gesund sind, und schon wären sie es. Wie früher die Berichte über Wunderheilungen, die durch Macht der Gebete und des Glaubens möglich geworden waren, die Runde machten, so kursierten nun ärztlich beglaubigte Dokumentationen über die Wunder durch therapeutische Suggestion. Der ostpreußische Arzt Dr. Hessenstein veröffentliche einen Bericht über eine Patientin, deren Milch nach einem emotionalen Traume völlig versiegt war. Eine Amme stand nicht zur Verfügung, das Baby drohte zu verhungern. Eine einzige hypnotische Sitzung hatte das Wunder möglich gemacht; die Milch soll wieder wie früher geflossen sein, Mutter und Kind ginge es in kürzester Zeit wieder hervorragend. Beflügelt durch die Anfangserfolge, wuchs der Optimismus der Hypnosetherapeuten ins Grenzenlose. Auch Sigmund Freud war einer der begeisterten Anhänger des Dr. Charcot gewesen und hatte in seinen Anfangsjahren häufig mit Hypnose und Suggestionen gearbeitet. Er und viele andere glaubten, es sei eine reine Frage der Zeit, bis durch Psychotherapie in Zukunft sämtliche psychosomatischen Krankheiten problemlos geheilt werden könnten.
In der Tat schienen die Anfangserfolge ihnen recht zu geben. Die Fülle der Dankschreiben geheilter Patienten schien Bände zu sprechen. Allerdings schrieb 1926 der deutsche Mediziner Hans Blüher* skeptisch: »Dankschreiben besitzt wohl jeder erfolgreiche Nervenarzt in genügender Menge in seiner Schublade. Er weiß, wie billig die Erhebung zum Erlöser zu erwerben ist. Wer die harte Schule der Selbstprüfung gewissenhaft durchmacht, der weiß auch, daß solche

* Hans Blüher: *Traktat über die Heilkunde*, Klett 1926

Hypnotest

Wenn Sie testen wollen, ob Ihr Partner leicht hypnotisierbar ist, bitten Sie Ihr Gegenüber, die Augen nach oben zu richten. Dann soll er – oder sie –, die Augen weiterhin nach oben gerichtet, langsam die Lider senken. Je mehr Augenweiß zu sehen ist, kurz bevor sich die Lider schließen, desto wahrscheinlicher ist es, daß dieser Mensch leicht in Trance zu versetzen ist. (Dieser Test wurde entwickelt von Dr. Herbert Spiegel, Psychiater und Hypnosespezialist an der Universität von Columbia.)
Um hypnotisierbar zu sein, braucht man nichts weiter als eine starke Konzentrationsfähigkeit und lebhafte Phantasie. Die Ergebnisse des Augenrolltests sind ziemlich konstant, die Fähigkeit, die Augen nach oben zu rollen, ist wohl biologisch bedingt, entweder vererbt oder sehr früh erlernt. Daher ist sie ein natürliches Anzeichen für die Hypnotisierbarkeit.

Schreiben überwiegend von halbgeheilten Personen stammen, deren Rückfälligkeit unübersehbar ist. Diese Tatsache wirft einen Schatten auf das Phänomen, aber sie stellt es nicht in Frage.«
Doch im Laufe der Zeit wurde immer deutlicher, daß die suggerierte Heilung in den meisten Fällen nur von kurzer Dauer war. Welch tragische Folgen eine Suggestivtherapie mitunter haben konnte, schildert der folgende Bericht des Arztes Dr. J. Rosett.* Er stammt aus dem Jahre 1939: »Da weder meine Kollegen oder Partner noch ich es geschafft hatten, Patienten mit postenzephalitischem Parkinson zu heilen, und in einer Anzahl von Fällen auch nicht erreicht

* J. Rosett: *The Mechanism of Thought, Imagery and Hallucination,* New York 1939

hatten, zumindest deren Leiden zu verringern, nutzte ich die Gelegenheit, einer Heilung dieser Patienten durch Suggestion beizuwohnen, in einer bestimmten Klinik. Nachdem die Suggestionsbehandlung durchgeführt worden war, sprach ich mit einigen Patienten. Sie waren unglückselige Opfer der gefürchteten Krankheit, starr, mit anomalen Bewegungen. Sie hatten diese Behandlung seit Monaten erhalten, einige von ihnen seit einem Jahr oder mehr, und alle waren eigenen Aussagen zufolge geheilt. Vor allem ein Patient beeindruckte mich. Er war so starr, daß er sich kaum in den für Parkinson typischen immer schneller werdenden Bewegungen vorwärts bewegen konnte. Seine rechte Hand schüttelte heftig, sein gesamter Körper schwankte unaufhörlich hin und her, sein Kopf bewegte sich ständig von oben nach unten und von rechts nach links, Speichel floß aus seinem Mund. Seine Sprechweise war explosiv, typisch für Parkinson. Und auch er fühlte sich geheilt. Ich war so sicher, daß der arme Kerl aufrichtig war, wie ich davon überzeugt war, noch niemals bedauernswertere Postenzephalitispatienten gesehen zu haben.«

Während der nächsten Jahrzehnte konzentrierte sich die westliche Medizin (mit Ausnahme der Psychoanalyse) wieder stärker darauf, den kranken Körper als defekte Maschine anzusehen und entsprechend zu reparieren.

Tranceheilungen wurden wieder als Aberglauben und Schwindel abgetan und die Hypnose (außer in einigen OPs) für die nächsten hundert Jahre auf die Jahrmärkte und Varietébühnen verbannt. Erst in den sechziger Jahren unseres Jahrhunderts, als alternative Therapien allmählich ins Gespräch kamen, wurde auch die Hypnose für die Medizin wieder interessant. Zwar ist unter Schulmedizinern auch heute noch die Einstellung verbreitet, daß die Hypnotherapie bestenfalls etwas für Quacksalber sei. Aber die Erfolge sprechen mittlerweile so für sich, daß immer mehr Ärzte die Techniken lernen. Denn auch wenn nur ein verhältnismäßig kleiner Teil der Bevölkerung für eine Hypnonarkose in Frage käme – rasche Schmerzlinderung, schnellere Wundheilung und reduzierte Medikamenteneinnahme lassen sich bei wesentlich mehr Patienten erreichen. Etwa 70 Prozent

aller Menschen sind in bestimmtem Maße hypnotisierbar. Es gibt sogar einige Krankheiten, bei denen Hypnotherapie die einzig erfolgversprechende Behandlung ist. Besonders die Haut scheint hervorragend auf Hypnose zu reagieren.
Seitdem man entdeckt hat, daß Patienten, denen man in Hypnose suggerierte, sie hätten sich verbrannt, tatsächlich Brandblasen am Körper entwickelten, wird versucht, auch Verbrennungen mit Hypnose zu behandeln. Nur suggerieren die Ärzte den Patienten dann natürlich nicht Hitze, sondern angenehme Kühle. Damit sind zum Teil spektakuläre Erfolge erzielt worden: Ein Arbeiter fiel bei einem Unfall knietief in geschmolzenes Blei. Der Patient wurde von dem Hypnosearzt Dr. Dabney Ewin aus New Orleans behandelt. Nach der Behandlung hatte er nur noch Verbrennungen zweiten Grades und konnte – unglaublich, aber wahr – nach wenigen Wochen das Krankenhaus geheilt verlassen.
Andere Ärzte wollten es daraufhin genau wissen und machten einen Test. Sie wählten fünf Patienten aus, deren Brandwunden gleichmäßig über den ganzen Körper verteilt waren, und suggerierten ihnen, daß die eine Seite schneller und besser heilen würde. Bei vier der fünf Patienten passierte genau das.
Aber auch bei normalen Hautkrankheiten kann man hoffen, daß sie auf hypnotische Suggestionen reagieren. Da ist der tragische Fall von dem kleinen englischen Jungen, der an einer entsetzlichen Hautkrankheit litt, der sogenannten Fischschuppen- oder Broqschen Krankheit (Ichthyosis), die als unheilbar gilt. Eine dicke schwarze Hornhautschicht umhüllt den befallenen Körperteil wie einen Panzer, oft bricht die Haut, es entstehen schmerzhafte und übelriechende Wunden. Schließlich, heißt es, traute sich der arme kleine Kerl nicht mehr in die Schule, weil er so grauenhaft aussah und dazu auch noch entsetzlich stank. Kein Arzt, kein Mittel, konnte dem Jungen helfen. Als er sechzehn Jahre alt war, geriet er auf seinem Leidensweg an den Hypnotherapeuten Dr. A. Mason, der in London am Queen Victoria Hospital arbeitete. Dr. Mason selbst hat diesen Fall in der angesehenen Ärztezeitschrift *British Medical Journal* beschrieben.

Wie wirkt Hypnose auf den Körper?

Wir wissen nichts Genaues, aber es scheint, daß Hypnose den Blutfluß steuern kann, so daß heilende Nährstoffe zu einem verletzten Gewebe transportiert werden können – oder auch krankes Gewebe von einem Körperteil abgetragen wird (zum Beispiel bei Warzen). Bei Zahnbehandlungen wird Hypnose oft zum Blutstoppen eingesetzt. Sie scheint aber auch die Immunreaktion des Körpers zu beeinflussen. Aber viel weiß man immer noch nicht. Die Verbindung zwischen Körper und Geist bleibt ein Geheimnis. Für die Heilmethode sind Trance und Bewußtseinserweiterung sehr wichtig. Man kann das Ergebnis aber auch, wie die Schamanen, durch Tanzen, Singen, Trommeln, Meditieren oder Beten erreichen.

Er hypnotisierte den Jungen und gab ihm den Befehl, sich zunächst auf den linken Arm zu konzentrieren. Dort würde, so versicherte er dem Jungen, die Haut bald weich und gesund. Das Wunder trat ein: Innerhalb weniger Tage wurde die dicke Hornhaut des linken Arms weich, schälte sich, und weiches, gesundes Gewebe kam zum Vorschein. Der restliche Körper blieb unverändert.
Nach und nach behandelte Dr. Mason den gesamten Körper. Die Schuppen verschwanden, so heißt es, an beiden Armen vollständig, am Rücken zu 90 Prozent und an Gesäß und Beinen zu 50 bis 70 Prozent. Fünf Jahre danach sei der Junge weitgehend beschwerdefrei geblieben, dann habe ihn Dr. Mason aus den Augen verloren.
Wir wissen nicht, wie es dem armen Jungen weiterhin im Leben ergangen ist. Ob er geheiratet und Kinder bekommen hat und ob diese die grauenhafte, entstellende Krankheit, die ein Erbleiden ist, ebenfalls bekommen haben. Doch als der Fall im *British Medical Journal* veröffentlicht wurde, standen die Telefone nicht still. Der Verlag

mußte eine zusätzliche Telefonzentrale einrichten, weil so viele Menschen Näheres wissen wollten. Seit dieser Zeit ist die Fischschuppenkrankheit immer noch entsetzlich, aber nicht mehr unheilbar. Zahlreiche andere Ärzte und Hypnotherapeuten haben mit dieser Methode ähnliche Erfolge erzielt, auch wenn niemand in der Lage ist zu erklären, wie dieses Wunder möglich ist. »Da die Broqsche Krankheit erblich bedingt ist, bedarf es zu ihrer Heilung mehr als der bloßen Steuerung von automatischen Prozessen wie etwa des Blutkreislaufs oder des Zellverhaltens im Immunsystem. Notwendig ist vielmehr der Zugriff auf den Bauplan des Menschen selbst, auf die Programmierung durch die DNA. Es hat also den Anschein, daß wir«, so der amerikanische Autor Michael Talbot, »wenn wir die richtigen Schichten unseres Glaubens aktivieren, mit unserem Geist sogar unsere molekulare Grundstruktur ändern können.«

Visualisation: Mit Spatzen auf Kanonen schießen?

> Der Körper mobilisiert über sein
> Heilsystem all seine Kräfte,
> um Krankheiten zu bekämpfen.
> Das Glaubenssystem ist oft
> der Auslöser dieser Heilkräfte.
>
> *Norman Cousins*

Eigentlich waren die Ärzte der Ansicht gewesen, daß eine Strahlenbehandlung bei dem Patienten F. sich nicht mehr lohnte. Der Mann, der an Kehlkopfkrebs litt, war schon über sechzig Jahre alt und so schwach, daß fraglich war, ob er die anstrengenden Bestrahlungen überleben würde. Da führte ihn ein gnädiges Schicksal zu O. Carl Simonton, Strahlenonkologe und medizinischer Direktor des Cancer Counseling and Research Centers in Dallas, Texas.

Wir wissen nicht, was der gebrochene Mann dachte, als ihm der junge Doktor erklärte, daß er den weiteren Verlauf seiner Krankheit durch Gedankenkontrolle möglicherweise selbst beeinflussen könnte. Ihm, dem Doktor, wäre aufgefallen, daß einige Patienten mit einer positiven Einstellung zum Leben ihren unheilbaren Krebs überlebt hatten. Sie alle hätten im Leben noch etwas vorgehabt: die Hochzeit der Tochter mitzuerleben, das Examen des Sohns, die Geburt eines Enkelkindes oder den großen Durchbruch in der Karriere. Und sie alle hätten fest daran geglaubt, daß sie den Verlauf ihrer Krankheit in irgendeiner Weise beeinflussen könnten. Er, der Doktor, hätte dazu eine Idee …

Und dann entwarf er gemeinsam mit dem erstaunten Todeskandidaten das Drehbuch für einen Film, den dieser künftig dreimal am Tag vor seinem inneren Auge abspulen lassen würde. Gehorsam stellte

O. Carl Simonton über die
Rolle des Glaubens bei der Heilung

»Ich glaube, daß die Einstellungen und Glaubenssätze der Menschen, mit denen wir zusammenleben, einen sehr starken Einfluß auf uns haben. Wenn ich zum Beispiel krank bin und meine Familie glaubt, daß ich sterben werde und daß ich nichts mehr dagegen tun kann, dann macht das den Heilungsprozeß für mich unglaublich schwer. Wenn sie andererseits glauben, daß ich es schaffen kann, wieder gesund zu werden, dann stärkt ihr Glaube meine Kraft, daß ich es schaffe. Das gilt für jede echte Beziehung, inklusive der zwischen Patient und Heiler.«

(Aus: »The Harmony of Health« in Healers on Healing)

sich F. also künftig morgens, mittags und abends in allen Einzelheiten vor, daß die Bestrahlung, die er nun erhielt, aus lauter winzigen Energiekugeln bestünde, die wie Bomben seine kranken Zellen vernichteten. Die Zellen, geschwächt durch die ständigen Attacken, kämen schließlich mit den Reparaturarbeiten in ihren eigenen Reihen nicht mehr nach, würden immer schwächer und eines Tages von dem Trupp der weißen Blutkörperchen, die sich zum Gegenangriff gesammelt hatten, in einer großen Schlacht vernichtet.
Es ist gut möglich, daß sich der Sterbenskranke bei diesen ärztlich verordneten Übungen zunächst etwas albern vorgekommen ist. Aber das Ergebnis überstieg alle Erwartungen: Nach zwei Monaten war der unheilbar krebskranke Patient geheilt – bzw., wie das die Mediziner vorsichtig ausdrücken, »symptomfrei«. Gesund, kräftig und so lebensfroh wie schon lange nicht mehr kehrte er nach Hause zurück. Bei der Gelegenheit war er nämlich gleich noch zwei andere Krankheiten losgeworden, die er über dem Krebs fast vergessen hatte:

Katherine Collins

Ihre Heilung gilt als eines der vielen »Wunder« aus dem Bristol Cancer Centre. Kurz nach dem Tod ihres Mannes, den sie sechs Jahre lang gepflegt hatte, erkrankte sie an Brustkrebs. Sie stellte ihre Gesundheit wieder her, indem sie ihr Leben von Grund auf änderte: Ernährung, Einstellung zum Leben, Umgang mit anderen Menschen ... Vor allem lernte sie es, nicht mehr zwanghaft nett zu anderen zu sein und sich für andere aufzuopfern. In London gründete sie nach ihrer Heilung eine Selbsthilfegruppe, zu der 600 Mitglieder zählen. Ihr Krebs ist immer noch in Remission.

Arthritis und Impotenz. Vierzehn Tage nach seiner Entlassung, berichtete er stolz, hatte er zum ersten Mal seit zwanzig Jahren wieder Sex.

Als Dr. Simonton seinen Kollegen mitteilte, daß er die »Spontanremission« zum großen Teil auf die täglichen Visualisationsübungen zurückführte, glaubten diese, er wäre nicht recht bei Trost. Simonton gab nicht auf. Er war davon überzeugt, daß die richtigen Bilder das Immunsystem anregen und dadurch den Körper in die Lage versetzen, das Wachstum von Tumoren zu bremsen und Neubildung zu verhindern. Und so machte er sich daran, weitere Beweise dafür zu sammeln, daß es möglich wäre, Krebs mit Geisteskraft zu heilen.

Zusammen mit seiner Frau Stephanie, einer Psychologin, begann er mit dem Studium aller möglichen mentalen Steuertechniken: Meditation, Gruppentherapie, Biofeedback, Motivationsschulung etc. Und dann entwickelte er mit ihr gemeinsam das System der visuellen Vorstellung, bei der der Patient sich sein Ziel in »zielgerichteter Entspannung« immer wieder vor Augen führt. Oder konkret ausge-

Niro Markoff Asistent

Im Jahre 1985 erfuhr sie, daß sie sich von ihrem Lebensgefährten angesteckt hatte: HIV-positiv. 1985 war die Diagnose Aids noch gleichbedeutend mit einem Todesurteil. Sie beschloß, ihre Krankheit als letzte Gelegenheit zu nehmen, selbst zu lernen und zu wachsen, anstatt ihr kampflos zum Opfer zu fallen, und entwickelte ein eigenes »Überlebensprogramm«, das sie aus den verschiedensten Techniken zusammenstellte. Ein Jahr später war sie symptomfrei, ein späterer neuer Test ergab sogar den Befund »HIV-negativ«. Daran hat sich bis heute nichts geändert. Ihr Lebensgefährte starb dagegen einige Monate später an Aids. Niro Markoff Asistent schrieb über ihre Erfahrungen ein Buch, *Das heilende Ja*, erschienen im Heyne Verlag. Sie gründete die Stiftung SHARE Self Healing Aids related Experiment, um auch auf diesem Weg ihre Erfahrungen an andere weiterzugeben und die Einstellung zu verändern, daß Aids unweigerlich zum Tode führt. Es gibt, sagt sie, keine Zauberformel, keine unumstößlichen Regeln, keinen sicheren Weg zur Genesung. Ihr Motto lautet: Die Richtung deines Weges zur Heilung kennst du besser als jeder andere. Der Heilungsprozeß läßt sich nicht erzwingen. Das Heilen ist ein Zulassen, kein Tun. Doch wir müssen körperlich, spirituell und emotional alles tun, um dieses Zulassen zu ermöglichen. Die Heilung tritt ein, wenn wir das Vergangene loslassen, die Gegenwart annehmen und uns der Zukunft öffnen.

drückt: Er lehrte seine Patienten, sich ein Szenario vorzustellen, wie die Bestrahlung den Tumor bombardiert und die weißen Blutkörperchen den Bösewichtern den Rest geben. Als er genügend Freiwillige zusammenhatte, führte er eine wissenschaftliche Studie durch. Er brachte 159 Krebspatienten, die für »unheilbar« erklärt worden waren und noch eine durchschnittliche Lebenserwartung von zwölf Monaten hatten, seine Imaginationstechniken bei. Nach vier Jahren waren 63 Patienten noch am Leben. Von ihnen hatten vierzehn keinerlei Symptome mehr, bei zwölf war der Krebs rückläufig, bei siebzehn der Zustand stabil.

Solche Daten kamen natürlich in die Öffentlichkeit, die Simontons schrieben ein Buch über ihre Methode, das in vielen Teilen der Welt zum Bestseller wurde und sie berühmt machte. Und wenn es auch heute noch eine Reihe von Medizinern gibt, die seine Thesen zumindest für umstritten halten, so finden sich doch immer mehr Kliniken bereit, seine Methode wenigstens auszuprobieren. Das Cancer Center, das er mittlerweile in Kalifornien aufgebaut hat, gilt als außerordentlich erfolgreich. Die Krebspatienten, die nach der Simonton-Methode behandelt werden, überleben doppelt so lange wie die Krebspatienten im Landesdurchschnitt. Viele Kliniken in den USA und in Europa verwenden mittlerweile seine Methode, und längst nicht mehr nur die alternativen – und auch längst nicht mehr nur bei Krebs. Inzwischen räumt selbst die Schulmedizin ein, daß »geleitete Imaginationen« die Wirksamkeit anderer Behandlungsformen, einschließlich allopathischer, fördern und daß es deshalb sinnvoll ist, sie bei allen Autoimmunkrankheiten sowie bei jeder Krankheit, bei der der Heilungsprozeß blockiert ist, zusätzlich einzusetzen.

In der Aidstherapie zählt die Visualisation mittlerweile sogar zur Standardtechnik. Die Geschichte von Louis Nassaneys Heilung gehört zu den schönsten Erfolgen: Im Mai 1983 erfuhr er die Diagnose Kaposi-Sarkom. Nachdem er sich sieben Monate lang selbst ständig bemitleidet hatte, nahm er den Kampf auf. Unterstützt von Louise Hay, arbeitete er nun aktiv an seiner eigenen Heilung: Er nahm Vitamine, trainierte seinen Körper, machte Visualisationsübungen, Akupunktur, Entspannungsübungen, Meditation – kurz alles, was die alternative Szene an Therapiemethoden zur Verfügung hatte. Nach vier Monaten bildeten sich seine Läsionen zurück, und im Oktober 1984 ergab die Biopsie, daß nur noch abgestorbenes Nar-

Das Wunder der Louise Hay

»Für mich bedeutet das Wort unheilbar lediglich, daß die Krankheit nicht von außen geheilt werden kann, sondern nur von innen ... Die Auflösung innerer Bilder führt zur Auflösung der Krankheit.« Hay weiß, wovon sie spricht. Als die bekannte amerikanische Schriftstellerin die Diagnose Unterleibskrebs hörte, verfiel sie zunächst in Panik. Dann begann sie nachzudenken und entschied, daß sie, um wieder gesund zu werden, ihr Leben völlig neu gestalten müßte. Sie änderte ihre Ernährungsgewohnheiten befreite sich – was unendlich viel schwerer war – von den Haßgefühlen, die sie im Zusammenhang mit dem Mißbrauch empfand, den sie in ihrer Kindheit erlebt hatte, machte Frieden mit allem und übernahm die Kontrolle über ihren Geist, um ihren Körper zu heilen. Die Kur dauerte sechs Monate. Jetzt lebt sie als Autorin und spirituelle Lehrerin in Kalifornien und verbreitet durch ihre Bücher, Kassetten und Seminare die Botschaft, daß derjenige, der alte Negativmuster auflöst, das gleich mit seiner Krankheit tut.

bengewebe übrig war. Seitdem ist er »vollständig in Remission« und reist durch die USA, um anderen Aidspatienten Mut zu machen.
Je mehr Untersuchungen über die Interaktionen zwischen Geist und Körper vorliegen, desto größer wird der Respekt vor der unglaublichen Macht des Geistes. Und immer fundierter wird der Nachweis für eine atemberaubende These, die sich früher nur einige Weise auszusprechen getrauten, die aber heute vor dem Hintergrund der Quantenphysik selbst von vielen Naturwissenschaftlern akzeptiert wird: daß wir uns unsere Wirklichkeit mit der Kraft unserer Gedanken und Bilder selbst erschaffen.
Edgar Cayce, der Seher, hat in Trance gelegentlich seinen Patienten

ans Herz gelegt, daß ihre Gedanken die Grundlage ihres Schicksals seien. In jedem Augenblick unseres Daseins erschaffen wir laut Cayce die Bilder und Muster, die unserer Zukunft Energie und Gestalt verleihen. Yogananda empfahl den Menschen, sich die Zukunft so vorzustellen, wie sie sie sich wünschen und sie mit der Energie der Konzentration aufzuladen. Er sagte: Die richtige Visualisation durch Konzentrations- und Willenskraftübungen befähigt uns, die Gedanken zu materialisieren, nicht nur als Träume und Visionen auf geistigem Gebiet, sondern auch als Erfahrungen im materiellen Bereich. Der Buddha sagte: Wir sind, was wir denken. Mit unseren Gedanken erschaffen wir die Welt.

Das würde bedeuten: Nicht nur unsere Bilder, auch unsere Worte haben die Kraft, uns gesund oder krank zu machen. Wenn es so sein sollte, dann wären wir gut beraten, sehr sorgsam mit unseren Worten umzugehen. Nicht mehr leichtfertig die Krankheit durch achtlose Bemerkungen heraufzubeschwören: »Wenn du dich weiter so aufregst, bekommst du noch mal einen Herzinfarkt.« Ebenso gefährlich könnte dann die Tendenz vieler Hypochonder sein, hinter jeder Mücke einen Elefanten zu sehen oder hinter jedem Husten einen Lungenkrebs. Es könnte leicht der Fall sein, daß unser Körper uns beim Wort nimmt und die vielen Krankheitsinformationen, die wir in den großen Computer unseres Geistes einspeichern, eines Tages zu einem Muster zusammensetzt, das uns das Leben kosten könnte.

Wenn wir mit unserer Gedankenkraft unsere Wirklichkeit gestalten, im guten wie im bösen, dann sind wir für unsere Gesundheit wie für unsere Krankheit in sehr viel stärkerem Maße verantwortlich, als wir uns das heute vorstellen können – und als vielen von uns lieb ist. Und wir hätten eine Erklärung dafür, warum es Wunder gibt – und auch, warum sie so häufig ausbleiben.

Teil 3:
Wunder, die aus Händen fließen

Von Amateuren und Profis

Wir leben in einer außergewöhnlichen Zeit.
Im Mittelalter mag es in Europa
etwas Vergleichbares gegeben haben.
Aber in der Geschichte der USA
hat es niemals eine solche Anzahl
von Zeichen und Wundern gegeben wie heute.

Peter Wagner,
Professor der Theologie

Vor ein paar Jahren habe ich gemerkt, daß ich Warzen beschwören kann. Das war in einer warmen Sommernacht in der Toscana. Die Kinder – meine und einige von ihren Freunden, die die Sommerferien bei uns verbrachten – hatten plötzlich dicke Warzen an den Händen und unter den Fußsohlen bekommen, und weit und breit war kein Hautarzt verfügbar.

»Kannst du sie nicht wegzaubern?« hatten sich die Kinder erkundigt. »Du machst doch so was.«

Ich hatte keine Ahnung, wie das gehen sollte, aber das wollte ich nicht zugeben. Also sagte ich: »Natürlich kann ich das, aber es geht erst beim nächsten Vollmond.« Bis dahin waren es noch drei Wochen, und ich hoffte, daß die Kids das in der Zwischenzeit vergessen würden.

Das taten sie natürlich nicht. »Heute ist Vollmond!« sagten sie drei Wochen später und blickten mich erwartungsvoll an.

Ich saß in der Klemme. Um Zeit zu gewinnen, gab ich mich völlig souverän und sagte: »Ich weiß, aber ihr müßt warten bis Mitternacht.« Und dann machte ich mich über meine Bücher her, um nach einem Zauberspruch zu suchen, mit dem man Warzen beschwören kann. Ich hatte aber die falschen Bücher mit und fand nichts.

Abends standen plötzlich Freunde aus München im Haus, die überraschend zu Besuch gekommen waren. Weil Thomas Arzt ist, fragte ich hoffnungsvoll: »Ich habe versprochen, daß ich den Kindern heute die Warzen wegzaubere. Aber ich habe keine Ahnung, wie das geht. Fällt dir was ein?«

»Aber das ist doch ganz einfach«, sagte Thomas. »Da sagst du nur dreimal: ›...‹ [den Spruch darf ich an dieser Stelle aber nicht verraten.]

»Ist das wirklich so simpel?« fragte ich verblüfft.

»Probier's aus«, sagte Thomas schmunzelnd.

Ich hab' mich aber trotzdem nicht getraut – und dem Zauberspruch erst recht nicht. Und so erfand ich, während der Vollmond rund und leuchtend am Himmel stand, sicherheitshalber um diesen Spruch herum noch ein »zauberkräftiges« Ritual, ich strengte mich wirklich an! Die Kinder waren dann auch sehr beeindruckt – und ich war schweißgebadet. Aber eine Woche später waren die Warzen weg. Bei allen fünfen.

Da hast du aber Glück gehabt, dachte ich erleichtert. Hatte ich aber nicht. Denn meine »Fähigkeiten« sprachen sich herum wie ein Lauffeuer, und bei jedem Vollmond fanden sich künftig Warzengeschädigte ein und baten um eine »Behandlung«. Mittlerweile habe ich es so oft gemacht und mit großem Erfolg, daß ich allmählich glaube, ich kann's wirklich.

Natürlich können Sie nun sagen: »Das ist doch die reinste Suggestion.« Das dachte ich mir natürlich auch. Nicht, daß mich das weiter gestört hätte. Hauptsache, die Methode funktionierte. Mein Ritual, dachte ich, wirkte wohl auf die gleiche Weise wie ein Placebo, und wie phantastisch Placebos wirken, haben wir ja bereits gesehen. Dann las ich allerdings, daß der renommierte Professor Lewis Thomas vom Memorial Sloan-Kettering Cancer Center in New York gesagt hat, Suggestion allein wär's nicht. Man würde dem Placeboeffekt nicht gerecht, wenn man dieses kleine Warzenwunder bloß mit dem Wirken des Unterbewußtseins erkläre. »Wenn mein Unbewußtes«, sagte der angesehene Mediziner, »austüfteln vermag, wie

Valentine Greatrakes, der Star unter den
englischen Wunderheilern des 17. Jahrhunderts,
wurde durch seine geheimnisvollen Kräfte steinreich.

die Mechanismen zu handhaben sind, die für die Bekämpfung des Virus [Warzen werden durch Viren verursacht] und für den gezielten Einsatz der unterschiedlichen Zellen zur Gewebeabschuppung notwendig sind, dann kann ich nur sagen, daß mein Unterbewußtsein sehr viel schlauer ist als ich.« Damit, fand ich, hatte er auch wieder recht, und ich dachte nicht weiter darüber nach.

Diese Geschichte fiel mir ein, als ich bei den Recherchen für dieses Buch mit einem sehr charismatischen Menschen sprach, der mir Heilergeschichten aus aller Welt erzählte. Es war unglaublich spannend, und plötzlich sagte er beiläufig: »Ich glaube, ich kann's auch. Ich bin so eine Art Sonntagsheiler.« Und dann berichtete er, daß seine Freunde immer ihre kranken Familienangehörigen zu ihm schicken und ihn auffordern: »Mach mal was.«

»Ich sag' dann nichts, ich mach's einfach«, fuhr er fort. »Und dann bin ich jedesmal selbst überrascht, wie gut es funktioniert. Neulich haben sie mir eine junge Frau mit MS gebracht, multipler Sklerose. Die junge Frau, eine Pfarrerstochter, bewegt sich seit Jahren nur noch im Rollstuhl. Ihre Schwiegermutter fährt sie umher. Da habe ich gedacht, das ist ein Fall, da mußt du eine Schau abziehen. Also habe ich meine alten medizinischen Geräte aus Indien herausgesucht, die für Räucherungen [von Beruf ist dieser Mann Kunsthändler], und darin chinesische Heilkräuter verbrannt. Ich habe da so meine Mittelchen, die taugen nichts, aber sie stinken recht eindrucksvoll. Und dann habe ich mich fünf Meter von ihrem Rollstuhl weggestellt und gesagt: ›Und nun steh auf und komm zu mir.‹ Da ist sie tatsächlich zum ersten Mal seit fünf Jahren aus dem Rollstuhl aufgestanden und zu mir gelaufen. Nur ein paar Schritte, aber immerhin.

Die Schwiegermutter hat geweint vor Freude und wollte gleich einen neuen Termin ausmachen. Aber ich habe abgewinkt. Inzwischen war mir nämlich klargeworden, warum die junge Frau ihre MS brauchte. Sie war das Aschenputtel in einer sehr reichen angeheirateten Familie, und ohne ihre Krankheit hätte sie da nie eine Chance gehabt, anerkannt zu werden. So aber thronte sie wie eine Gräfin in ihrem Bett und ließ sich von der Schwiegermutter im Rollstuhl umherschieben. Ihre Krankheit gab ihr eine Macht, die sie sonst nie bekommen hätte. Also habe ich gesagt, ich könnte nichts mehr für sie tun. Jetzt ist sie wieder glücklich. Ich übrigens auch. Ich drücke mich nämlich vor solchen Heilungen, wo ich nur kann. Sie kosten mich zuviel Kraft.«

Ich versicherte ihm, daß mir das genauso geht, obgleich ich nur läppische Warzen (und mittlerweile auch Bauchschmerzen) kurieren kann. Und dann teilte ich ihm meine Theorie mit, warum das so ist. Inzwischen hatte ich nämlich schon viele Gespräche mit »echten« Heilern geführt und wußte, war wir falsch machten.

»Ich glaube«, sagte ich nachdenklich, »wir sind beide Amateure. Wir bilden uns ein, wir können da etwas Besonderes; und wenn's geklappt hat, sind wir richtig stolz. Auch wenn wir's nicht zugeben – das ist ein richtiger Egotrip. Aber die echten Heiler sagen nie von sich, daß sie heilen können. Sie sagen immer, daß sie die Kraft, die aus einer anderen, höheren, Quelle kommt, nur durch sich durchfließen lassen. Sie sind, sagen sie, nichts weiter als ein Kanal. Oder so etwas wie eine Steckdose, aus der die heilende Energie an die Kranken weitergegeben wird.

Deshalb kostet sie das Heilen auch keine besondere Kraft. Und sie brauchen auch keine, um Erfolg zu haben, jedenfalls die meisten nicht. Sie haben einfach diese Gabe geschenkt bekommen, als Segen oder als Fluch, und sie geben sie weiter.«

Ich hatte mich schon seit Jahren für Heiler interessiert. Trotzdem dauerte es lange, bis ich akzeptieren konnte, daß es Menschen gibt, die heilen können – obgleich sie, wie sie selbst zugeben, keine Ahnung von Medizin haben. Sooft ich auch etwas in der Richtung erlebte oder hörte, mein Kopf hatte sich immer geweigert, das Phänomen der Geistheilung anzuerkennen. Er flüsterte bei jeder sich bietenden Gelegenheit »Hokuspokus« und suchte (meist vergeblich) nach rationalen Erklärungen. Ich wußte zwar, daß es allein in Deutschland etwa zehntausend Heiler gibt, die jedes Jahr annähernd fünf Millionen Patienten durch Handauflegen, Fernheilung oder »Energy-Healing« behandeln. (Vermutlich sind bei diesen Zahlen aber auch solche Methoden wie Reiki, Tai Ch'i, Kristall- und Farbtherapie und die zahllosen anderen Richtungen inbegriffen, die es heute in der alternativen Szene gibt. Der Begriff ist nie ganz klar definiert.) Ich bezweifelte auch nicht, daß zumindest ein Teil von ihnen beachtliche Erfolge erzielt und bisweilen sogar Wunder bewirkt. Aber ich dachte immer, das müsse etwas mit »Glauben« oder »Suggestion« oder »Aktivierung der Selbstheilungskräfte« zu tun haben, ungefähr so wie bei den Placebos.

Mittlerweile weiß ich es besser. Geistheilung wirkt, weil die Heilkunde aus zwei grundsätzlich verschiedenen Richtungen besteht, der spirituellen und der naturwissenschaftlichen, und das vermutlich schon seit tausend Generationen. Geistheilung ist keine Erfindung der Eso-Szene, sondern die älteste Heilmethode der Welt.

Ein kleiner Exkurs in die Vergangenheit: Die Medizin der Priester und Schamanen

Das Wunder ist des Glaubens liebstes Kind.

Goethe

Geistheiler, bei den Naturvölkern oft Schamanen genannt, gab es in fast allen Kulturen der Welt, lange ehe die Griechen mit ihrer Priestermedizin begannen. Um zu heilen, pflegten sich die Heiler stellvertretend für ihre Patienten – durch Drogen, Tanz, Trommeln etc. – in einen anderen Bewußtseinszustand zu versetzen. Dadurch waren sie imstande, mit ihrem Geist in fremde Welten jenseits von Zeit und Raum zu reisen, wo sie auf geheimnisvolle Weise die Informationen bekamen, die sie brauchten, um die Kranken wieder gesund zu machen. Die Methoden waren in den verschiedenen Kulturen unterschiedlich, aber der gemeinsame Gedanke dahinter war überall gleich: Wenn jemand krank ist, dann bedeutet das, seine Beziehung zu den Göttern (oder zur großen kosmischen Einheit) ist gestört. Dadurch sind Körper, Geist und Seele aus dem Gleichgewicht geraten. Damit er geheilt werden kann, muß er mit dem Göttlichen versöhnt werden. Nur dann kann auch auf der körperlichen Ebene wieder Harmonie entstehen. Heilung hatte also immer etwas mit Spiritualität zu tun. Die Schamanen waren die Mittler zwischen den Göttern und den Menschen.

Auch bei den Griechen war das anfangs noch nicht anders. Jesus war nämlich keineswegs der erste »Heiland« der Geschichte. Das war der griechische Gott der Heilkunde, Asklepios, lateinisch Aesculapius, der ebenfalls »Erlöser der Welt« genannt wurde und dessen Heiligtum in Epidaurus das Lourdes der Antike war. Der Sohn des Apollo

Rasputin: Ein Heiler mit sieben Leben

Zu den faszinierendsten und zugleich schillerndsten Gestalten unter den Heilern zählt der russische Bauernsohn Rasputin, von dem es heißt, er stamme aus einer sibirischen Schamanensippe. Daß dieser ungeschlachte Mann mit den miserablen Manieren am letzten Zarenhofe eine wichtige Rolle gespielt hat, war Anlaß für nie endendes Getuschel – und Stoff für zahllose Legenden. Unzählige haben über ihn geredet, viele über ihn geschrieben, und je nachdem, wie es gerade gebraucht wurde, war er Heiliger oder Dämon, Mönch, Schwarzmagier, Mystiker, Gesundbeter oder gar der Teufel selbst.

Die Zarin Alexandra hielt unbeirrbar zu ihm, denn Rasputin war der einzige, der ihrem kleinen Sohn helfen konnte. Nach vier Töchtern hatte die Zarin endlich den ersehnten Thronfolger zur Welt gebracht, doch der Zarewitsch litt an der »königlichen Krankheit«, der Hämophilie, einer Erbkrankheit, die die Großmutter der Kaiserin, die englische Königin Victoria, in die Familie gebracht hatte. Bei den sogenannten »Blutern« gerinnt das Blut nicht. Das bedeutet, daß die harmloseste Verletzung zu hohem Blutverlust und zu unerträglichen Schmerzen führen kann. Während der gesamten Kindheit des kleinen Alexei kam es immer wieder zu neuen schweren gesundheitlichen Krisen, denen die Ärzte völlig machtlos gegenüberstanden.

Während einer besonders schweren Krise war die Zarin dem Gesundbeter aus Sibirien begegnet, von dessen ebenso geheimnisvollen wie wunderbaren Fähigkeiten ganz Moskau sprach. Ihm war das gelungen, was keiner der Hofärzte geschafft hatte. Die Blutungen des Zarewitsch waren auf unerklärliche Weise zum Stillstand gekommen, der kleine Junge blühte wieder auf. Diese Situation wiederholte sich viele Male, bis die fromme und abergläubische Kaiserin davon überzeugt war, daß Gott ihr Rasputin gesandt hatte, um ihren Sohn zu retten. Unbeirrbar hielt sie – und mit ihr die gesamte Zarenfamilie – zu dem Mann, über dessen lasterhaften Lebenswandel ganz Moskau tratschte.

Rasputins Einfluß wuchs ständig. Unglücklicherweise beschränkte er sich nicht auf gesundheitliche Fragen: Es dauerte nicht lange, dann hingen Ansehen und Stellung eines Politikers einzig und allein von Rasputin ab – ein Wort von ihm genügte, und die Zarin sorgte dafür, daß ein unliebsamer Höfling für immer vom Zarenhof verschwand. Kein Wunder, daß der sibirische Bauer bei der gesamten Hofclique verhaßt war. Im Jahre 1916 befielen Rasputin sehr intensive Vorahnungen über seinen Tod: In einem Brief schrieb er: Würde er von Bauern getötet, so bliebe Rußland in den nächsten hundert Jahren eine blühende Monarchie. Würde er jedoch von einem Adligen umgebracht, dann müßten der Zar und seine gesamte Familie innerhalb von zwei Jahren verschwinden.

Prinz Yussopov sorgte schließlich dafür, daß Rasputins Prophezeiungen eintreten konnten: Er lud ihn zu einem tödlichen Mahl in sein Haus ein.

Rasputins Tod war so spektakulär wie sein Leben: Er starb nicht an der tödlichen Dosis Zyankali, die Yussopov an den Kuchen gegeben hatte. Er starb auch nicht an der Kugel, mit der ihn der Prinz, der auf Nummer Sicher gehen wollte, zusätzlich niederstreckte. Als Yussopov mit den anderen Verschwörern zurückkam, um die Leiche zu beseitigen, sahen sie mit Entsetzen, wie Rasputin aufstand und durch die geschlossene Tür in den Hof einbrach. Wieder schoß der entsetzte Prinz, und als Rasputin immer noch lebte, erschlug man ihn mit einer Eisenstange. Den toten Körper warfen die Mörder in den Fluß. Als die Leiche geborgen wurde, zeigten ärztliche Untersuchungen, daß Rasputin letztendlich ertrunken war.

und der Nymphe Koronis lernte von dem Centaur Cheiron die Kunst des Heilens, und das so gut, daß Zeus aus Angst, Asklepios könnte die Menschen unsterblich machen, ihn durch einen Blitzstrahl tötete. Asklepios hat keine Medizin im heutigen Sinne betrieben, sondern die sogenannte Priestermedizin, bei der geheimes Wissen über Generationen exklusiv an die Mitglieder der Äsklepiosärzte weitergegeben wurde. Kein Außenstehender durfte die Geheimnisse erfahren. Diese Asklepiaden, wie sie genannt wurden, folgten seinem Vorbild und überzogen seit dem 5. und 4. Jahrhundert vor Christus den ganzen griechischen Raum mit einem Netz von zahlreichen Kultstätten und Heilzentren. In Kos und Epidaurus, in Kyrene und Knidos wurden in hochgelegener Landschaft traumhaft schöne Heilungsstätten errichtet, mit Wandelgängen und Heilquellen, mit Theater, Dichtkunst und Musik. Sie alle standen unter der Leitung der Asklepiadischen Priesterschaft. Die Methoden, die dort angewandt wurden, waren geheim.
Wir wissen nicht viel darüber, außer was uns Hippokrates, der auch von den Asklepiaden abstammt, in einer seiner Schriften über die heilige Krankheit hinterlassen hat: »Sie bedienen sich der Sühnemittel und der Zaubersprüche.« Bekannt ist beispielsweise, daß die Kranken in einen Heilschlaf versetzt wurden, in dem sie die Ursache ihrer Krankheit erträumen sollten, und wenn die Götter gnädig waren, dann gelang das auch. Die Krankheiten stammten nach Asklepios nämlich von den Göttern – und zwar von den verletzten Göttern –, ihre Heilung konnte deshalb nur geschehen durch Versöhnung der Unsterblichen.
Die Zahl derer, die gesund an Leib und Seele nach Hause zurückkehrten, muß eindrucksvoll gewesen sein. Die Tempel des Asklepios hingen, wie heute noch einige unserer christlichen Kirchen, voller Votivtafeln von dankbaren Geheilten, mit Angabe der Krankheit und manchmal auch den Heil- und Sühnemitteln, die der Gott dem Kranken im Traum eines Heilschlafes geoffenbart hatte.
Die Wirkung dieser priesterlichen Heilskraft ließ allerdings in den letzten Jahrhunderten des klassischen Hellas erheblich nach. Hinzu

Ein Schamane heilt einen Kranken
mit Hilfe der Geister.

kam, daß durch die zahlreichen Kriege keine Zeit mehr für spirituelle Heilung und Rückbesinnung zu den Göttern war. Bei den vielen in der Schlacht verletzten Kämpfern ging es um schnelle, praktische Hilfe.
Da trat dann Hippokrates auf den Plan (ca. 370 v. Chr.) und durch ihn der Anfang der wissenschaftlichen Medizin. Hippokrates distanzierte sich von der alten spirituellen Priestermedizin. Er studierte den Ablauf der Krankheiten, gab ihnen einen Namen, legte die Heilmittel fest und wurde so zum »Vater der modernen Medizin«. Hippokrates ist es zuzuschreiben, daß das so gewonnene empirische Wissen noch heute als die einzig wahre Naturwissenschaft und Medizin gilt.
Seit Hippokrates bis zur Neuzeit gibt es also zwei Wege der Heilkunde:

- die empirische Wissenschaftsmedizin, die auf Beobachtung der Zusammenhänge beruht und jedem, der sie studiert, zugänglich ist, kurz: die Schulmedizin, die sich prinzipiell seit Hippokrates kaum verändert hat, und
- die alte heidnische Priestermedizin, die (wie die der Schamanen) auf Geheimwissen beruht, nur innerhalb ausgewählter Kreise weitergegeben wird und durch Spiritualität heilt. Nach der sogenannten konstantinischen Wende (ca. 300), als der Gott-Arzt der Christen den heidnischen Arzt-Gott Asklepios verdrängte und das Christentum zur Staatsreligion avancierte, wurde aus der heidnischen dann die christliche Priestermedizin. Nur legten nun die Heiler den Kranken die Hände im Namen Christi auf.

Beide Richtungen existieren seit etwa zweitausend Jahren nebeneinander. Beide haben ihre Berechtigung, beide haben ihre Erfolge und ihre Niederlagen. Doch die Feindschaft, die fast von Anfang an zwischen den Lagern bestand, existiert heute noch.
Lange sah es so aus, als trüge in unserem Kulturkreis die spirituelle Medizin »den Sieg« davon. Weite Teile der christlichen Kirche betrachteten die Heilkunst bis in die Neuzeit hinein als ihre Domäne.

Krankheit galt ihnen als Strafe Gottes und wurde durch Sühne und Buße »behandelt«. Viele Jahrhunderte lang weigerten sie sich, die Heilkunde an die ausgebildeten Ärzte abzutreten oder auch nur ihrerseits die Heilmittel und -pflanzen zu studieren. Mit dem Argument, daß auch Jesus keine Medikamente verordnet habe (von Operationen ganz zu schweigen), beharrten sie weiterhin auf den klassischen Methoden: Sühne, Gebet und Handauflegen. Den hervorragenden (meist im medizinisch weitaus fortschrittlicheren Orient ausgebildeten) Ärzten aus der Schule des Hippokrates brachten sie nichts weiter als Verachtung entgegen. Heilung war allein ihr Privileg. Allenfalls den Königen gestanden sie noch das Recht zu, Heilung zu gewähren.

»Royal Touch«: Königliche Heilkräfte

Im Mittelalter wurden Könige als Erwählte Gottes bezeichnet. Offiziell regierten sie, weil Gott das so wollte, nicht, weil sie mehr Macht besaßen als normale Sterbliche. Weil die politische Macht von Gott hergeleitet wurde, glaubten viele daran, daß sie auch andere göttliche Kräfte besaßen, darunter die der Heilung. Und auch manch einer der Könige selbst war dieser Meinung.

Zu den ersten gehört König Philipp von Frankreich. Im Jahre 1307 erklärte er öffentlich, er sei mit der Gabe der Heilung gesegnet. Jeder seiner Untertanen, der sich krank fühle, könne kommen, um durch seine Hand gesund zu werden. Andere Könige Europas folgten seinem Beispiel. Im Großen Hof von Versailles berührte Ludwig XIV. am 22. Mai 1701 2400 Kranke mit den Worten: »Der König berührt dich. Gott heilt dich.« Der Legende nach sind auch etliche Sieche auf diese Weise kuriert worden. Aber man weiß natürlich nie, ob sie das nicht nur gesagt haben, um dem Monarchen zu schmeicheln und so seine Gunst zu gewinnen. Ein Risiko gingen die heilenden Herrscher dabei jedenfalls nicht ein: Lief die Sache schief, so wurden die Gründe nicht beim Heiler, sondern beim Kranken

Im Mittelalter glaubten die Menschen,
daß Könige kraft göttlicher Gnade
die Gabe der Heilung besaßen.

gesucht und mit mangelndem Glauben der Leute begründet. (Viele moderne Wunderheiler machen heute ja nichts anderes.)
Der Glaube an den »Royal Touch« währte in vielen Regionen bis ins 19. Jahrhundert. Erst als die Menschen, vor allem die Ärzte, mehr über die Anatomie lernten und die Krankheitsursachen besser kennenlernten, wurde der Anspruch der Könige immer unglaubwürdiger.
Auch wenn es die Kirche nicht wahrhaben wollte – und weite Kreise der Schulmedizin heute noch nicht –: Außer den Priestern und (mit Fragezeichen) dem Königtum gab es zu allen Zeiten ebenso »normale« Sterbliche, die die Gabe der Heilung besaßen. Ohne dem Klerus anzugehören und ohne etwas Theoretisches über Heilkunde zu wissen, ohne je in die Mysterien eingeweiht worden zu sein, legten sie Kranken die Hände auf – und machten viele von ihnen gesund. Nicht jeder von ihnen zerbrach sich den Kopf darüber, woher diese Kräfte stammten, und ihre Patienten auch nicht unbedingt. In Zeiten medizinischer Not wurde jedoch Hilfe, woher sie auch immer kam, dankbar entgegengenommen. Die Kirche freilich war davon überzeugt, daß es sich bei solchen Kräften um Werke des Teufels handelte, und so war die Gabe durch Jahrhunderte hindurch oft zugleich ein Fluch, der das Risiko barg, auf dem Scheiterhaufen der Inquisition zu enden. In Wirklichkeit war es wohl eher so, daß die »Wunderheiler«, »Schäferärzte« und weisen Frauen in ihrem Unbewußten noch mehr oder minder große Überbleibsel des alten priesterlichen Geheimwissens besaßen, das ihnen durch Geburt oder Schicksal zugefallen war. Auf geheimnisvolle Weise waren sie in der Lage, die universelle Quelle der Lebensenergie anzuzapfen und durch ihre Hände weiterzugeben. Sie hatten die Heilung im wahrsten Sinne des Wortes im Blut – oder in den Genen, wie man das auch immer nennen mag. Heiler dieser Art gab es also immer, und es wird sie immer geben.

Wunderheiler unserer Zeit: Wo kommen sie nur alle her?

> Wenn Geistheilungen enttäuschend
> unwirksam verlaufen, trifft nie den
> Heiler allein die Schuld.
> Wenigstens ebensosehr hängt der Erfolg
> vom Patienten ab. Er muß vom Opfer
> zum Mitgestalter seines Schicksals werden.
>
> *Harald Wiesendanger*

Aber ohne jeden Zweifel gibt es in unserer Zeit mehr davon als je zuvor. Die Tatsache, daß heute allein in Deutschland zehntausend Geistheiler leben und arbeiten, stimmt nachdenklich. Die wachsende Unzufriedenheit mit der Schulmedizin hat zu einer wahren Inflation an Heilern oder »alternativen Therapeuten« geführt. Wo kommen sie nur alle her?

Irgendwie ist das Gerücht entstanden, heilen könne jeder, der die dazu erforderlichen Methoden beherrscht. Und Lehrer, die angeblich in der Lage und bereit sind, einem diese Techniken gegen gutes Geld beizubringen, findet man überall. Die ganze Eso-Szene wimmelt nur so davon. Wer die Gabe nicht besitzt – und das sind mit Sicherheit die meisten –, hat jederzeit die Möglichkeit, sich in Wochenendseminaren Techniken beibringen zu lassen, die ihm die Illusion vermitteln, daß er heilende Fähigkeiten hat.

Vor allem die Schamanen sind heute als Lehrer sehr gefragt. Mag es auch nur noch wenige echte geben – die paar, die die alten Heilmethoden ausüben, haben aus unerfindlichen Gründen offenbar alle einen westlichen Psychologen oder Esoteriker adoptiert, um ihr geheimes Wissen an ihn weiterzugeben, was der dann seinerseits gewinnträchtig in schamanistischen Heilerseminaren an esoterisch

Interessierte mit Heilerambitionen weitergibt. Aber auch andere Techniken des geistigen Heilens – etwa das Anschließen an die Universelle Energie (UE) – kann angeblich jeder in Wochenendseminaren erlernen. Im letzten Sommer haben sich rund fünftausend Schüler des Gurus in Patthaya in Thailand eingefunden, um dort die letzten Weihen der UE zu erhalten. Das führt fast zwangsläufig zu der Frage, ob es bei der Inflation des Geheimwissens mit rechten Dingen zugegangen sein kann.

Die Sehnsucht nach Heilung ist zu einem Tummelplatz von Amateuren und – schlimmer noch – gewissenlosen Scharlatanen geworden, die mit der Hoffnung der Kranken ordentlich Reibach machen. Alternative und esoterische Heilmethoden sind zu einem großen Geschäft geworden. In der Szene wird zwar immer fromm behauptet, man dürfe die Gabe des Heilens nicht schnöde mißbrauchen, sonst würde sie einem wieder entzogen, aber die Wirklichkeit sieht anders aus: Tausende therapieren oder (falls sie, und das sind die meisten, keinen Heilpraktikertitel haben) »beraten« und kassieren munter drauflos. Nicht nur diejenigen, die die »Gabe« niemals wirklich besessen haben, dürfen meist ohne Angst vor himmlischen Strafmaßnahmen geldgierig sein, sondern leider auch die echten.

Für das Talent und den Erfolg eines Heilers spielen seine moralischen Qualitäten bedauerlicherweise meist keine Rolle, oder nur eine kleine. (Der Brasilianer Arigò war offensichtlich eine Ausnahme, siehe Seite 248.) Die Gabe des Heilens besitzen sowohl Heilige als auch Wucherer, und der eine ist so erfolgreich wie der andere. Früher war es wohl so, daß die Heiler in den Priesterdynastien nicht nur in den Methoden geschult wurden, sondern auch in der Geisteshaltung, die erforderlich ist, um diese Kraft rein zu halten. Heute werden oft nur noch die (oft zweifelhaften) Techniken gelehrt, die Spiritualität und die Ethik des Heilens sind leider untergegangen. Menschen, die die Gabe besitzen, ohne durch ein moralisches System gestützt zu werden, sind in großer Gefahr, Opfer von Geltungssucht und/oder Geldgier zu werden. Es empfiehlt sich deshalb, bei der Auswahl eines Heilers überaus achtsam zu sein. Das Risiko, einem Scharlatan zu begegnen, oder auch nur einem ambitionierten Amateur, ist beträchtlich. Deshalb im folgenden ein paar Hinweise:

- ¤ Gehen Sie auf alle Fälle erst zu einem Arzt, ehe Sie einen Heiler aufsuchen, und mißtrauen Sie jedem Heiler, der Sie daran hindern will, zu einem Arzt zu gehen.
- ¤ Glauben Sie grundsätzlich keinem Heiler, der Ihnen sofortige Heilung garantiert oder auch nur in Aussicht stellt.
- ¤ Hüten Sie sich vor Leichtgläubigkeit! Lassen Sie sich weder etwas einreden noch aufschwatzen. Wenn der Heiler Ihnen heilende Edelsteine, Pyramiden, Fetische, Talismane, Vitamine, Heilmittel etc. aufdrängen will, empfiehlt sich größte Zurückhaltung! Sie können fast sicher sein, daß er gut daran verdient.
- ¤ Erkundigen Sie sich vor der Behandlung nach den Kosten, aber zahlen Sie nie im voraus! Für die Höhe der Honorare gilt: Beträge zwischen 30 und 150 Mark pro Behandlung sind angemessen.
- ¤ Glauben Sie niemals, daß die berühmtesten Heiler auch die besten sind! Ein Heiler ist nicht unbedingt besonders gut, wenn er einen großen Namen hat. Manchmal trifft das sicher zu, wie zum Beispiel bei Harry Edwards, von dem noch die Rede sein wird. Doch in den meisten Fällen ist dieser Ruhm nur auf die Tatsache zurückzuführen, daß einer der von ihm kurierten Patienten ein Prominenter war – oder ein skeptischer Journalist. Aber erfahrungsgemäß kann der Ruhm der berühmten Heiler genauso schnell schwinden, wie er gekommen ist. So mancher Hochgelobte ist im nachhinein als Schwindler oder Amateur entlarvt worden.
- ¤ Ganz sicher ist ein Heiler nicht deshalb gut, weil er hohe Preise nimmt, obwohl das auch nicht unbedingt gegen ihn sprechen muß. Wenn er Ihnen, wie gesagt, allerdings teure Edelsteine, Kristalle, Pyramiden und andere heilende Mittel aufschwatzen möchte, sollten Sie äußerst wachsam sein.
- ¤ Hören Sie sich um, gehen Sie nicht zum erstbesten, der Ihnen empfohlen wird. Wie Sie an Anschriften von seriösen Heilern kommen können, steht am Ende dieses Buches.

¤ Denken Sie positiv! Ohne Ihr Zutun kann Ihnen auch der beste Heiler nicht helfen.

Die echten Heiler, die man heute mangels besserer Bezeichnung »Wunderheiler« oder »Handaufleger« oder »Geistheiler« nennt, haben unterschiedliche Theorien über die Herkunft ihrer Fähigkeiten. Manche berufen sich auf Engel, andere auf Schutzgeister, jenseitige Helfer, kosmische Energien oder auf Gott. Manche sind ganz schlichte Menschen und haben gar keine Theorie, zumindest keine, die sie in Worte fassen können. Deshalb sind sie nicht weniger begabt. Doch im Prinzip glaubt jeder von ihnen, daß hinter allem, was existiert, eine Art geistige Matrix steckt und daß es auch für unseren Körper einen unsichtbaren Bauplan gibt. Diese »Blaupause« (manche nennen ihn auch Geistkörper) können sie mit heilen Gedankenkräften, die ebenfalls unsichtbare Energie sind, beeinflussen und durch die reale Welt ändern bzw. dem kranken Körper heilende Impulse schicken.

Glaubst du denn, es sei möglich,
von der Natur der Seele
eine nennenswerte Kenntnis zu erwerben,
ohne Zusammenhang mit der Natur des Ganzen der Welt?
Sokrates

In glücklichen Fällen sind die geborenen Heiler zugleich Ärzte: ausgebildete Mediziner, die zwar die Ätiologie der Krankheit beherrschen, aber – sozusagen zusätzlich – Diagnosen hellsichtig erkennen oder intuitiv erfassen. Davon gibt es übrigens mehr, als man annehmen möchte. Die amerikanische Psychiaterin und Neurologin Shafica Karagulla hat einmal eine Umfrage unter ihren Kollegen durchgeführt und dabei festgestellt, daß viele von ihnen glauben, sie hätten solche Kräfte, aber sie trauen sich nicht, es laut zu sagen, und greifen lieber auf die Methoden der offiziellen Diagnostik zurück.

Ich kenne auch eine ganze Reihe solcher Ärzte. Die Anästhesistin B. N., die Chefärztin in einer wissenschaftlichen Lehrklinik war, als ihr eines Nachts nach einer Vision die Gabe der Heilung unvorbereitet zufiel und ihr die Heilkräfte tagelang »wie Strom« völlig unkontrolliert aus den Händen flossen, so lang, bis sie es lernte, mit diesen Kräften umzugehen. Oder Karin K., die eigentlich Kinderärztin ist und nun Aurabehandlungen und Kristalltherapie macht, die Diagnosen auspendelt und in ihren Sitzungen nicht den Körper, sondern den Geistkörper behandelt. Oder eine andere, sehr ernsthafte, sehr engagierte Ärztin, die mit australischen Buschblüten karmische Verknüpfungen zu lösen versucht. Oder auch der Internist, der medial begabte Mitarbeiterinnen durch den Körper eines Patienten schickt und sie dort nach dem »pathologischen Ort«, dem unbewußten Störfeld im Gehirn oder Nervensystem, suchen läßt, der den Schlüssel zur Krankheitsursache enthält. Oder auch der Gynäkologe Dr. Schuler, über den Sie schon im ersten Teil gelesen haben.
Ich kenne sogar einen Professor und Klinikchef, der zwar selbst keine Heilkräfte besitzt, in seinem Krankenhaus jedoch eine Heilerin eingestellt hat: »Das dürfen Sie aber nicht laut sagen. Natürlich darf sie keine Diagnose stellen, die nicht von sechs Ärzten gegengecheckt wird. Aber in mindestens 90 Prozent der Fälle ist ihre Diagnose richtig. Eine so hohe Erfolgsrate hat kein Arzt! Die Patienten sind ganz wild darauf, von ihr behandelt zu werden. Wir haben jetzt einen Test gemacht. Bisher war die Behandlung kostenlos. Nun müssen die Patienten siebzig Mark dafür bezahlen. Wir dachten, daß die Kranken sich das jetzt zweimal überlegen würden, weil die Kasse das ja nicht übernimmt. Aber an den Tagen, an denen die Heilerin kommt, stehen sie immer noch Schlange. Und meine Ärzte übrigens auch.«
Mein Glück war es, daß die ersten Heiler, die mir begegnet sind, diese ausgebildeten Mediziner waren. Das Bewußtsein, daß sie nicht auf übersinnliche Fähigkeiten zurückgreifen müssen, weil sie es ja auch anders können, hat schließlich dazu beigetragen, meine Skepsis zu überwinden. Erst dann war ich bereit für die Erfahrung, daß die Heilkräfte der Heiler, die nichts von Medizin verstehen, genauso

wirkungsvoll sein können, weil Heilung hier auf einer anderen Schiene stattfindet. Mittlerweile habe ich mit vielen Heilern gesprochen. Und dabei einiges gelernt. Trotzdem werde ich mich auch hüten, an dieser Stelle Empfehlungen auszusprechen. Die Heiler, die ich kenne und bei ihrer Tätigkeit beobachten konnte, haben mich persönlich überzeugt. Aber das bedeutet nicht, daß sie in allen anderen Fällen erfolgreich sind. Wenn ich hier ihre Geschichte erzähle, dann nur, weil sie einerseits ganz ungewöhnlich sind und andererseits auch typisch für viele andere Heiler sind, die sich für völlig durchschnittlich hielten, bis sie eines Tages und ohne jede Vorwarnung mit der Tatsache konfrontiert wurden, daß sie eine ungewöhnliche Gabe besitzen. Eine von ihnen ist Edda Mühl aus Mainz.

Heilerporträts

Wir benutzen unsere Hände
als einen Teil unseres Geistes,
um so zu demonstrieren,
daß wir heilen wollen.
Harry Edwards

Edda Mühl

Nach außen hin ist der Alltag von Edda Mühl völlig unspektakulär. Sie arbeitet hauptberuflich in einem Bestattungsinstitut, ihr Mann ist Frührentner. Ihren Zweitberuf, den als Heilerin, übt sie ehrenamtlich und hauptsächlich in der Nacht aus. Eine Stunde Schlaf, sagt sie, reicht ihr. Gegen Mitternacht wird sie von unsichtbaren Kräften geweckt und macht sich an die Arbeit. Dann geht sie die Heilpläne ihrer Patienten durch, schickt heilende Kräfte.

Woher sie den wisse, was den Patienten fehle, wollte ich bei unserem ersten Gespräch – am Telefon – erfahren.

Ihre Antwort kam ganz selbstverständlich: »Aber das spüre ich doch, was die Menschen haben!« Und dann fügte sie fast ein wenig gekränkt hinzu: »Ich merke doch jetzt auch, daß Sie nicht ganz gesund sind!«

Ich schwieg eine Weile und holte erst mal tief Luft, bevor ich fragte: »Was fehlt mir denn, bitte schön?«

»Nichts Ernsthaftes«, antwortete sie ganz ruhig. »Sie sind nur zur Zeit sehr müde und erschöpft, und wenn Sie nicht aufpassen und ein wenig kürzer treten, kriegen Sie's wieder an den Bronchien und in den Nebenhöhlen. Das sind doch Ihre Schwachstellen.«

Ich glaube, Sie an meiner Stelle wären auch verblüfft gewesen.
Edda Mühls Heilkräfte kamen völlig ohne Voranmeldung im Jahre 1983. »Da war ich sehr krank, über ein Jahr lang. Erst lag ich zu Hause, dann im Krankenhaus, schließlich in einem Heim. Was auch immer die Ärzte versuchten – nichts schien zu helfen. Schließlich wog ich noch 36 Pfund. Und wie ich so dalag und immer weniger wurde und immer schwächer, habe ich eines Tages gebetet und gesagt: Lieber Gott, wenn du mich heilst, dann werde ich mein ganzes Leben lang Gutes tun.
Einige Zeit später wurde ich nachts durch ein wunderbar goldenes Licht geweckt. Das ganze Krankenzimmer war davon durchflutet, und eine Stimme sagte: ›Heile, Edda.‹ Ich war völlig überrascht und fragte mich: Ich kann doch selbst kaum sitzen, so schwach bin ich, wie soll ich da heilen können? Aber von dem Tag an ging es ständig mit mir aufwärts, und wenig später war ich völlig gesund. Da dachte ich mir, versprochen ist versprochen. Und wenn Gott will, daß ich heile, dann muß ich das wohl tun. Aber wo fange ich nur an?«
Vorsichtig begann sie – wie viele »frischgebackene Heiler«, die ihren Kräften noch nicht trauen – mit Fernheilungen. Sie ließ sich von Kranken Fotos schicken und konzentrierte sich darauf, ihnen heilende Kräfte zuzusenden. Sie selbst staunte am meisten darüber, daß es den Kranken oft spontan besserging.
Im Laufe der Zeit wuchs ihr Selbstvertrauen, und sie begann nun damit, den Patienten, die zu ihr kamen, die Hand aufzulegen. Was dem Kranken fehlt, spürt sie intuitiv, häufig aber auch an ihrem eigenen Körper seine Schmerzen. (Ähnlich wie Dr. Edward Bach, der die Wirkweise seiner Blütenessenzen auch dadurch erfuhr, daß er die Symptome entwickelte, gegen die die Essenzen dann halfen.) »Deshalb kostet mich meine Arbeit viel Kraft«, sagt sie.
Unterstützt wird Edda Mühl von Ärzten aus der geistigen Welt. »Angefangen hat es mit drei japanischen Ärzten, aber inzwischen sind eine ganze Reihe dazugekommen. Heute sind es insgesamt 26, die durch mich arbeiten, sie wechseln sich ab, die ersten werden immer müde.« Sie weiß genau, mit wem sie es gerade zu tun hat, sie

nimmt jedoch während der Heilbehandlung nicht von sich aus Kontakt mit ihnen auf, befindet sich auch nicht im Trance, sondern arbeitet mit vollem Bewußtsein. »Aber ich muß jeden Tag beten, damit ich die Kraft habe.«

Beten muß sie auch darum, daß sie nicht für ihre Tätigkeit vor Gericht zitiert wird, wie das vielen Heilern in Deutschland droht, die therapieren, ohne dafür qualifiziert zu sein. Sie ist immer ein bißchen neidisch, wenn sie daran denkt, wie gut es die Kollegen in England haben, wo Geistheilung von der BMA – der British Medical Association – anerkannt sind und zeitweise Hand in Hand mit den Ärzten arbeiten.

»Ich dagegen sitze, wenn ich heile, immer mit einem Fuß im Gefängnis. Dabei rate ich meinen Patienten stets, zum Arzt zu gehen. Und ich sage ihnen niemals: Dieses oder jenes Medikament dürfen Sie nicht nehmen.« In 80 Prozent der Fälle, sagt sie, kann sie heilen oder zumindest Schmerzen lindern und Beschwerden erträglich machen. »Aber eine Heilung braucht ihre Zeit. Eine Krankheit wie Krebs, die sieben Jahre bis zu ihrem Ausbruch gebraucht hat, braucht auch sieben Jahre, um sich völlig zurückzubilden.« Edda Mühl weiß ebenso, wann einem Patienten nicht mehr zu helfen ist: »Wenn jemand nicht geheilt werden kann, dann sehe ich eine weiße Gestalt, die in ein Tuch gehüllt ist. Das heißt, hier bist du mit deinen Kräften am Ende. Gerade jetzt habe ich diese Gestalt bei der Mutter einer Patientin gesehen. Ich bin sicher, sie hat nicht mehr viel Zeit.«

Ihr eigener Mann ist schwer herzkrank. »Können Sie ihm nicht helfen?« frage ich überrascht.

»Sein Arzt sagt, ich helfe ihm schon. ›Was wollen Sie?‹ hat er gesagt. ›Für seinen Befund geht es ihm doch recht gut. Ich glaube an Sie. Ich weiß, daß Sie die Kraft haben.‹ Stellen Sie sich vor, das hat sein Arzt gesagt! Und auch der Pfarrer hat gemeint: ›Kommen Sie nicht in die Kirche, ich weiß, daß Sie in Ihrer eigenen Wohnung viel Gutes tun können, mehr als hier bei mir ...‹«

Zum Beispiel bei dem Jungen mit Zwergwuchs. Die Uniklinik hatte den kleinen Patienten von oben bis unten vermessen und seinen

Eltern mitgeteilt, er würde nicht größer als 1,36 Meter. Durch ihre Hilfe ist er zumindest 1,55 Meter groß geworden.
»Aber wissen Sie, die Menschen sind oft so undankbar, viele Jahre hört man nichts von ihnen, sie melden sich erst dann wieder, wenn jemand anders krank geworden ist und sie Hilfe vermitteln wollen.«
Geld nimmt sie nicht, und Kontakt zur Heilerszene hat sie auch nicht. »Aber da ist in Holland einer, von dem mir die Leute immer erzählen. Ganze Busladungen müssen zu dem reisen. Er hat, sagen sie, mittlerweile schon sein eigenes Hotel, in dem er die Gäste unterbringt. Das ist ja schön und gut, aber das ist nicht mein Ding. Ich tue es, weil ich es Gott ja versprochen habe. Und«, fügt sie fast ein wenig verlegen hinzu, »wohl auch aus Liebe zu den Menschen.«
Und weil das womöglich nach falschem Pathos klingen könnte, sagt sie ganz schnell: »Aber jetzt muß ich in die Küche. Sonntags nehme ich mir immer Zeit für meinen Mann. Er kommt gleich vom Frühschoppen zurück, und dann kriegt er Schweinsbraten mit selbstgemachten Knödeln. Dann ist er glücklich. Wissen Sie, er stammt nämlich aus Bayern!«

Lilo Müller-Slumiok

Alle Heiler, habe ich festgestellt, hören gern Geschichten über andere Heiler. Lilo Müller-Slumiok hat mir auch gesagt, warum. »Das gibt dir ein Gefühl der Bestätigung. Da merkst du: Das geht nicht nur dir so. Anderen ist das auch passiert, und sie sind auch nicht verrückt. Was glaubst du, wie man sich fühlt, wenn man plötzlich anfängt, Stimmen zu hören!«
Lilo M. ist eine außergewöhnlich schöne Frau. Mit ihrem offenen, strahlenden Lächeln und den schneeweißen Haaren über einem jungen Gesicht hatte sie mich spontan ein bißchen an einen Engel erinnert. An einen ausnehmend eleganten Engel allerdings, mit ausgeprägtem Stilgefühl und exzellentem Geschmack. Kein Wunder. Fünfundzwanzig Jahre lang war Lilo eine erfolgreiche Innenarchi-

tektin, im elterlichen Unternehmen war sie verantwortlich für 190 Mitarbeiter, hatte einen Mann und zwei Kinder und stand mit beiden Beinen im Leben. Daß sie von Kind an hellsichtig war, kam ihr nicht weiter ungewöhnlich vor. »Meine Mutter war's doch auch. Aber weil mein Vater und später auch mein Mann nichts davon wissen wollten, haben wir halt nicht drüber gesprochen«, erzählte sie in ihrem weichen, singenden Rheinisch. »Aber als meinem Mann zum zweitenmal sein Auto geklaut worden war, habe ich ihm gesagt, wo er es abholen konnte. Als er es dann tatsächlich an der Stelle fand, hat er nur den Kopf geschüttelt und gesagt: ›Was du alles weißt ...‹ und dann nichts weiter gesagt. Die Sache war ihm zu unheimlich.

Dann hatte ich eines Tages die Operation, bei der ich klinisch tot war. Ich bin mein ganzes Leben lang sehr viel krank gewesen. Die meisten Organe sind bei mir doppelt angelegt. Ich habe zwei Dickdärme und zwei Dünndärme, Leber, Milz, alles doppelt. Ich habe sogar zwei Gebärmütter und vier Eierstöcke, aber das war lange Zeit niemandem aufgefallen, obgleich ich beide Kinder per Kaiserschnitt bekommen habe. Wie auch immer, durch die vielen Därme war es zu einer Darmverschlingung gekommen, und bei der Notoperation war ich klinisch tot. Ich stieg aus meinem Körper aus, schwebte eine Weile über dem OP-Tisch und hörte eine Zeitlang den Gesprächen der Ärzte zu, die versuchten, meinen Körper zu reanimieren. Später habe ich ihnen gesagt, worüber sie gesprochen haben, die waren vielleicht perplex!

Dann ging ich durch den Tunnel, von dem sie immer schreiben, einem strahlenden, goldenen Licht entgegen. So ein Licht, wie es die Edda Mühl wohl auch gesehen hat. Ich wollte, so schnell ich konnte, dorthin, aber plötzlich spürte ich Hände, die mich festhielten, und ich war wieder drin im Körper.

Danach fing ich dann an, Stimmen zu hören und Bilder zu sehen. Ich dachte, jetzt wirst du verrückt, und in meiner Angst ging ich mit meiner Mutter zu ihrer Geistheilerin. Merkwürdig, meine Mutter war eine strenggläubige Katholikin, aber wenn sie krank war, ging sie immer zu dieser Frau. Der habe ich mich dann anvertraut.

Sie sagte nur abwehrend: »Davon verstehe ich nichts, aber im nächsten Monat kommt ein bekannter amerikanischer Geistheiler zu mir in die Praxis. Vielleicht kann der Ihnen helfen.«
Ich habe mir also einen Termin geben lassen und diesem Mann dann ein bißchen ängstlich erzählt, was mit mir geschehen war. Er hörte aufmerksam zu, stellte ein paar Zwischenfragen, und dann breitete er die Arme aus und sagte: ›Welcome.‹ Ich hätte die gleiche Kraft wie er, jetzt käme es nur noch darauf an, sie zu schulen.
In den nächsten Jahren habe ich also alle möglichen Ausbildungen gemacht. Ich war in England am Arthur Findley College, hab' in den USA und in Japan alle möglichen Techniken studiert. Ich bin mit den Delphinen geschwommen und habe schließlich auch gelernt, die Stimmen, die immer deutlicher wurden, zu unterscheiden. Und was wichtiger ist, ich habe gelernt, wem ich trauen kann. Mein wichtigster Geistführer ist zur Zeit Bruder Klaus, der einzige Heilige, den die Schweiz je hatte. Aber außerdem sind da auch noch andere.«

Was nicht passieren konnte,
ist niemals geschehen,
und was geschehen konnte, ist kein Wunder.
Also gibt es keine Wunder.

Cicero

Lilos Spezialität ist die Beseitigung von Fremdenenergien: »Ich kann die dunklen Energien, von denen viele kranke Menschen umgeben sind, nicht nur spüren, sondern auch sehen. All diese Schwermütigen, Schizophrenen, Epileptiker oder auch nur die Menschen, die von tiefen Depressionen befallen sind – wenn sie nur wüßten, daß sie tatsächlich besessen oder, besser ausgedrückt, besetzt sind! All das, was immer gesagt wird über Geister, ich schwöre dir, da ist jedes Wort wahr. Ich versuche, diese dunklen Energien mit Gebeten ins Licht zu geleiten.«
»Und das funktioniert?« frage ich überrascht.

»In vielen Fällen ja«, sagt Lilo. »Wenn du willst, kannst du ein Video sehen, das sie in Japan gedreht haben. Ich habe da eine Epileptikerin behandelt. In Japan bin ich mittlerweile ziemlich bekannt. Da ist eine ganze Reihe von Medizinprofessoren, die laden mich immer wieder ein. Stell dir vor, deutsche Medizinprofessoren würden eine Geistheilerin um Hilfe bei der Behandlung psychisch Kranker bitten!«
Aber auch bei ganz alltäglichen Dingen hat sie eine Menge Erfolg. »Nur meine eigene Familie will nichts davon wissen«, erzählte sie schmunzelnd. »Mein Vater war ein begeisterter Angler, in jeder freien Minute stand er bis zum Bauch im Wasser. Natürlich hat er dann im Laufe der Jahre Arthritis gekriegt. Sein Arzt hat ihm immer gesagt, das käme davon, daß er sein halbes Leben im kalten Wasser verbringt, aber er wollte ja nicht hören. Als er dann die Finger überhaupt nicht mehr biegen konnte, ist er von Arzt zu Arzt gelaufen, aber es konnte ihm keiner helfen. Ich habe ihm ein paarmal angeboten, daß ich es versuchen könnte, aber da hat er jedesmal entsetzt abgelehnt. Eines Tages kam er dann von selbst. Mittlerweile konnte er die Angelrute nämlich nicht mehr in den Händen halten, so schlimm waren die Schmerzen. Ich habe ihn dann ein paarmal behandelt, und einige Zeit später stand er dann wieder bis zum Bauch im Wasser und angelte wie zuvor. Ich habe ihn niemals darauf angesprochen. Ich habe ihn oft nur aus den Augenwinkeln beobachtet, wie er dasaß und probehalber immer wieder seine Finger bog, und dabei schüttelte er den Kopf. Zwei Jahre hat er gebraucht. Dann hat er mal zu seinem Arzt gesagt: ›Ich jlaube, meine Tochter hat mich jeheilt.‹ Ich denke, es war ihm immer noch peinlich.«
Kürzlich hat Lilo ihre Heilpraktikerprüfung gemacht. Ganz ohne fremde Hilfe übrigens, wie sie lächelnd berichtete. »Das war unglaublich hart. Am Anfang der Ausbildung, bei der ersten Klausur, habe ich mich überhaupt nicht vorbereitet. Ich bin ganz siegessicher in die Prüfung gegangen und habe mir gedacht: Die [ihre geistigen Helfer] werden dir schon sagen, was du wissen mußt. Das tun sie ja immer. Die Stimmen kamen auch tatsächlich. Und weißt du, was sie gesagt haben? ›Wenn du die Dinge wissen und tun willst, so mußt

du sie erlernen!‹ Das habe ich dann notgedrungen auch getan. Das ganze folgende Jahr lang habe ich von früh bis spät gelernt. Weißt du, daß ich mit Hilfe der Gabe, die mir geschenkt wurde, Krankheiten heilen kann, das ist ja nicht meine eigene Leistung. Aber daß ich die HP-Prüfung bestanden habe, darauf bin ich wirklich und ehrlich stolz!«

Angela Strehler

»Sie bewirkt nicht nur Wunder, sie ist selbst ein Wunder«, hatte mir eine Bekannte über die Nürnberger Heilerin Angela Strehler berichtet. Aber offenbar war sie auch überaus vorsichtig: Ehe ich ihre Telefonnummer erfahren durfte, hatte sie zwei Bücher von mir auf Herz und Nieren geprüft.

Angela Strehler ist ausgebildete Krankengymnastin. Sie behandelte Schmerzen und Verspannungen, aber das hat ihr nie gereicht. Einige Jahre lang erprobte sie alle nur denkbaren Techniken und Therapieformen, machte in der Hoffnung, durch umfassendes Wissen die ideale Behandlungsmethode für ihre Patienten zu finden, eine Fortbildung nach der andern.

»Bis ich plötzlich spürte: Was ich da lernte, war ja alles gut und schön. Aber es gibt keine Technik, keine Therapieform, und sei sie noch so gut, die eine bestimmte Krankheit mit Sicherheit heilen kann.« Und noch etwas begriff sie: »Wer zu mir kommt, hat meist Schmerzen und eine Verordnung für Massagen, Fango und Krankengymnastik in der Tasche. Doch die Ärzte in unserem Krankenhaus, die mir die Patienten schicken, wissen so gut wie ich, daß diese Beschwerden oft nur der offizielle Anlaß sind. Aber was steckt dahinter? Sie selbst sind meist mit ihrem Latein am Ende und hoffen, daß ich da noch etwas machen kann. Zunächst spüren wir in einem langen Gespräch den Ursachen des ständigen Schmerzes in der Schulter nach, der offiziell der Grund für die Behandlung ist. Da kommen die Patienten meist sehr schnell in Bereiche, die mit der

Schulter gar nichts mehr zu tun haben. Oft fließen dann die Tränen, und damit ist der erste Schritt getan.« Hier beginnt ihre Tätigkeit. Was zu tun ist, sagt Angela Strehler, »erspürt« sie. Da ist kein Souffleur aus einer anderen Welt, der ihr ins Ohr flüstert, was dem Patienten fehlt und was dagegen zu tun ist. Sie legt einfach die Hände auf den Nacken und spürt den Beschwerden nach. Dann findet die Hand meist ganz von allein die Stelle, wo die Blockaden sind, und das ist längst nicht immer die Stelle, wo der Patient den Schmerz fühlt. Aber die Kraft, die intuitiv erspürte Krankheitsursache dann auch richtig zu behandeln, kommt aus einer anderen Welt.

»Diese Kraft«, sagt sie, »fließt durch das Scheitelchakra ein und durch meine Hände wieder heraus.« Ihre Aufgabe ist es, diese Energiekanäle sauberzuhalten. »Da dürfen keine Blockaden sein. Ich muß mich, um diese Kraft aufzunehmen und weitergeben zu können, sehr stark von der äußeren Welt abschirmen.« Angela Strehler führt ein fast asketisches Leben. »Kein Fernsehen, Radio, ich gehe nicht einmal einkaufen«, das erledigt ihr Mann für sie, kaum Gäste. Ganz bewußt umgibt sie sich nur mit wenigen Menschen, die ihr guttun. »Und dann springe ich viel Trampolin«, berichtet sie. »Da werde ich richtig durchgerüttelt, das Schütteln löst die Blockaden, ich springe und springe, und dabei dringen ganz von selbst Töne aus meinem Mund, die sich zu ihrer eigenen Melodie zusammenfügen, und diese Töne«, sagt sie lächelnd, »empfinde ich als heilend.«

Ich schaue ein wenig fragend auf ihren runden Bauch – Angela ist im neunten Monat schwanger. Sie fängt meinen Blick auf und lächelt wieder. »Das geht jetzt auch noch.«

Über ihre Erfolge spricht sie nicht, das ist nicht ihre Art. Aber ihre Freundin erzählte mir, daß sie vor allem bei Parkinson, chronischen Schmerzen, MS und Problemen im Genitalbereich Heilungen bewirkt hatte, die man nur als Wunder bezeichnen könne. Es dauerte lange, bis mir die ernsthafte junge Frau die Geschichte erzählte, die für sie selbst das größte Wunder gewesen ist.

Als junges Mädchen hatte sie sich bei einem Unfall den Zeigefinger abgehackt, und ein Chirurg hat ihn so erfolgreich wieder angenäht, daß sie ihre Ausbildung als Krankengymnastin beenden konnte. Das hat sie ihm nie vergessen. Fast zwanzig Jahre später stand dieser Mann plötzlich in ihrem Therapieraum. Sein Freund, der Chefarzt, hätte ihn zu ihr geschickt. Natürlich hatte er keine Ahnung, wer sie war. Auch sie erkannte ihn kaum wieder. Der Mann, den sie als kraftvollen, lebensfrohen Chirurgen in Erinnerung hatte, stand so gebeugt, so schmerzgekrümmt vor ihr, daß er sich kaum noch auf den Beinen halten konnte. Nach einer Herzoperation, bei der man ihm den gesamten Thorax geöffnet hatte, war er ein gebrochener Mann.

»Ich habe ihn behandelt, mit Herzklopfen, aber auch mit großer Freude und tiefer Dankbarkeit, und alles, was an Energie kam, an ihn weitergegeben. Selten habe ich erlebt, daß jemand diese Kraft so aufgesaugt hat; während er dalag, verlangte sein Körper – oder seine Seele – immer mehr davon. Und so habe ich gebetet, das mache ich häufig, daß er durch mich Linderung finden möge. Am Ende der Behandlung habe ich ihm gesagt, er solle noch eine halbe Stunde liegenbleiben und sich ausruhen. Er kam nicht nach einer halben Stunde, nicht nach einer, schließlich ging ich in das Zimmer, in dem er lag, um nach ihm zu sehen. Ich war tief erschrocken. Er lag immer noch auf der Liege, und die Tränen liefen ihm übers Gesicht.

›Ich bin Chirurg‹, sagte er. ›Es wird immer gesagt, daß das besonders gefühllose Menschen sein sollen. Wissen Sie, daß ich in der letzten Stunde nur geweint habe? Sie können sich nicht vorstellen, was mit mir geschehen ist. Ich weiß nicht, was Sie mit mir gemacht haben, aber Ihre Arbeit ist ein Gebet. Ich habe geweint, weil ich als Chirurg mein Leben lang nur Körper aufgeschnitten und die Menschen danach ihrem Schicksal überlassen habe. Aber was Sie machen, das ist Heilung.‹

Er ist dann aufrecht aus der Praxis gegangen, fast leichtfüßig. Er kam noch ein zweites Mal und dann nie wieder. Irgendwann traf ich ihn und fragte, ob er nicht noch einmal vorbeikommen wolle.

›Was soll ich denn bei Ihnen?‹ sagte er lachend. ›Ich fahre wieder Motorrad!‹

Er hat mir dann einen sehr hohen Scheck geschickt, mit der Bitte, ihn anzunehmen. Ich sollte, schrieb er, das Geld dazu verwenden, weiterzulernen, was er als Chirurg sein Leben lang versäumt hätte: was Heilung wirklich bedeutet.«

Heinz P. Kindl

Die »philosophischste« Erklärung dessen, was Heilung ist, bekam ich von dem Münchner Heiler und Heilpraktiker Heinz P. Kindl, der gleichzeitig Künstler, Heiler und Philosoph ist und der, wie seinerzeit Faust, »Theologie, Juristerei und Medizin« studiert hat und danach so klug war »als wie zuvor«.

Als ich Kindl anrief, um einen Termin für ein Gespräch zu vereinbaren, war er gern bereit, hatte aber Zeitprobleme; »Im Moment ist es eng. Meine Frau liegt mit der Grippe im Bett, und ich muß die Kinder hüten.«

»Können Sie da nichts machen, gegen die Grippe?« fragte ich halb im Scherz.

Er antwortete: »Meine Frau geht in Sachen Gesundheit ihre eigenen Wege, und das finde ich auch in Ordnung so. Sie kümmert sich von früh bis spät um die Kinder. Jetzt braucht sic die Grippe, damit sie sich in Ruhe und ohne schlechtes Gewissen ins Bett legen und ausruhen darf.«

Das leuchtete mir natürlich sofort ein. Ich war gespannt, den Mann persönlich kennenzulernen, von dem es hieß, daß er ein begnadeter Heiler sei – und der seine Frau aus Rücksicht krank sein ließ.

Eine Woche später saß ich in seinem Garten, der voll ungewöhnlicher Holzskulpuren stand, und spielte mit seinen beiden kleinen Kindern Ball. Die zweijährige Sophie war von roten Punkten übersät, aber das schien sie nicht weiter zu stören – und den Vater auch nicht. Ich sah den Heiler fragend an.

»Scharlach«, erklärte er.

Ich schickte ihm einen zweiten fragenden Blick, unausgesprochen

hieß das: »Und warum tun Sie nichts dagegen, wenn Sie doch Heiler sind?«
Er sah mich an und lächelte. »Es geht ihr doch gut. Sie hat doch nur Scharlach.«
Da dämmerte mir, daß ich einem Heiler gegenüberstand, für den Heilung nicht unbedingt das Fehlen von Krankheit bedeutete.
»Eine schwere Krankheit ist immer mit Leid verbunden«, erklärte er mir später unterm Apfelbaum seine Philosophie.

Nach unserer ... Ansicht wird in der Medizin der neuen Zeit der Arzt als Heiler wieder eine ungleich größere Rolle spielen, als das in der vergangenen Epoche der Fall war.
Harald Kinadeter

»Die Frage ist aber stets, wie schwer man sich durch das Leid – oder Leiden – reduzieren läßt. Wenn man sich auf das Leid konzentriert, ist die Welt nicht viel kleiner als das Leid. Wenn man jedoch nach außen schaut, sieht man die Welt und kann das Leid vielleicht sogar ohne Wertung betrachten. Dann ist das Leid nicht mehr so gewichtig. Ich erinnere meine Patienten daran, daß sie frei sind. Sie tragen einen Aspekt in sich, der allesumfassend ist. Man kann heraus aus seinem Leid – sofern man es will. Krankheiten entstehen immer aus Disharmonie. Wenn ein Symptom auftritt, bedeutet das: Der Mensch kommt nicht drum herum, einen Schritt nach vorn zu machen, und wenn er sich noch so sträubt. Macht er diesen Schritt, so kann Heilung geschehen. Macht er ihn nicht und geht statt dessen von Arzt zu Arzt oder von Heiler zu Heiler, dann verschwindet vielleicht das Symptom, aber es kommt mit Sicherheit ein neues.«
»Aber die Leute kommen auch mit ihren Symptomen zu Ihnen, und sie möchten auch von Ihnen von ihren Krankheiten geheilt werden«, wandte ich ein.
»Das tue ich auch«, entgegnete er ernsthaft. »Aber ich versuche zugleich, ihnen zu helfen, ihr Bewußtsein zu ändern.«

»Und wie gehen Sie dabei vor?« fragte ich.
»Zunächst vermeide ich es nach Möglichkeit, der Krankheit einen Namen zu geben. Denn erst wenn sie einen Namen hat, dann wird sie konkret und für den Patienten zum Problem. Dann schießt er sich auf die Krankheit ein. Es ist meist besser, den ›geheimen Namen‹ der Krankheit nicht zu kennen, denn von Haus aus, daran erinnere ich die Patienten immer wieder, sind wir gesund.«
»Aber sie haben nun mal die Symptome, wenn sie zu Ihnen kommen«, beharrte ich.
»Und ob«, entgegnete Heinz P. Kindl gelassen. »Und die versuche ich natürlich auch so gut wie möglich zu beseitigen. Aber das hat nichts mit Heilung zu tun.«
»Trotzdem möchte ich gern von Ihnen wissen, welche Techniken Sie verwenden«, erkläre ich.
»Zunächst kommt die Diagnose«, erinnerte er mich. »Mit der Heilung ist es wie in der Kunst und in der Musik. Da werden einem in der Intuition Bilder gezeigt. Aber es gehört Bescheidenheit dazu. Ich muß mich selbst, mein Urteil, meine Meinung vollständig aus der Sache herausnehmen. Dann sagt mir eine innere Stimme, wo das Problem ist. Folge ich meiner eigenen Meinung, dann liege ich manchmal daneben, obgleich ich natürlich aufgrund meiner Erfahrung auch oft recht habe.«
»Und wie gehen Sie dann weiter vor?« fragte ich.
»Das kommt eben ganz darauf an. Ich habe eine ganze Latte von Techniken, aber das ist nur das Handwerkszeug. Viele Heilerkollegen schließen sich nur an die große Tankstelle an und lassen die heilende Energie nur durch sich durchfließen. Ich bin da präziser. Ich sehe Nierensteine und löse sie auf. Manchmal reicht es, wenn ich die Hand eines Patienten ergreife, und er weint eine halbe Stunde lang – ohne jeden erkennbaren Grund – und danach ist er geheilt. Und ein anderes Mal schneide ich einem mit imaginären Laserstrahlen ein Geschwür aus der Leber. Oder wenn eine Frau schwanger ist und das Kind zu diesem Zeitpunkt ›nicht gebrauchen‹ kann, dann erkläre ich das dem Kind und bitte es, zu gehen und zu einem späteren Zeitpunkt

wiederzukommen. Das klappt praktisch immer. Aber wie ich heile, das ist eine Frage, die ich nicht beantworten kann. Letztlich muß man sich als Heiler bewußt sein, daß es immer Gott ist, der heilt, denn mit seiner persönlichen Kraft ist man schnell am Ende. Und dann«, fügte er vorsichtig hinzu, »braucht man letztendlich die Liebe. Ohne die kann man zwar einiges ausrichten, aber auf die Dauer funktioniert es nicht. Deshalb braucht man meiner Meinung nach auch keine Angst vor Scharlatanen zu haben. Wenn sie die Liebe nicht haben, dann können sie zwar nicht viel erreichen, aber sie können auch keinen großen Schaden anrichten. Denn jeder Heiler hat den Patienten, den er verdient. Umgekehrt gilt das natürlich auch.

Wenn jemand zum Heiler geht, obgleich man immer davon überzeugt war, daß das nichts weiter als Hokuspokus ist, dann setzt das immer einen Gedankenwandel voraus. Tief in unserem Innersten ist der Glaube an Gott in jedem von uns vorhanden. Wenn man bereit ist, den Verstand niederzubügeln, und sei es auch nur aus tiefster innerster Betroffenheit, dann ist schon der erste Schritt in Richtung zum Göttlichen hin getan. Je größer der Schritt, desto besser der Heiler, an den er gerät. Und nur wenn der Schritt groß genug ist, kann Heilung geschehen.«

Astrid: Tragern oder Die unbeschwerte Leichtigkeit des Seins

Die Heilpraktikerin Astrid Draxler hat mir ein freundliches Schicksal über den Weg geschickt. Ich war beim Schreiben in der Phase angekommen, in der man nur noch den Kopf und den Rücken spürt, und mindestens der Rücken tut immer weh. Bei einer Veranstaltung, in der es um alternative Heilmethoden ging, beobachtete sie mich aus den Augenwinkeln: »Ziemlich viel vorm Computer gesessen, oder?«

Ich nickte: »Das kann man wohl sagen.«

»Weißt du, was ›Tragern‹ ist?«

Ich schüttelte den Kopf. »Keine Ahnung. Mußt du mir erklären.«

Sie gab mir ihre Visitenkarte. »Ruf mich einmal an. Das mußt du am besten selbst ausprobieren.«
Irgendwann machte ich also einen Termin mit ihr aus und ging ohne besondere Erwartungen hin: erschöpft, gestreßt, mit wehem Kreuz. Ich zückte meinen Filzschreiber und sagte: »Okay, erklär mir, was ›Tragern‹ ist.«
Sie schüttelte den Kopf. »Zieh dich aus und leg dich auf die Massageliege. Ich zeig's dir. Tragern muß man erleben. Du brauchst nichts zu tun. Laß einfach nur geschehen und genieß. Ich erinnere deinen Körper wieder daran, wie es ist, wenn man sich leicht, locker und einfach wohl fühlt. Ich zeige ihm, wie es sich anfühlt, wenn es ihm gutgeht. Diese Erinnerung wird dann im Gewebe gespeichert, und wenn er es mal wieder nötig hat, kann er das damit verbundene Gefühl abrufen.«
Ich war mir mehr als sicher, daß mein Körper das nicht tun würde. Aber was soll's, dachte ich, legte mich auf die Liege, wurde in eine warme, weiche Decke eingehüllt und schloß die Augen. Ich habe keine Ahnung, was sie machte, aber innerhalb von wenigen Minuten erzeugten ihre sanften, weichen, wiegenden Bewegungen in meinem Körper tiefes Wohlbehagen und riefen zugleich die unterschiedlichsten Empfindungen, Erinnerungen und Bilder hervor, und alle waren nur schön. Jede einzelne Zelle in mir schimmerte und tanzte. Ich, der ich alles andere bin als ein Körpermensch, spürte, wie ich immer leichter wurde, weicher, sensibler, bis ich mich schließlich fühlte wie eine Wolke, die am Himmel tanzt, wie eine Schneeflocke oder wie die Daunendecke, die von Frau Holle aufgeschüttelt wird. Nacheinander wurden Kopf und Becken, Arme und Rücken bewegt, gewiegt, gedreht, gerollt. Sie nahm mit jedem einzelnen Teil meines Körpers Kontakt auf, feine Wellenbewegungen durchliefen meinen Körper, die Bilder wurden immer intensiver, das Gefühl des Friedens immer vollkommener. Schließlich verlor ich jedes Gefühl von Zeit und Raum, da war nur noch Fröhlichkeit, Ruhe, Gelassenheit – und tiefes Staunen: »So kann man sich also auch fühlen!«
Als die Behandlung zu Ende war, war ich tief enttäuscht. »Am

Wer ist Milton Trager?

Dr. med. Milton Trager gilt als der Poet der neuen Körpertherapieformen. Der Sportler, Tänzer, Akrobat, der erst viel später Medizin studierte, entwickelte eine Körper- und Bewegungsschulung, die wohl einmalig auf der Welt ist. Schon in jungen Jahren behandelte er mit seinem Ansatz, der aus Leichtigkeit geboren ist, Kinderlähmung und schwere Behinderungen. Während des Krieges zauberte er als Physiotherapeut vielen neuromuskulär geschädigten Kriegsopfern die Schmerzen weg. Erst danach studierte er Medizin. Irgendwann überzeugte ihn jemand, daß er seine Methode weitergeben müsse. Seitdem gibt es in verschiedenen Ländern Zentren zur Ausbildung von Trager-Therapeuten. Die Anschrift für Deutschland finden Sie am Ende des Buches.

liebsten würde ich jeden Tag zu dir kommen«, sagte ich. »Mein Körper wird vermutlich ganz süchtig nach dem Gefühl der Leichtigkeit und der Freude. Ich habe gar nicht mehr gewußt, daß es so etwas gibt.«
»Brauchst du nicht«, sagte Astrid. »Es wäre schön, wenn du wiederkämst. Aber du wirst sehen, dein Körper erinnert sich wieder daran. Er hat die Erinnerung, wie es sein kann, jetzt wieder neu in seinen Zellen gespeichert. Das vergißt er nun nicht mehr so schnell.«
Die Zaubermethode, habe ich erfahren, heißt »Tragern« nach dem amerikanischen Arzt und Physiotherapeuten Dr. Milton Trager, der sie erfunden hat. Die Kombination aus sanfter Massage, Meditation und Bewegung hat viele Namen und erhöht, so die offizielle Beschreibung, Energie und Vitalität, steigert die Beweglichkeit, verspricht größere Entspannungsfähigkeit und innere Ruhe. Sie soll helfen gegen alle streßbedingten oder psychosomatischen Erkran-

kungen, vom Asthma über die Migräne bis zum Bluthochdruck, vor allem gegen Schmerzen.

»So viele Menschen«, sagte Astrid, »werden sich erst ihres Körpers bewußt, wenn sie Schmerzen empfinden. Dabei empfindet der Körper selbst gar keinen Schmerz. Schmerz wird vom Geist registriert. Er führt vom geschädigten Körperteil über viele Stationen im Nervensystem zum Geist. Je angespannter und schmerzhafter ein Körperteil sich anfühlt, desto sanfter mußt du zu ihm sein. Spiele mit Schmerz und Spannung, die du fühlst. Versuche nicht, sie loszuwerden. Versuche statt dessen, eins zu werden mit der Energie, der Lebenskraft, die uns überall umgibt.«

»Das sagst du so leicht«, sagte ich. »Die Methode ist sicher hervorragend. Aber genauso wichtig ist es, die Gabe zu besitzen, mit deinen Händen diese Gefühle hervorzuzaubern. Du hast Heilerhände, nicht war?«

»Ich habe auch mit dem Kopf angefangen«, erzählte sie. »Dann hatte ich immer das Gefühl, ich muß etwas mit den Händen tun. Solange ich zurückdenken kann, wollten die Menschen von mir angefaßt werden. Von manchen wollen sie Zuwendung, Worte, Verständnis oder Medikamente, wenn es ihnen nicht gutgeht. Von mir wollten sie, daß ich sie berühre. Später in der Heilpraktikerschule hat mein Lehrer dann mal gesagt: ›Mädchen, du brauchst nichts zwischen deine Hände tun.‹ Ich habe dann alle möglichen Techniken ausprobiert und bin beim Tragern geblieben. Da kann ich am leichtesten spüren, was der Körper der Patienten für Nachrichten hat. Und die Menschen sind glücklich, wenn sie aus der Praxis gehen. Leider kommen sie nicht so oft wieder. Der Körper hat sich nämlich während der Behandlung gemerkt, wie er das gute Gefühl selbst wiederbekommen kann.«

Das, muß ich ehrlich sagen, habe ich ihr bei aller Begeisterung nicht geglaubt. Ich bin an meinen Computer zurückgekehrt und dachte, alles sei so wie immer. Bis mir plötzlich, das Buch war fast fertig, auffiel: Ich hatte seit sechs Wochen keine Rückenschmerzen mehr gehabt!

Je weiter die Reise, desto größer das Wunder?

Ich selbst würde bei bestimmten
chronischen Erkrankungen
nicht einmal davor zurückschrecken,
ein Flugticket nach England,
Bulgarien oder Brasilien zu lösen.
Harald Wiesendanger

Gelegentlich hört man Wundergeschichten aus anderen Ländern, die die Welt hellhörig machen und den Schwerkranken neue Hoffnung verleihen. Wer von der Schulmedizin aufgegeben wurde und nichts mehr zu verlieren hat, ist nur zu bereit, diese Geschichten zu glauben. Da wird berichtet, daß es auf den Philippinen Heiler gibt, die auf magische Weise den Leib eines Schwerkranken mit den Händen öffnen, Krankheitsherde herausholen und die Wunde schließen, ohne daß auch nur eine Narbe zurückbleibt. Da ist die Rede von brasilianischen Geistchirurgen, die unter der Kontrolle eines längst verstorbenen Arztes in Sekundenschnelle, mit bloßen Händen, Küchenmessern oder Nagelscheren, riesige Tumoren aus dem Körper holen, ohne daß der Patient etwas davon spürt. Da hört man von Heilern in England, die nichts weiter tun, als einem Kranken die Hände aufzulegen – und schon können Gelähmte laufen, und Blinde werden sehend. Oder von Hawaii und Australien, wo die Ureinwohner schwere Knochenbrüche allein durch Gedankenkraft innerhalb von Stunden heilen. Über das alte Rußland, wo ein Bauer namens Rasputin die Welt ins Verhängnis stürzte, weil er als einziger imstande war, die schweren Blutungen des hämophilen kleinen Thronfolgers unter Kontrolle zu bekommen, und dadurch eine verhängnisvolle Macht über seine Mutter, die Zarin Alexandra, besaß.

Wenn es solche Kräfte offensichtlich gibt, aber nicht im eigenen Lande, warum soll man die Heilung nicht woanders suchen, denkt derjenige, der nichts mehr zu verlieren hat, und macht sich hoffnungsvoll auf den weiten Weg, dem Wunder entgegenzugehen.
Die Ärzte in der Heimat schütteln ungläubig und unwillig den Kopf. Für die Schulmedizin ist das, was angeblich in der Fremde geschieht, medizinisches Mittelalter, Quacksalberei, und die meisten Ärzte begegnen den Wunderheilern mit noch mehr Mißtrauen als den einheimischen. Die Kranken, behaupten sie, kehren, wenn überhaupt, von solchen anstrengenden Reisen noch kränker als zuvor und in tiefer Hoffnungslosigkeit in die Heimat zurück. Falls sich hier und da wirklich jemand besser fühlen sollte, dann wäre das allenfalls ein kurzfristiger psychologischer Effekt.
Wenn es allerdings wirklich so sein sollte, wie viele behaupten, daß es in anderen Kulturen Heiler und Methoden gibt, die zu heilen oder zu lindern vermögen, wo die konventionelle Medizin mit ihrem Latein am Ende ist: Wäre es dann nicht sinnvoll, sich ernsthaft mit solchen Fähigkeiten zu befassen, selbst dann, wenn das bedeuten würde, daß unsere westliche Medizin ihren Standpunkt völlig zu revidieren hat?
Lassen Sie uns gemeinsam einen Blick über den Zaun werfen, schauen, was in anderen Ländern geschieht oder geschah, und dann entscheiden, ob dort das Gras wirklich grüner ist. Denn eines ist sicher: Den anderen geht es, wenn sie nach Heilung suchen, nicht anders.
Während bei uns in Europa gerade der afrikanische Schamane »Papa Elie« Schlagzeilen macht, weil er angeblich einen berühmten deutschen Schauspieler geheilt hat, erreicht mich ein Anruf von Lilo Müller-Slumiok, der Heilerin, von der ich Ihnen berichtet habe. Nelson Mandela hat sie eingeladen, nach Südafrika zu kommen und dort führenden Regierungsmitgliedern zu zeigen, wie westliche Heiler arbeiten.

Die magischen Hände der Filipinos

Jede Kultur hat ein Gebiet,
auf dem sie anderen Welten voraus ist.
Ihr im Westen habt eure Technologien.
Wir Filipinos haben die Gabe
der Heilung bekommen.
Lino, philippinischer Wunderheiler

Seit über zwanzig Jahren landen Woche für Woche in der philippinischen Hauptstadt Manila Charterflugzeuge aus aller Welt, vollbeladen mit Schwerkranken und ihren Angehörigen, für die ein Besuch oft die letzte Hoffnung ist. Ihr Ziel sind die philippinischen Wunderheiler, die, so wird behauptet, jede Krankheit heilen können. Durch magische oder, wie sie selbst gern sagen, göttliche Kraft öffnen sie angeblich mit bloßen Händen bei ihren Patienten, die bei vollem Bewußtsein sind, Bauch oder Brustkorb, ohne Skalpell und ohne Narkose und ohne daß der Patient davon mehr spürt als einen leichten Schwindel oder ein diffuses kurzfristiges Unbehagen. Sind die Krankheitsherde entfernt, schließt sich die Wunde wie von selbst und ohne daß auch nur die kleinste Narbe zu erkennen ist. Man sieht nicht einmal, wo der »Schnitt« stattgefunden hat.
Wunder oder Varietétrick? Nichts weiter als ein billiger Trick, behauptet der amerikanische Magier und professionelle Wunderdetektiv James Randi, der es sich zur Lebensaufgabe gemacht hat, Scharlatane jeglicher Couleur in der magischen Szene aufzudecken, und der mit den philippinischen Heilern besonders gnadenlos ins Gericht geht: Jeder mäßig begabte Zauberer oder Vorstadtillusionist beherrsche diesen Trick. Randi zufolge arbeiten die Filipinos mit zwei Methoden: Die gebräuchlichste Form sei relativ unschädlich, zumindest in physischer Hinsicht; da fände in Wirklichkeit gar kein Eingriff

statt, auch wenn der Patient und alle Umstehenden fest vom Gegenteil überzeugt wären. Das Blut und die »Gewebereste« würden mittels eines Tricks »aus dem Körper« geholt. Da kein Schnitt gemacht würde, sei auch eine Infektion kaum möglich. Die zweite Form ist laut Randi gefährlicher. Da würde – vom Patienten meist unbemerkt – ein kleiner Schnitt in den Körper gemacht und durch Schröpfen und Hereinschmuggeln von kleineren Gegenständen der Eindruck erweckt, es sei etwas aus dem Körper herausgeholt worden. Wie ein solcher »Eingriff« im einzelnen vor sich geht, hat Randi selbst einmal im Fernsehen vorgeführt. Offenbar hat er mit dieser Demonstration aber nicht allzu viele Zuschauer überzeugen können. Der Reiseboom auf die Philippinen, der im Jahr 1966 begann, als ein amerikanischer Journalist mit einem Bericht über die wunderkräftigen Filipinos aus Asien zurückkam und ein Buch darüber veröffentlichte, hält bis heute unvermindert an.

Dabei praktizieren die Filipinos inzwischen längst nicht mehr nur in ihrer Heimat. Viele von ihnen gehen einmal im Jahr auf Welttournee. Sie lassen sich von geheilten Patienten oder sonstigen Fans auf der ganzen Welt einladen und mieten (aus rechtlichen Gründen, da sie in Europa und den USA offiziell nicht praktizieren dürfen) meist ein Hotelzimmer für ihre Behandlung. Um Patienten müssen sie sich keine Sorgen machen. Die Nachricht von ihrem Aufenthalt spricht sich herum wie ein Lauffeuer, die wirklich Kranken wie die Neugierigen stehen buchstäblich Schlange.

Die Filipinos arbeiten meist im Namen Gottes, sie geben sich sehr fromm, und obendrein verdienen sie sich goldene Nasen, selbst wenn sie offiziell kein Honorar verlangen: Sie arbeiten auf Spendenbasis, wobei die Höhe der Spenden freilich vorher festgesetzt wird. Die Heiler lassen die Patienten während ihres Aufenthaltes möglichst täglich kommen, jedesmal ist ein neues Honorar fällig. Auf den Philippinen arbeiten die Cleversten schon lange nicht mehr in ihren abgelegenen Heimatdörfern, sondern direkt in Manila, in der Suite eines Luxushotels, und es wird gesagt, daß manche mittlerweile die Hotels, in denen sie ihre Patienten empfangen, längst in ihrem Besitz

haben. Böse Zungen behaupten, daß sie auch die Bordelle aufgekauft haben, in denen sich die Touristen während ihres Aufenthaltes amüsieren.
Gelegentlich reisen westliche Fernsehteams auf die Philippinen, um die Heiler bei der Arbeit zu filmen. James Randi beschreibt drastisch den Frust eines britischen Fernsehteams, das versuchte, die phantastischen Behauptungen der Wunderheiler zu dokumentieren, und auch die fast ekstatischen Hoffnungen der Todkranken protokollierte, die bereit waren, alles zu glauben, und, als sie die Insel verließen, fest davon überzeugt waren, geheilt worden zu sein. Das Fernsehteam verfolgte das weitere Schicksal der Mitglieder einer britischen Reisegruppe, die sie während ihres Aufenthalts in Manila mit der Kamera begleitet hatten, und schilderte, was aus ihnen wurde: Einer starb schon auf den Philippinen, alle übrigen nach ihrer Rückkehr, bis auf einen, der angeblich unheilbar erblindete. Und schließlich wurde in dem Film noch gezeigt, wie die Heilermafia die Hotels, die Restaurants etc. ihrer Kundschaft kontrollierte.
Überflüssig zu sagen: Wenn jeder über die philippinischen Heiler so dächte wie James Randi, dann wären sie längst vergessen. Es gibt jedoch noch eine andere Seite, die mindestens genauso ernst zu nehmen ist wie die der Kritiker: Die Vertreter dieser Richtung geben unumwunden zu, daß sich hier etliche schwarze Schafe tummeln. Aber sie sind grundsätzlich davon überzeugt, daß das Phänomen der philippinischen Heiler existiert und daß an ihrer Fähigkeit, auf diese Weise zu heilen, nicht zu rütteln ist, so schwer man das mit dem normalen Verstand auch akzeptieren kann.
Die geheimnisvolle Heilkunst wird meist innerhalb der Familie weitergegeben. Die »Heilerregion«, aus der die meisten stammen, ist der Norden der Insel Luzon, zehn bis elf Busstunden von Manila entfernt. Die Heiler selbst sind meist ganz schlichte, ungebildete Menschen, die manchmal weder lesen noch schreiben können und von Medizin eingestandenermaßen gar nichts verstehen.
Zwei Gruppen sind es, die sich besonders stark für die Heiler interessieren: Die Todkranken, die hier ihre letzte Chance auf Heilung

Tony Agpaoa, Superstar unter den Filipinos

Tony zählt unter den zahlreichen schillernden Superstars der Szene sicher zu den ersten: Als er 1984 an einer Gehirnblutung starb, hatte er nicht nur eine lange und erfolgreiche Karriere hinter sich, sondern auch zahllose Tests von westlichen Wissenschaftlern mit Bravour bestanden. Niemand schaffte es, ihm Betrug nachzuweisen, allenfalls gelegentliche Mißerfolge, vor allem bei Patienten aus dem Westen. Der Erfolg seiner Energieübertragung hing in erster Linie davon ab, wie aufnahmebereit die Patienten waren. Wenn sie ihre Skepsis nicht überwinden konnten, wurden sie viel seltener geheilt. Und er mußte sich mehr anstrengen. Trotzdem kamen seine Patienten aus dem Westen in Scharen in seine Klinik in Baguio City.
Am Ende seines Lebens war er nicht nur sehr berühmt, sondern auch sehr reich. Aber das führte dann auch zu seinem Niedergang. Als seine Honorarforderungen zu astronomisch wurden, verließen ihn seine Kräfte. So wie es auch heißt, daß die philippinischen Heiler auf Europatournee immer nach einiger Zeit nach Hause zurückkehren müssen, um sich energiemäßig wieder aufzuladen.
Die populäre britische Heilerin Doris Collins* schreibt in ihren Memoiren über ihren Besuch in Manila bei den Brüdern

suchen, und die Ärzte und Journalisten, die entweder eine Sensation suchen oder aber den Heilern auf die Schliche kommen und sie des Betrugs überführen wollen. Um es gleich zu sagen: Alle kommen auf ihre Kosten, weil jeder das sieht, was er sehen möchte. Es

* Doris Collins: *A Woman of Spirit*, London 1985

Romy und Placido Bogorin: »Während unseres Aufenthaltes in Manila kam in unser Hotel eine Gruppe Engländer, alle hatten Krebs im fortgeschrittenen Stadium. Man hatte ihnen gesagt, es gäbe keine Hoffnung mehr, und so griffen sie alle nach einem letzten Strohhalm. Sie sahen samt und sonders aus wie wandelnde Leichen. Zwei Tage später, nach der Behandlung bei den Bogorins, tanzten sie alle im Ballsaal. Ich kann nicht sagen, ob ihr Wohlbefinden nur kurzfristig war oder ob ihre Heilung angehalten hat, aber es gehörte mit Sicherheit zu den wunderbarsten Dingen, die mir begegnet sind, es grenzte mit Sicherheit an ein Wunder ...
Das erstaunlichste, das ich sah, war eine Operation bei Romy Bogorin: Er nahm, so hatte es jedenfalls den Anschein, das Auge eines Patienten aus der Höhle und legte es auf die Wange des Mannes. Dann reinigte er die Augenhöhle mit Wasser und setzte das Auge wieder ein. Ich sage, es hatte den Anschein, denn natürlich läßt sich das, was ich erlebt habe, nicht logisch erklären, der gesunde Menschenverstand sagt einem, daß man das Auge eines Menschen nicht einfach herausnehmen kann wie bei einer Puppe. Und doch habe ich mir das nicht eingebildet. Ich bin überzeugt, daß ich es gesehen habe. Zum Glück war [ihre Freundin] Marjorie Horton auch dabei, eine ehemalige OP-Schwester, als die ›Operation‹ durchgeführt wurde. Sie ist mein Zeuge.«

---

trifft ohne Zweifel zu, daß sich auf den Philippinen eine Schar begnadeter Schummler tummelt, die bei gutgläubigen Schwerkranken Schweineblut und falsches Gewebe aus dem Körper zaubern wie ein Varietékünstler Kaninchen aus einem Zylinder. Und die dafür kräftig abkassieren, solange der Patient am Leben ist. Aber nicht alle Heiler sind Betrüger. Zumindest ein Teil von ihnen besitzt ohne jeden

Zweifel die Gabe der Heilung, wie gutdokumentierte Fälle beweisen. Ob sie wirklich in der Lage sind, Materie – meist die Bauchdecke – mit bloßen Händen zu durchteilen, oder ob sie nur den feinstofflichen Körper des Patienten behandeln, mag dahingestellt bleiben. Die Filipinos lassen sich zwar auf die Finger schauen, aber nicht in die Karten.

Sie selbst behaupten meist, ihre Heilungsrate läge bei etwa 30 Prozent. Die Einschätzungen westlicher Mediziner sind längst nicht so optimistisch. Die deutsche Ärztin Dr. Sigrun Seutemann hat anhand von 1200 Fällen eine Statistik über Heilungserfolge von Patienten aus dem Westen erstellt. Natürlich waren das in erster Linie Schwerkranke, für die die Wunderheiler die letzte Hoffnung darstellten. Nach Dr. Seutemann kam es in 2 Prozent der Fälle zu einer Spontanheilung. Bei 10 Prozent war nach zwei Wochen eine deutliche Besserung zu verzeichnen, 30 Prozent verspürten eine gewisse Besserung. Weitere 20 Prozent fühlten sich nach zwei Monaten gesünder – und die Tests, die ihre Ärzte durchführten, bestätigten das. 18 Prozent waren nicht auffindbar, und bei 10 Prozent war keinerlei Veränderung eingetreten. Dr. Seutemann selbst war bei zahlreichen Operationen anwesend und hat, wie sie sagt, so manches Wunder beobachtet, allerdings niemals, daß ein Gelähmter am Ende der Behandlung aufstand und ohne seinen Rollstuhl davonging.

Genau das hat allerdings die Münchner Heilpraktikerin Johanna Arnold erlebt. Sie reiste in den siebziger Jahren mit dem Schweizer Psychotherapeuten Dr. Nägeli und einer Gruppe von Ärzten und Heilpraktikern auf die Philippinen und erlebte dort, wie ein Schwerkranker, der im gleichen Flugzeug wie sie angereist war, im Rollstuhl zu dem Heiler Tony Agpaoa gebracht wurde (siehe Kasten). Der Mann konnte schon seit Jahren nicht mehr laufen, er hatte, das bewiesen die mitgebrachten Röntgenaufnahmen ohne jeden Zweifel, in beiden Beinen eine völlig aufgelöste Kniescheibe, da war nur noch eine schwammige Masse.

»Ich weiß, was heute über Tony Agpaoa gesagt wird«, erzählt Johanna Arnold. »Aber ich habe mit eigenen Augen gesehen, wie dieser Patient ohne seinen Rollstuhl ins Flugzeug stieg. Und ich habe auch noch zwei, drei Jahre mit ihm Kontakt gehabt und weiß, daß die Heilung zumindest während dieser Zeit angehalten hat.«

Johanna Arnold hat persönlich erlebt, wie Agpaoa Pflaster durchtrennte, ohne sie zu berühren, aus 2 bis 3 Zentimeter Abstand, durch den aus seinen Händen austretenden energetischen Strahl.

»Natürlich habe ich mir im nachhinein viele Gedanken gemacht, wie so etwas möglich ist«, berichtete sie. »Eine absolut überzeugende Erklärung habe ich immer noch nicht. Aber ich habe etwas bei Paracelsus gelesen, das mich sehr erstaunt hat, und gleichzeitig beruhigt. Paracelsus schreibt ja in dieser sehr, sehr schwer zu verstehenden Sprache. Aber sinngemäß kann ich den Text noch heute auswendig: ›Und dann‹, schreibt er, ›gibt es noch solche, die haben die Fähigkeit, nur mit den Händen einen Leib zu öffnen, hineinzugreifen und die Krankheit herauszuholen, wie wir, wenn wir ins Wasser greifen und einen Fisch herausholen, und dann schließt sich das Wasser wieder.‹

Das hat er vor ungefähr 500 Jahren geschrieben. Fünf Jahrhunderte bevor die ersten Zeitungsartikel in Europa über die philippinischen Heiler erschienen sind. Da habe ich gedacht, Donnerwetter, der muß also einmal so etwas in dieser Richtung erlebt haben, sonst würde es nicht zu seinem Erfahrungsschatz zählen. Das bedeutet also, daß die Fähigkeit zumindest ansatzweise auch in unserem Kulturkreis vorhanden gewesen sein muß.«

Der Biologe Lyall Watson, Autor des Bestsellers *Supernature,* der paranormale Phänomene auf der ganzen Welt studiert hat, bereiste selbstverständlich auch die Philippinen. Dort ist er einem Heiler begegnet, der den Leib seiner Patienten nicht einmal berühren mußte. Er begnügte sich damit, seine Hand etwa 25 Zentimeter über den Körper des Betreffenden zu halten und auf dessen Haut zu deuten, und schon zeigte sich dort eine Einschnittwunde. Watson war nicht nur Augenzeuge mehrerer Vorführungen der psychokinetischen chirurgischen Fähigkeiten dieses Mannes, sondern er erhielt auch eines Tages, als der Heiler seine Finger weiter kreisen ließ als gewöhnlich, eine Schnittwunde auf dem eigenen Handrücken. Die Narbe sei noch heute zu sehen, und wenn an dieser Geschichte nichts ungewöhnlich sein sollte, dann zumindest dieser letzte Hinweis: In der Regel hinterlassen die Eingriffe der Heiler nämlich keinerlei Narben.

Ein befreundeter Münchner Arzt, der ein halbes Jahr auf den Philippinen gelebt hat (und von den Dorfbewohnern gern und häufig konsultiert wurde), ging seinerseits mit seinen Hämorrhoiden, die ihn seit Jahren quälten und die allen konventionellen Behandlungsmethoden widerstanden hatten, zum einheimischen Wunderheiler:

»Frag mich nicht«, sagte er auf meine Frage nach seinen Erfahrungen lachend. »Er hat ein Stück Draht aus mir herausgezogen – wie es hereingekommen ist, weiß ich nicht, aber meine Frau hat zugeschaut und es mit eigenen Augen gesehen. Danach hat er mich nach Hause geschickt. Das ist jetzt fünfzehn Jahre her. Ich habe nie wieder Hämorrhoiden gehabt.«

Ich selbst bin nie auf den Philippinen gewesen. Aber ich habe einige Tage lang bei einem Filipino »assistiert«, der während seiner Deutschlandtournee in München Station machte. Das heißt, ich habe die Patienten empfangen, übersetzt, welche Beschwerden sie, wenn überhaupt, hatten; viele waren nämlich kerngesund und eigentlich nur aus Neugier gekommen. Ein Teil von ihnen war allerdings wirklich, wenn auch nicht lebensbedrohend, krank.

Lino, den Heiler, interessierten die mitgebrachten Diagnosen und Röntgenbilder übrigens so gut wie gar nicht. Häufig hatte ich die Vermutung, daß ihm die Bezeichnung der Krankheit gar nichts sagte, obgleich er ziemlich gut Englisch sprach. Er lächelte einfach, nickte zustimmend und machte sich an die Arbeit. Manchmal gab er den Patienten nur eine (hervorragende) Massage, insofern war die Behandlung in jedem Fall ihr Geld wert. Aber häufig griff er auch ohne jede Vorbereitung durch die Bauchdecke in den Körper ein und entfernte »Blockaden«, wie er das nannte.

Welcher Art die Blockaden waren, ließ sich nicht feststellen. Gewebematerial, das man hätte histologisch untersuchen können, gab es nicht, der Heiler behauptete, er verbrenne alles mit der Energie seiner Hände. Blut gab es reichlich, auch auf meiner Bluse, aber ich bin nie auf die Idee gekommen, die Spritzer auf Echtheit untersuchen zu lassen. Ich habe, obgleich ich ihn mehrere Tage lang scharf beobachtete, auch keinen Trick erkennen können, was freilich nicht heißt, daß er keinen benutzt hat.

Der Erfolg? Wie immer in solchen Fällen: Einige Patienten erklärten im nachhinein, sie fühlten sich genauso wie vorher. Andere [die meisten] genossen die erstklassige Massage, sie fühlten sich danach »wie neugeboren«, und einige waren überzeugt, daß er sie tatsächlich geheilt hatte.

Lena aus München zum Beispiel. Sie litt unter einer extrem schmerzhaften Skoliose. Die verbogene Wirbelsäule war mehrfach operiert und mit Metallplatten verstärkt worden. Trotzdem litt Lena immer noch häufig unter unerträglichen Schmerzen. Keiner der zahllosen medizinischen Experten, die sie aufgesucht hatte, konnte ihr helfen. Als ihr ein Freund aus dem Golfclub von dem philippinischen Wunderheiler auf Europatournee erzählte, ließ sie sich spontan einen Termin geben. Ohne Hoffnung, wie sie sagte, mehr aus Verzweiflung: Was hatte sie schon zu verlieren? Sie verlor ihre Schmerzen in der linken Körperseite. Bis heute, mehrere Jahre nach Linos Aufenthalt, sind sie nicht wiedergekommen. Nun hofft Lena, daß der Heiler beim nächsten Besuch auch ihre rechte Körperseite vom Schmerz befreien kann. »Wenn er nicht wiederkommt, reise ich ihm notfalls auch auf die Philippinen nach«, erklärte sie entschlossen.

Natürlich brannte ich darauf, von ihm selbst ein paar Einzelheiten über seine Methode zu erfahren, aber ich konnte nichts aus ihm herausbringen. Doch eines Abends nach Feierabend vertraute er mir an: »Ich behandle immer nur den Geistkörper des Patienten.«

»Warum machst du dann dieses dramatische Spiel mit dem Eingriff in den physischen Körper?« fragte ich überrascht. »Willst du deinen Patienten damit imponieren?«

Er schüttelte lächelnd den Kopf: »*Ich* brauche es nicht, aber die Patienten. Wenn sie Blut fließen sehen, glauben sie eher, daß sie geheilt sind, und dann sind sie es auch eher. Zumindest für eine Weile.« Und dann fügte er noch hinzu: »Wer wirklich geheilt ist, hat eine Erfahrung gemacht, die sein ganzes Leben verändern müßte. Ändert sich in seinem Leben allerdings nichts, dann wird er bald wieder erkranken, die Heilung hält dann nicht lange vor.«

»Und warum gibt es diese Methode nur bei euch auf den Philippinen und nirgends sonst auf der Welt?« wollte ich wissen.

Lino hatte darüber offensichtlich noch nie nachgedacht. Er schwieg lang. Schließlich sagte er: »Ich kann es dir auch nicht sagen. Aber ich denke, jede Kultur hat etwas, was sie besser kann als alle anderen. Ihr habt eure Technologien, wir haben unsere Heiler.«

Danach verabschiedete er sich schnell. Er habe für diesen Abend noch etwas vor. Heute weiß ich, daß er in dieser Nacht eines seiner bisher größten Wunder vollbracht hat, allerdings auf der rein körperlichen Ebene. Dieses Wunder heißt Julian und ist mittlerweile drei Jahre alt. Seine Mutter, eine junge Frau, hatte sich in den Heiler verliebt und in der absoluten Gewißheit, unfruchtbar zu sein, auf Empfängnisverhütung verzichtet …

(K)ein Beinbruch: Heilung bei den australischen Aborigines

Wenn eine Tür sich schließt,
öffnet sich eine andere.
Du kannst erwarten, daß sich
hinter dieser neuen Tür
noch größere Wunder und Herrlichkeiten und
Überraschungen verbergen.

Eileen Caddy

Berichte über Knochenbrüche, die innerhalb weniger Tage auf magische Weise völlig geheilt worden sein sollen, hört man in gewissen Abständen immer wieder, häufig kommen sie aus den USA, besonders im Zusammenhang mit Indianermedizin oder Glaubensheilung, vielfach auch aus Indien. Meist ist es unmöglich nachzuprüfen, ob diese Fälle authentisch sind, aber die Tatsache, daß solche Geschichten aus den verschiedensten Kulturkreisen erzählt werden, ist ein Hinweis darauf, daß zumindest etwas daran sein muß.
Eine der schönsten, präzisesten und eindrucksvollsten Schilderungen stammt aus dem Buch *Traumfänger* von Marlo Morgan*; es ist die Geschichte einer Frau, Ärztin, die mit einem Stamm der australischen Ureinwohner monatelang durch den australischen Busch wanderte und auf dieser mystischen Reise viele Geheimnisse der uralten Kultur kennenlernte. In dem folgenden Auszug schildert sie, wie ein Stammesmitglied geheilt wurde, das sich bei einem Unfall ein Bein gebrochen hatte:

* Marlo Morgan: *Traumfänger,* Bertelsmann 1994

»Ich hörte den Schrei des Großen Steinjägers, als er bereits durch die Luft wirbelte, Wir alle eilten zur Kante des Abgrunds und schauten hinunter. Er lag leblos da, um ihn herum bildete sich bereits eine große Blutlache. Einige der Gruppenmitglieder kletterten flink die Schlucht hinab, bildeten eine Kette und schafften den Verletzten so innerhalb weniger Minuten nach oben ... Als sie ihn oben auf einem glatten Felsstück abgelegt hatten, wurde seine Wunde sichtbar. Er hatte sich zwischen Knie und Fußgelenk einen komplizierten Bruch zugezogen. Wie ein häßlicher großer Stoßzahn ragte der kaputte Knochen gute fünf Zentimeter aus der schokoladenmilchbraunen Haut heraus. Sofort zog jemand sein Haarband ab, das dem Verletzten um den Oberschenkel gewickelt wurde. Der Medizinmann und die Heilerin standen rechts und links an seiner Seite ... Ich schob mich immer weiter nach vorn, bis ich neben dem ausgestreckten Körper stand. ›Darf ich zuschauen?‹ fragte ich. Der Medizinmann bewegte seine Hände etwa zwei Zentimeter über der Hautoberfläche des verletzten Beins langsam auf und ab. Erst glitten beide Hände in die gleiche Richtung, dann bewegte sich die eine von oben nach unten und die andere von unten nach oben. Die Heilerin lächelte mir zu und sagte etwas zu Oota [ihr Übersetzer]. – Er übersetzte es mir.
›Das ist etwas für dich‹, sagte er. ›Man hat uns erzählt, daß dein Talent darin liegt, für dein Volk als Heilerin tätig zu sein.‹
›Ja, ich denke, so kann man es nennen‹, antwortete ich. Die Vorstellung, daß Heilung etwas war, das von Ärzten oder aus ihrer Trickkiste kam, war mir immer unangenehm gewesen. Vor vielen Jahren, als ich schwer an Plólia erkrankt gewesen war, hatte ich erkannt, daß Heilung nur aus einer Quelle gespeist wird. Der Arzt kann den Körper unterstützen, indem er Fremdkörper entfernt, bestimmte Chemikalien injiziert und Knochen wieder einrenkt oder an ihren Platz rückt – aber das alles bedeutet noch nicht, daß der Körper heilt. Ich bin sogar davon überzeugt, daß nirgendwo auf der ganzen Welt, zu keiner Zeit und in keinem Land ein Arzt jemals etwas geheilt hat. Jeder Mensch trägt den Heiler in sich.

Im besten Fall ist der Arzt jemand, der bei sich ein besonderes Talent entdeckt und ausgebildet hat. Und es ist ein besonderes Privileg, wenn er mit diesem Talent, mit dem, was er am besten kann und am liebsten tut, der Gemeinschaft dienen darf. Jetzt war jedoch nicht der Moment für eine weitläufige Diskussion. Ich mußte die Formulierung, die Oota gewählt hatte, akzeptieren und den Ureinwohnern bestätigen, daß ich in meiner Gesellschaft ebenfalls eine Heilerin war.
Sie erklärten mir, daß die Handbewegungen über dem beschädigten Körperteil dazu dienten, die ursprüngliche Form des gesunden Beines wiederherzustellen, ohne es zu berühren. Auf diese Weise würde ein Anschwellen des Beins verhindert. Der Medizinmann half dem Gedächtnis des Knochens nach, damit er sich an seine wahre, gesunde Gestalt erinnern konnte. So konnte auch der Schock beseitigt werden, den der Knochen im Moment des Zerbrechens erfahren hatte, als er seine in dreißig Jahren entwickelte Position verlassen mußte. Sie ›sprachen‹ buchstäblich mit dem Knochen.

Wenn Therapie darin besteht, disharmonische Zustände des Organismus in harmonische überzuführen, dann ist Therapie im wesentlichen immer Schwingungstherapie.

Harald Kinadeter

Als nächstes begannen die drei Hauptakteure dieses Dramas – der Medizinmann, der zu Füßen des Verletzten stand, die Heilerin, die an seiner Seite kniete, und der auf dem Rücken liegende Verletzte selbst – eine Art Gebet zu sprechen. Der Medizinmann legte beide Hände um das Fußgelenk des verletzten Beins, wobei er den Fuß jedoch weder zu berühren noch zu sich zu ziehen schien. Die Heilerin tat dasselbe am Knie des Verletzten. Ihr Gebet war eine Mischung aus Deklamation und Gesängen, wobei kein

Ton dem anderen glich. Völlig unvermittelt erhoben plötzlich alle drei gleichzeitig ihre Stimmen zu einem gemeinsamen Schrei. In diesem Moment müssen sie kräftig gezogen haben, aber ich hatte nichts dergleichen gesehen. Der Knochen glitt einfach an die Stelle zurück, aus der er ausgebrochen war. Der Medizinmann hielt die verletzte Haut zusammen und nickte der Heilerin zu, die jetzt das seltsame lange Rohr, das sie immer bei sich trug, öffnete … Aus dem Rohr drückte sie etwas in ihre Hand, das wie schwarzer Teer aussah. Die Substanz war sehr zähflüssig und glänzte. Sie verklebte damit die Hautfetzen der Wunde. Großzügig verschmierte sie die Paste auf dem verletzten Bein und betonierte die Wunde regelrecht zu. Es gab keine Schiene, keinen Verband, keinen Gips, keine Krücken und auch keine Naht.

Bald hatten wir alle den Schrecken vergessen und machten uns hungrig über unser Essen her. An diesem Abend wechselten sich die Leute dabei ab, den Kopf des Großen Steinjägers in ihrem Schoß zu halten, damit er von seinem Ruheplatz aus besser sehen konnte …

Am nächsten Morgen stand der Große Steinjäger auf und wanderte mit uns weiter. Es war keine Spur eines Hinkens festzustellen. Sie hatten mir gesagt, daß ihr Ritual die Schmerzen in dem Knochen lindern und eine Schwellung vermeiden würde. Es hatte gewirkt. Mehrere Tage beobachtete ich sein Bein genau und sah, wie die dicke schwarze Masse langsam trocknete und abfiel. Nach fünf Tagen war sie ganz verschwunden, nur an der Stelle, wo der Knochen herausgetreten war, waren ein paar dünne Narben zurückgeblieben. Der Steinjäger wog gute 150 Pfund, und es war mir ein Rätsel, wie er sich völlig ohne Stütze auf den völlig durchgetrennten Knochen hatte stellen können, ohne daß dieser wieder aus seiner Bruchstelle hervorschnellte. Ich wußte schon, daß die Menschen in diesem Stamm sehr schnell wieder gesund wurden, aber noch dazu schienen sie über besondere Talente bei der Bewältigung von Krisensituationen zu verfügen.

Die Menschen, die über diese Heilkünste verfügten, hatten nie-

mals Biochemie und Pathologie studiert, aber ihre Diplome hatten sie in anderen Fächern erworben: Ehrlichkeit, aufrichtige Absichten und echtes Engagement für die Gesundheit …
Ich weiß nicht, ob der Knochenbruch dieses Mannes nun schnell geheilt wurde oder nicht. Es gab kein Röntgengerät für Vor- und Nachuntersuchungen, und er war ein normaler Mann, kein Übermensch. Aber für mich zählte das alles nicht. Er hatte keine Schmerzen, und die Verletzung hatte keine Nachwirkungen. Für ihn und auch für die anderen war der Fall abgeschlossen, und wir wanderten alle in Frieden und hoffentlich ein wenig weiser weiter …
Die beiden eingeborenen Ärzte hatten den Knochen gerichtet, indem sie dem Körper die Vorstellung der Perfektion vermittelt hatten. Mit ihren Köpfen und Herzen hatten sie dabei genausoviel gearbeitet wie mit ihren Händen. Der Patient war offen für die Heilung und bereit, die Gesundheit zu empfangen. Er glaubte daran, sofort und vollständig geheilt werden zu können. Was mir wie ein Wunder vorkam, galt bei den Stammesleuten erstaunlicherweise als völlig normal. Ich begann mich zu fragen, wie sehr bei uns zu Hause das Leiden an Krankheiten oder die Hilflosigkeit des einzelnen von einer gefühlsmäßigen Vorprogrammierung abhängig ist – wenn auch nicht auf einer bewußten, so doch auf einer unbewußten Ebene.
Was würde geschehen, wenn sich die Ärzte bei uns im gleichen Maß auf die Heilkraft des menschlichen Körpers verließen, wie sie an die Wirkung oder Wirkungslosigkeit einzelner Medikamente glauben? Immer mehr lernte ich die Verbindung zwischen Arzt und Patient schätzen. Wenn der Arzt nicht daran glaubt, daß der Patient geheilt werden kann, kann allein diese Einstellung alle Bemühungen ins Leere führen …
In einer langen Diskussion mit dem Medizinmann und der Heilerin lernte ich eine außergewöhnliche Einstellung zum Thema Krankheit und Gesundheit kennen. ›Heilung hat überhaupt nichts mit Zeit zu tun‹, sagten sie mir. ›Der Heilungsprozeß und die Erkran-

kung sind eine Sache von Sekunden.‹ Ich interpretierte ihre Aussage so, daß der menschliche Körper auf der Ebene der Zellen ganz, harmonisch und gesund ist. Dann tritt plötzlich innerhalb von Sekunden eine erste Anomalie oder Störung in einem Teil einer Zelle auf. Es kann Monate oder sogar Jahre dauern, bis die ersten Symptome diagnostiziert werden. Heilung ist der umgekehrte Prozeß. Der Mensch ist krank, seine Gesundheit wird schlechter, und deshalb erhält er, je nachdem, in welcher Gesellschaft er lebt, irgendeine Form von Behandlung. Innerhalb von Sekunden verschlechtert sich der Zustand des Körpers nicht mehr weiter, und der erste Schritt zur Genesung ist getan. Die ›Wahren Menschen‹ sind der Ansicht, daß wir nicht einfach unwillkürlich Krankheiten zum Opfer fallen. Nur über unseren Körper kann unser höheres unsterbliches Bewußtsein mit dem individuellen Bewußtsein unserer Persönlichkeit in Verbindung treten. Wenn wir gezwungen werden, unsere körperlichen Aktivitäten einzuschränken, können wir innehalten und erkennen, welche wirklichen Wunden wir heilen müssen: verletzte Beziehungen, abgrundtiefe Löcher in unserem Wertesystem, Tumoren von Angst, der zerrissene Glaube an unseren Schöpfer, verhärtete Gefühle von Unversöhnlichkeit und vieles mehr.
Ich muß an die amerikanischen Ärzte denken, die in der Krebstherapie zunehmend mit Visualisierungsübungen arbeiten. Die meisten von ihnen sind bei ihren Kollegen nicht sonderlich beliebt. Ihr Ansatz ist ›zu neu‹. Hier hatten wir das älteste Volk der Erde, und sie benutzten Techniken, die seit Äonen von Jahren überliefert waren und sich immer wieder bewährt hatten. Aber wir in unserer sogenannten zivilisierten Gesellschaft ignorieren die Kraft der Gedanken, weil es ja eine Modeerscheinung sein könnte. Statt dessen sind wir uns einig: Lieber noch ein bißchen abwarten und sehen, wie es bei den wenigen Versuchen funktioniert!«

Indische Meister und ihre wundersamen Heilungen

Dieses vertrauliche Wissen
darf niemals denen erklärt werden,
die nicht entsagt, nicht hingegeben
und nicht im hingebungsvollen
Dienst tätig sind.

Bhagavad-Ghita

Wer Indien und den Hinduismus ein wenig kennt, weiß, daß dort Realität einen völlig anderen Stellenwert hat als in anderen Kulturen. In einer Welt, in der ohnehin alles nur Maya, Illusion, ist, werden Dinge und Ereignisse als völlig normal angesehen, die bei uns als reinster Hokuspokus bestenfalls ein amüsiertes Lächeln hervorrufen würden, und das übrigens oft völlig zu Recht. Doch andererseits können nicht einmal die zynischsten westlichen Naturwissenschaftler bestreiten, daß die großen indischen spirituellen Meister über Kräfte verfügen und Dinge bewirken können, für die es in unserem Kulturkreis keine rationale Erklärung gibt.

Zu den angesehensten spirituellen Lehrern Indiens zählte in unserem Jahrhundert Yogananda, der auch auf den Westen einen wichtigen Einfluß ausgeübt hat. Selbst seine Gegner konnten seine hohe persönliche Integrität und seine Aufrichtigkeit nicht in Frage stellen; trotzdem liest sich sein Lebensbericht an vielen Stellen wie ein Märchenbuch. Diese *Autobiographie eines Yogi** ist mittlerweile in zahllosen Auflagen überall in der Welt erschienen und berührt die Herzen der Skeptiker ebenso wie die der Gläubigen. In dem folgenden Ausschnitt berichtet er, wie er als junger Schüler bei dem

* Paramahansa Yogananda: *Autobiographie eines Yogi,* Knaur-Tb 86109

berühmten Meister Sri Yukteswar lebte und durch die geheimen Kräfte seines verehrten Gurus von einer schweren Krankheit geheilt wurde. Sri Yukteswar erklärte ihm:

»›Alle Krankheiten der Menschheit resultieren aus der Mißachtung einiger universeller Gesetze. Die Schriften weisen darauf hin, daß die Menschen die Naturgesetze befolgen müssen, wobei sie die Allmacht Gottes nicht in Frage stellen dürfen … Durch eine Reihe von Wegen – Gebet, Willenskraft, Meditation, Gespräche mit den Meistern, durch astrologische Amulette – können die negativen Auswirkungen vergangener böser Taten verringert oder völlig ausgeglichen werden. Ebenso wie ein Haus durch einen Blitzableiter vorm Einschlag geschützt werden kann, kann der menschliche Körper geschützt werden. Elektrische und magnetische Strahlungen irren ununterbrochen durch das Universum, sie können den menschlichen Körper gleichermaßen gesund oder krank machen. Vor unendlichen Zeiten haben die Rishis darüber nachgedacht, wie sie die negativen Einflüsse der feinstofflichen kosmischen Strahlen verhindern könnten. Sie entdeckten, daß reine Metalle ein Astrallicht verströmen, das der negativen Anziehungskraft der Planeten entgegenwirkt. Gewisse Pflanzenkombinationen erwiesen sich ebenfalls als hilfreich. Am wirkungsvollsten jedoch waren lupenreine Edelsteine von mindestens zwei Karat. Wie man die Astrologie dazu benutzen kann, Krankheiten zu verhindern, ist außerhalb von Indien nur selten untersucht worden. Eine wenig bekannte Tatsache ist, daß Edelsteine, Metalle und Pflanzen wertlos sind, wenn das erforderliche Gewicht nicht stimmt und wenn das Heilmittel nicht auf der Haut getragen wird.‹

›Sir, natürlich nehme ich Ihren Rat an und werde ein Armband besorgen. Der Gedanke, die Planeten zu überlisten, gefällt mir.‹

›Normalerweise empfehle ich eines aus Gold, Silber und Kupfer. Aber aus bestimmten Gründen möchte ich, daß du eines aus Silber und Blei trägst.‹ Sri Yukteswar fügte genaue Anweisungen hinzu.

›Meister, was für bestimmte Gründe meinen Sie?‹
›Die Sterne sind im Begriff, dir unfreundliche Aufmerksamkeit entgegenzubringen, Mukunda. Hab keine Angst, du bist geschützt. In etwa einem Monat wird deine Leber dir große Problem bereiten. Diese Krankheit soll eigentlich sechs Monate anhalten, aber durch den astrologischen Armreif wird diese Zeit auf 24 Tage abgekürzt.‹

Für mich sind Kristalle ... die Endphase
in der Entwicklung der reinen Heilenergie,
die letztlich zu dem führt,
was man gemeinhin als »Wunder« bezeichnet.
Katrina Raphaell

Am nächsten Tag suchte ich einen Juwelier auf, und kurz darauf trug ich den Armreif. Ich war kerngesund, die Prophezeiung meines Meisters vergaß ich völlig. Kurz darauf verließ er Serampore und reiste nach Benares. Dreißig Tage nach unserem Gespräch fühlte ich plötzlich einen unerträglichen Schmerz im Bereich der Leber. Ich wollte meinen Guru nicht stören, deshalb ertrug ich die Schmerzen allein. Aber nach 23 qualvollen Tagen war meine Widerstandskraft erschöpft, ich machte mich auf nach Benares. Sri Yukteswar begrüßte mich mit ungewöhnlicher Wärme, aber er gab mir keine Gelegenheit, ihm im privaten Gespräch von meinem Leiden zu erzählen. Zu viele Besucher kamen an diesem Tag zum Meister zum Darshan. Krank und vernachlässigt saß ich in der Ecke. Erst nach dem Abendessen waren alle Gäste abgereist. Mein Guru empfing mich auf dem achteckigen Balkon seines Hauses.
›Du mußt wegen deiner Leberschmerzen gekommen sein.‹ Sein Blick war abgewandt, er ging auf dem Balkon hin und her, gelegentlich streifte ihn das Mondlicht. ›Laß mich sehen. Du leidest seit 24 Tagen, nicht wahr?‹

›Ja, Meister.‹
›Mach bitte die Übungen weiter, die ich dir beigebracht habe.‹
›Wenn Sie wüßten, welche Schmerzen ich habe, Meister, würden Sie nicht von mir verlangen, daß ich die Übungen mache.‹ Trotzdem unternahm ich einen schwachen Versuch, ihm zu gehorchen.
›Du sagst, du hast Schmerzen, ich sage, du hast keine. Wie sind solche Widersprüche nur möglich?‹ Mein Guru sah mich forschend an.
Ich war verwirrt, und dann überkam mich plötzlich freudige Erleichterung. Ich spürte die qualvollen Schmerzen nicht mehr, die mir seit Wochen den Schlaf geraubt hatten. Bei Sri Yukteswars Worten verschwand die Pein, als wäre sie nie dagewesen.
Ich versuchte, in Dankbarkeit vor ihm niederzuknien, aber er hinderte mich schnell daran.
›Sei nicht kindisch. Steh auf und erfreue dich an der Schönheit des Mondes dort über dem Ganges.‹ Aber die Augen meines Meisters zwinkerten vergnügt, als ich schweigend neben ihm stand. Ich begriff, daß er mir sagen wollte, daß nicht er, sondern Gott der Heiler gewesen war …
Selbst heute trage ich noch gelegentlich das schwere Armband aus Silber und Blei als Erinnerung an jenen längst vergangenen, nie vergessenen Tag, als ich wieder einmal begriff, daß ich bei einem Wesen lebte, das wahrhaft übermenschlich war. Bei späteren Gelegenheiten, wenn ich meine Freunde zu Sri Yukteswar zum Heilen brachte, empfahl er stets Juwelen oder den besagten Armreif und empfahl ihre Benutzung als einen Akt astrologischer Weisheit.
Perlen und andere Edelsteine, ebenso wie Metalle und Pflanzen, üben direkt auf der Haut einen elektromagnetischen Einfluß auf die Körperzellen aus. Der menschliche Körper enthält Kohlenstoff und andere metallische Elemente, die auch in Pflanzen, Metallen und Juwelen vorkommen. Die Entdeckungen der Rishis auf diesem Gebiet werden zweifelsohne in der Zukunft auch von einigen Physiologen bestätigt werden. Der empfindsame menschliche

Körper mit seinen elektrischen Strömungen ist der Mittelpunkt vieler Geheimnisse, die noch erforscht werden müssen.
Obgleich Edelsteine und Armreife einen heilsamen Effekt auf den Körper haben, hatte Sri Yukteswar noch einen anderen Grund, sie zu empfehlen. Meister wollen niemals als große Heiler gelten. Gott allein ist der Heiler. Deshalb verhüllen sie häufig die Gabe, die Gott ihnen verliehen hat, aus Demut. Die Menschen haben meist Vertrauen in Dinge, die sie anfassen können. In konkrete Dinge. Wenn jemand zu ihm kam und geheilt werden wollte, riet er ihm meist zu einem Edelstein oder einem Armreif, um seinem Glauben zu stärken und auch, um das Interesse von ihm selbst abzuwenden. Die Armreife und Edelsteine besaßen neben ihrem therapeutischen Wert auch des Meisters geheimen spirituellen Segen.«

Soweit die Erinnerung Yoganandas, eine von vielen denkwürdigen und wundersamen Erlebnissen des Meisters. Ich habe nicht den geringsten Zweifel daran, daß sich dieses Ereignis genau so zugetragen hat, wie er es berichtet. Trotzdem hätte ich einiges dafür gegeben, selbst einmal Zeuge eines solchen Wunders zu werden. Einmal sah es aus, als sei ich ganz dicht davor. In Bombay traf ich vor dem Weiterflug nach Nepal Dr. Siva, einen indischen Freund. Er ist Gynäkologe und ein weit über die Grenzen des Subkontinents hinaus bekannter plastischer Chirurg. Es war vereinbart, daß ich ihn und seine Familie nach meiner Reise in den Himalaja in Bangalore besuchen würde.
»Ich hab' eine Geschichte für dich«, sagte er lächelnd. »Wenn du nach Bangalore kommst, werden wir einen Bekannten von mir besuchen. Ich habe ihm von dir erzählt, er möchte dich kennenlernen. Ich glaube, wenn du seine Geschichte hörst, wirst du die nächsten Monate hierbleiben wollen und für ein Buch recherchieren.«
»Das ist völlig ausgeschlossen«, sagte ich, »ich muß in ein paar Wochen nach Hause zurück. Aber erzähl mir wenigstens, worum es geht.«

»Dieser Mann«, begann Siva, den alle nur »Doktor Siva« nennen, sogar seine eigene Frau, »ist ein indischer Arzt mit amerikanischer Staatsangehörigkeit. Er hat den Vietnamkrieg als Vier-Sterne-General im Medical Corps mitgemacht. Neulich nachts hat er mir seine Geschichte erzählt. Vor fünfzehn Jahren wurde bei ihm Leberkrebs festgestellt. Die Kollegen schnitten ihn auf und teilten ihm bedauernd mit, daß die Metastasen schon so weit fortgeschritten waren, daß eine Operation sinnlos wäre. Sie empfahlen ihm, seine weltlichen Angelegenheiten zu regeln, und entließen ihn nach Hause.
In tiefer Depression und von heftigen Schmerzen gepeinigt, hörte er von einem Yogi, der seit über fünfzig Jahren als Eremit in den Bergen in einer Höhle lebte und große Heilkräfte besitzen sollte. Entschlossen ließ sich der General von seinen Dienern zur Höhle des Meisters tragen, die letzten Schritte legte er selbst zurück, mehr kriechend als gehend vor Pein, und bat den Swami um Hilfe.
Der sah ihn an und sagte: ›Schick deine Leute zurück, und bleib zehn Tage lang bei mir.‹
Der Mann tat, was der Yogi verlangte, nahm das weiße Pulver ein, das dieser ihm gegeben hatte, und blieb drei Tage und Nächte regungslos auf dem Boden der Hütte liegen. In der dritten Nacht mußte er urinieren, und er kroch hinaus, um sein Wasser zu lassen. Der Urin floß drei Minuten lang, in dickem, völlig schwarzem Strahl, er schien kein Ende zu nehmen. Erschöpft kehrte der Mann schließlich in die Höhle zurück.
Da sagte der Yogi: ›Du hast nun schwarzes Wasser gelassen. Es wird dir bessergehen. Bleibe noch eine Woche bei mir, dann kehr zu deinen Leuten zurück und laß dich untersuchen.‹
Eine Woche später verließ der Kranke gekräftigt die Höhle und kehrte zu Fuß in die Stadt zurück. Bei sich trug er eine Haarprobe und ein wenig von den abgeschnittenen Fingernägeln des Meisters. Er hatte vor, sie untersuchen zu lassen, um zu überprüfen, ob der Yogi wirklich 179 Jahre alt war, wie er behauptete.
Du kannst dir vermutlich schon denken, was dann geschah: Der Mann ließ sich erneut untersuchen, und zu ihrer grenzenlosen Ver-

blüffung mußten die Ärzte feststellen, daß vom Tumor und den Metastasen nichts mehr übrig war. Und die karbonographische Untersuchung der Haar- und Nagelproben des Swami ergab, daß seine Altersangabe zutraf. So weit, so gut. Und jetzt wird es für dich spannend. Der Mann kehrte nämlich in die Höhle des Eremiten zurück und lernte von ihm die Geheimnisse der jahrtausendealten vedischen Heilkunde. Siebzehn Monate blieb er da, hörte zu und schrieb alles auf, was ihm der Meister beibrachte.
Dann, eines Abends, sagte der Yogi: ›Nun weißt du alles. Jetzt kannst du gehen. Grab ein Loch in die Erde, morgen, wenn die Sonne im Zenit steht, wird meine Seele ihren Körper verlassen.‹
Sein Schüler tat schweren Herzens, wie ihm der Meister befohlen hatte. Am nächsten Mittag legte sich der alte Yogi in die Grube und verstarb, so wie er es angekündigt hatte. Der Doktor begrub ihn und kehrte in die Stadt zurück. Seine Notizen hat er mitgenommen. Wenn du willst, sagt er, kannst du ein Buch daraus machen. Wenn du aus Nepal zurückkommst, besuchen wir ihn.«
Ich hatte feuchte Hände vor Aufregung. »Können wir nicht gleich morgen schon hinfahren?« fragte ich.

Dieses Wissen vom Leben hat ewigen Bestand
und bringt Gewinn, Glückseligkeit,
ein langes Leben, ausreichenden Lebensunterhalt
und schließlich den Himmel.

Sushruta
(über Ayurveda)

Siva schüttelte den Kopf. »Zur Zeit ist er in Hongkong. Wir haben vereinbart, daß er sich meldet, sobald er zurück ist.«
Während der ganzen Reise nach Nepal ging mir der indisch-amerikanische General nicht aus dem Kopf. Ob die Geschichte wirklich stimmte? Ob er bereit sein würde, mit mir zu reden? Und wenn ja: Wie könnte ich meiner Familie klarmachen, daß ich die nächsten

Monate in Indien bleiben würde? Und, immer wieder: Wie sind solche Dinge nur möglich?

In Kathmandu traf ich Arun, der dort eine Reiseagentur betreibt, »Kathmandu Experience«. Arun ist Brahmane und einer der gebildetsten Menschen, die ich kenne, zumindest über die indische Kultur und Mythologie, über Hinduismus und Buddhismus gibt es nichts, was er nicht weiß. Natürlich habe ich ihm gleich die Geschichte erzählt und, wie immer in solchen Fällen, hinzugefügt: »Glaubst du wirklich, daß so etwas möglich ist?«

Arun sah mich an. »Laß mich dir eine Geschichte erzählen.« Ich lehnte mich zurück. Wenn er das sagte, wurde es meistens spannend. Und dauerte länger.

»Ich war im letzten Winter schwer krank«, erzählte Arun. »Seit fünfzehn Tagen lag ich mit hohem Fieber im Krankenhaus in Kathmandu, und trotz aller Bemühungen waren die Ärzte nicht in der Lage, das Fieber dauerhaft zu senken, nach zwei Stunden war es wieder da. Sie probierten alle möglichen Antibiotika, aber keines von ihnen schien zu wirken. Durch die ständigen Fieberschübe war ich so geschwächt, daß alle mit dem Schlimmsten rechneten. In ihrer Verzweiflung ging meine Frau schließlich zu einem Medizinmann, wie sie in Nepal überall in den Dörfern leben. Es gibt zwei Arten: die Medizinmänner, die in erster Linie magisch arbeiten. Oft versuchen sie mit Trommeln oder lauter Musik die bösen Geister zu vertreiben, die nach ihrer Meinung die Krankheit verursacht haben, und in manchen Fällen haben sie damit Erfolg. Und dann gibt es noch die Naturheiler, die meisten stammen aus jahrhundertealten Heilerfamilien, die das Wissen von Generation zu Generation weitergeben. In vielen solcher Familien werden noch uralte Ayurveda-Bücher aufbewahrt, für die ihnen jede Bibliothek ein Vermögen zahlen würde. Aus diesen Büchern stammen die Rezepte für alte Heilmittel, die Heilkräuter werden von den Familien selbst herangezogen, getrocknet und nach uralten Regeln weiterverarbeitet, das ist wirklich noch alte Apothekerkunst.

Meine Frau ging aber nicht zu einem Ayurveda-Arzt, sondern zu

einem der magischen Heiler. Der gab ihr ein paar Reiskörner, in die er einige Mantras gesprochen hatte, und beauftragte sie, mich damit am ganzen Körper einzureiben. Sie tat es, und innerhalb von vier Stunden war das Fieber gesunken, und es blieb unten.
Der Chefarzt, der natürlich wußte, was geschehen war, sagte: ›Was auch immer gewirkt hat, die Magie oder letzten Endes nach fünfzehn Tagen doch noch das Antibiotikum – es ist in Ordnung so.‹
Das denke ich mir auch. Aber ich frage mich natürlich schon manchmal, warum die Antibiotika, die fünfzehn Tage lang nicht gegriffen haben, just in dem Augenblick wirkten, als Kiran mir das Mittel des Heilers brachte.«
»Mir hat«, sagte zögernd der Nürnberger Kunsthändler Albert Seiffert, der auch in der Runde saß, »auch mal so ein Medizinmann aus den Himalajadörfern geholfen. Ich hatte mir einen rostigen Nagel in den Fuß getreten, und der Fuß hatte sich entzündet. Ich dachte, du fliegst sowieso nach Hause, laß da mal einen ordentlichen Arzt ran. In Nürnberg haben die Ärzte dann vier Wochen an der Wunde herumgedoktert, aber die Entzündung ging nicht weg, im Gegenteil, es wurde immer schlimmer. Ich mußte wieder nach Indien, und da habe ich mir gedacht, geh doch einfach zu so einem Dorfzauberer, du mußt da nicht dran glauben. Was soll ich sagen? Der alte Mann, das war im Himalaja, hat mir mit seinem widerlich langen Fingernagel ein Pulver in die Wunde gerieben – und am nächsten Tag hatte sich die Wunde geschlossen.«
»Ich kann's kaum abwarten, nach Bangalore zu kommen«, sagte ich. »Ich muß mit diesem indischen Ärztegeneral sprechen. Stellt euch vor, was das für ein Buch wird!«
»Gib mir mal deine Hand«, sagte Arun plötzlich.
Ich bin immer wieder verblüfft, wie sich bei diesem Mann, der Deutsch spricht wie ich, diverse andere Sprachen beherrscht, in Deutschland mit der BahnCard unterwegs ist und in der halben Welt zu Hause, westlicher Rationalismus mit östlichem Mystizismus verbindet. Lachend streckte ich ihm meine Hand entgegen: Arun ist ein ausgezeichneter Handleser.

»Und?« fragte ich neckend. »Wird das Buch über den General und die alte vedische Heilkunst ein Bestseller?«
Arun studierte die Linien sorgfältig. »Ich sehe es noch nicht, daß dieses Buch entstehen wird«, sagte er. »Da ist eine Blockade, die das verhindert, zumindest in diesem Jahr.«
»Komm, Arun«, sagte ich ungläubig. »Siva hat schon alles arrangiert. Übernächste Woche fahre ich mit ihm zusammen dorthin. Der Mann will mit mir reden. Das ist eine einmalige Chance. Von solch einem Buch träumt jeder Autor!«
»Schauen wir mal«, sagte Arun – und nichts weiter.
Aber zehn Tage später, in Bangalore, teile mir Siva mit, daß er sich mit dem Arzt überworfen hatte. »Er hat weiterhin Interesse daran, mit dir zu reden«, erklärte er, »aber von mir will er plötzlich Geld, und ich bin nicht sicher, ob er nicht auch von dir Geld will. Wenn du möchtest, führe ich dich dorthin. Aber ich habe kein gutes Gefühl dabei.«

Wenn ich als Gott Narayana zu euch gekommen wäre – mit vier Armen, Muschelhorn, Schicksalsrad, Streitkolben und den Lotus haltend –, so hättet ihr mich in ein Museum gesteckt und Eintrittsgeld verlangt. Wäre ich aber nur als gewöhnlicher Mensch gekommen, würdet ihr meinen Lehren, die für euer Wohl gedacht sind, nicht folgen. So befinde ich mich also in diesem menschlichen Körper, der mit übermenschlichen Kräften ausgestattet ist.

Sai Baba

Ich habe also, Aruns Worte im Ohr, schweren Herzens auf die Begegnung verzichtet, zumindest vorläufig. Statt dessen habe ich eine andere Geschichte über eine wundersame Heilung erfahren, leider wieder nur aus zweiter Hand. Aber ich erzähle sie trotzdem.
In der Nähe von Bangalore liegt Puttaparthi, der Ort, zu dem jeden Tag Tausende aus aller Welt pilgern, um einen Darshan und wenn

möglich sogar ein Interview bei Sai Baba zu erleben, der für seine zahlreichen Anhänger im Osten wie im Westen nicht nur ein Weiser, sondern ein Avatar ist, eine Reinkarnation Gottes. Seine »Devotees«, unter denen übrigens viele Ärzte sind, fühlen sich mit ihm durch geheimnisvolle Fäden ständig verbunden, sie kommunizieren mit ihm wie durch eine unsichtbare Telefonleitung und reden viel über »Babas« oder »Swamis« Wunder. Da hört man die erstaunlichsten Geschichten. Zum Beispiel die von der Münchner Krankenschwester Gerda Kirchhoff. Ich fand ihre Geschichte in einem der Blätter, die unter den Anhängern Sai Babas kursieren.

»Alles fing vor etwa drei Jahren an, als mir auf meiner Station eine Frau E. begegnete, die bei einer Patientin Sterbebegleitung machte. Von Frau E. ging etwas Besonderes aus, und wir verstanden uns sofort. Wir besuchten uns gegenseitig, und so erfuhr ich von Sai Baba.
Ich las Bücher über ihn und mußte einfach weinen. Alles, was er sagt, geht mir tief ins Herz bzw. in die Seele. Ich kaufte mir Videos und Kassetten von ihm, damit ich ihn wenigstens sehen und hören und mir ein Bild von ihm machen konnte. Jede Begegnung mit seinem Namen, seinem Bild oder seinen Worten löste einen Strom von Tränen aus. Nach und nach erfuhr ich mehr von ihm.
Während der ganzen Zeit hatte ich schwere Prüfungen zu bestehen. So erfuhr ich im Juni 1994, daß ich Magenkrebs hatte und schnellstens operiert werden müßte. Ich fragte per Pendel meine höheren geistigen Freunde, die bestätigten die Operation. Am 8. Juli 1994 wurde mir der Magen entfernt, dazu die Milz, 25 Lymphknoten und das große Netz. Zu dieser Zeit kannte ich schon lange die Bachblüten und nahm sie auch regelmäßig, was zur Folge hatte, daß ich sehr schnell wieder auf dem Damm war. Dreizehn Tage nach der Operation konnte ich das Krankenhaus verlassen und am 30. Juli an der Hochzeit meiner Tochter teilnehmen. Ich tat, was keiner glaubte, ich tanzte Boogie-Woogie.
Die innere Kraft war so stark und wurde von Tag zu Tag stärker.

Ich hatte viel gebetet, hörte und las über Sai Baba, und Frau E. erzählte mir von ihm. Ich war wie bezaubert und verstand alles mit dem Herzen, der Kopf konnte da nicht mitkommen. Von Frau E. erhielt ich auch das erste Pröbchen Vibhuti (heilige Asche, die Sai Baba seit Jahrzehnten aus seinen Händen manifestiert). Und jetzt geschahen Dinge, die man einem normal Sterblichen nicht erklären kann. Ich spürte plötzlich Sai Baba. Er gab sich mit den herrlichsten Düften zu erkennen. Ich, die ich nur 40 Prozent Geruchssinn habe und manchmal den schlimmsten Gestank nicht wahrnehmen konnte, roch auf einmal Jasmin, Rosen oder Weihrauch, oder ich nahm himmlische Gartengerüche war. Ich war von der Intensität der Düfte fasziniert. Zwischendurch wurden die Düfte von einem Windhauch begleitet, der mich richtig streichelte. Ich fühlte mich einfach wohl und geborgen und mußte manchmal weinen ob dieser großen Liebe. Die Erfahrung, daß da jemand war, der sich trotz der vielen Menschen persönlich um mich kümmert, haute mich schlichtweg um.
Ich wußte plötzlich, ich brauchte Vibhuti, und schrieb verschiedene Adressen an, so auch das Sai-Baba-Zentrum München. Während dieser Zeit erfuhr ich, daß ich nun auch Gebärmutterkrebs hätte, und ich sollte wieder ins Krankenhaus. Ich sagte plötzlich aus einer Kraft von innen heraus: ›Nein! Ich lasse mich nicht scheibchenweise zerlegen, das schaffe ich diesmal auf meine Art, oder ich sollte eben nicht älter werden.‹
Ich ging nach Hause, pendelte mit meinen geistigen Freunden und bekam eine Bestätigung für meine Entscheidung. Jetzt kam das Vibhuti voll zum Einsatz, das ich glücklicherweise erhalten hatte. Ich nahm es täglich ein, vegetarisch lebte ich schon. Tees, Sitzbäder, Reiki, Bachblüten, Aura-Soma, Meditation, Beten, Beten und nochmals Beten bestimmten nun mein Leben. Eines Abends spürte ich ganz deutlich, daß ich nicht allein war. Ich spürte eine körperliche Gegenwart, die ich nicht sehen konnte. Ich empfand aber keine Angst, denn gute Schwingungen gingen von ihr aus. Ich wußte, das war Sai Baba.

So kämpfte und arbeitete ich mit der göttlichen Hilfe an mir. Der Reifungsprozeß ist enorm, und ich sehe diesen Schicksalsweg als meine Chance. Mein Leben änderte sich gewaltig und tut es immer noch. Ich hatte mit anderen Krebskranken Kontakt und versuchte zu helfen, wo es ging. Leider mußte ein Teil von ihnen die Lebensbühne verlassen, und ich lernte aus deren Verhalten, was ich möglichst nicht tun sollte, und spürte ganz stark, wie wichtig es ist, zu beten und zu meditieren, einfach das innere Potential zu aktivieren. Ohne dies geht gar nichts, das begriff ich plötzlich. Alles Äußere, Materielle, ist unwichtig.
Im Juli 1995 erfuhr ich, daß ich den Gebärmutterkrebs nicht mehr habe, und ich kann nicht in Worte kleiden, was ich empfand. Einfach ausgedrückt: Danke, lieber Gott – Sai Baba!«

Ich war selbst in Puttaparthi und bin für mich persönlich zu der Erkenntnis gekommen: Sai Baba mag für viele ein Gott sein, doch meiner ist er nicht. Deshalb fand ich die Geschichte dieser Frau zwar anrührend, aber ich blieb skeptisch. Also machte ich ins Manuskript einen Vermerk: »Vor Abdruck Genehmigung einholen und herausfinden, wie es Gerda Kirchhoff heute geht. Zu erfahren über das Sai-Baba-Zentrum München.« Und dahinter hatte ich die Telefonnummer geschrieben. Einfach auf Verdacht, ich wußte nicht, ob Frau Kirchhoff in München lebte. Nicht nur das, ich wußte ja nicht mal, ob sie überhaupt noch lebte.
Einige Monate später, bei den Schlußkorrekturen, habe ich also versucht, das Sai-Baba-Zentrum telefonisch zu erreichen, aber nie ging jemand an den Apparat. Schließlich habe ich auf gut Glück das Münchner Telefonbuch aufgeschlagen und die (glücklicherweise einzige) Gerda Kirchhoff angerufen, die dort eingetragen war. Sie meldete sich gleich beim ersten Versuch. Ersparen Sie mir die Schilderung, wie ich bei dem Versuch klarzustellen, worum es ging, ins Stottern gekommen bin. Es ist alles andere als einfach, eine Unbekannte mit höflichen Worten am Telefon zu fragen, ob sie diejenige ist, die a) mal Krebs hatte, b) weiß, wer Sai Baba ist, und

wenn ja, ob sie c) überhaupt noch lebt. Zu meinem Glück hat sie alle Fragen nach anfänglichem Mißtrauen mit Ja beantwortet: Sie ist, wie sie berichtete, mittlerweile völlig geheilt. Ihre Frauenärztin würde jedesmal blaß, wenn sie zur Kontrolle in die Praxis käme. »Sie versteht die Welt nicht mehr«, erklärte Gerda Kirchhoff vergnügt. Klar dürfte ich ihre Geschichte abdrucken. Und dann hat sie mich zum Kaffeetrinken eingeladen, um mir zu beweisen, daß sie quicklebendig ist. Natürlich habe ich die Einladung gern angenommen. Wann hat man schon die Gelegenheit, mit einem leibhaftigen Wunder Apfelkuchen mit Schlagsahne zu essen?

Hilfe aus dem Jenseits: Geistchirurgie in Brasilien

Wahr ist es ohne Zweifel,
sicher und wahr;
wie oben so auch unten
und wie unten so auch oben,
so werden die Wunder des einen getan.

Hermes Trismegistos

Im Moment macht »Dr. Fritz«, Südamerikas berühmtester Geistchirurg im Jenseits, Zwangspause, nachdem ihm innerhalb relativ kurzer Zeit fünfmal die menschlichen Körper, durch die er seine erfolgreiche Tätigkeit ausübte, infolge von Unfällen vorzeitig abberufen worden sind. Aber jahrzehntelang war Südamerikas Geistchirurgie in der Reihe der ungewöhnlichen Heilmethoden ein fester Begriff. Ähnlich erfolgreich wie die größten philippinischen Heiler, ebenso umstritten und genauso unerklärlich. Zumindest für Westler.
In Brasilien selbst haben magische Riten und Spiritismus eine jahrhundertelange Tradition. Was dort zählt, ist der Erfolg. Die rationalen Hintergründe interessierten hauptsächlich die westlichen Mediziner und Fernsehteams, die in den Urwald reisten, weil dort sensationelle Dinge geschahen, die nicht in ihr Weltbild paßten. Die meisten von ihnen brannten darauf, als medizinischer Sherlock Holmes Schwindler zu entlarven – und kehrten anschließend ein bißchen weiser und viel bescheidener, als sie gekommen waren, in ihre Heimat zurück, auch wenn keiner von ihnen das, was sie dort erlebt hatten, mit dem Verstand begreifen, geschweige denn erklären konnte.

Arigò: Der Größte von allen

José Pedro de Freitas, besser bekannt unter dem Namen Zé Arigò, war schon zu Lebzeiten weltberühmt, er, der unzählige Menschen geheilt hatte, starb 1971, nur 49 Jahre alt. Es heißt, daß er für seine Tätigkeit niemals Geld nahm und sich seinen Lebensunterhalt durch gelegentliche Arbeit in Büros, Bergwerken und als Landarbeiter verdiente. Er sagte, wenn man ihn fragte, daß er niemals selbst operierte, sondern immer nur einen lange verstorbenen Arzt deutschen Namens, »Dr. Fritz«, channelte, der durch ihn seine geheimnisvollen Geistoperationen durchführte. *Time Magazine* veröffentlichte 1972 einen Bericht über Arigò, in dem es heißt, daß er pro Tag dreihundert Patienten behandelte und jede nur vorstellbare Krankheit. Die Mehrheit der Patienten, so heißt es in dem Artikel, wurde geheilt.

Der schlichte Arigò, der gerade mal ein paar Jahre die Grundschule besucht hatte, brauchte einen Patienten nur kurz anzuschauen und wußte innerhalb von Sekunden genau, was ihm fehlte. Er wußte übrigens auch, ohne je zu messen, wie hoch der Blutdruck der Patienten war. Häufig verordnete er ihnen Medikamente, die man ganz normal aus der Apotheke beziehen konnte, und manchmal hatte es den Anschein, als hätten diese überhaupt nichts mit ihrer Krankheit zu tun. Aber sie wirkten fast immer. Er war übrigens der erste, der Megadosen von Vitaminen verschrieb, lange ehe diese Form der Behandlung in Amerika in Mode kam.

Augenzeugen berichten immer wieder, daß er gelegentlich auch echte Operationen durchführte, nicht »nur« solche am Geistkörper. Dabei verwendete er jedoch weder Narkosemittel, noch sterilisierte er die Messer, Nadeln, Nägel und Scheren, die er benutzte, er arbeitete mit dem Werkzeug, das gerade zur Verfügung stand, und führte damit selbst die kompliziertesten Eingriffe durch, blitzschnell und mit einer unglaublichen Präzision. Nie ist es zu einer Infektion gekommen, jedenfalls ist nie etwas darüber bekannt geworden, fast nie floß Blut, und die Patienten verspürten keinerlei Schmerz. Die

José Arigò, der »Chirurg mit dem rostigen Messer«. Von dem berühmten brasilianischen Wunderheiler existieren kaum Fotos.

Wunden schlossen sich, wenn er seine Hand darauf legte, zurück blieb nur eine schmale Narbe.

Über Arigò wurden zahllose Filme gedreht, viele Ärzte haben ihm bei seiner Arbeit kritisch über die Schulter geschaut, und alle bestätigen ratlos, daß er seine ebenso mysteriösen wie unvorstellbar präzisen Diagnosen tatsächlich innerhalb von Sekunden stellte. »Ich höre einfach auf eine Stimme in meinem rechten Ohr und wiederhole, was sie sagt. Sie hat immer recht.«

Wie die meisten großen Heiler spezialisierte Arigò sich auf Fälle, die von den Ärzten aufgegeben worden waren. Besonders erfolgreich war er bei Krebs. Unter den westlichen Ärzten, die kamen, um ihn zu testen und wenn möglich des Betrugs zu überführen, war auch der amerikanische Doktor Henry Puharich, der den Heiler fünf Jahre (!) lang untersucht haben soll. Es heißt, daß er 1963 mit einem Kameramann angereist sei und sich, weil's so schön dramatisch war, selbst als Patient zur Verfügung gestellt habe. Über hundert Neugierige schauten zu, als er in Begleitung des Kameramannes erstmals bei Arigò vorsprach. Bei dem Heiler waren immer zahllose Neugierige anzutreffen, erst recht, wenn ein Westler mit dem Fernsehen anreiste. Arigò sah den Patienten kurz an, bat um ein Taschenmesser und schnitt dem westlichen Doktor innerhalb von fünf Sekunden vor laufender Kamera einen Tumor aus dem Arm, anschließend legte er dem verblüfften Patienten die Geschwulst samt geborgtem Taschenmesser in die geöffnete Hand. Drei Tage später war die Wunde völlig geheilt.

Wir fragen uns, was den ungläubigen Doktor nach dieser eindrucksvollen Demonstration dazu bewogen haben mag, den Heiler trotzdem noch weitere fünf Jahre lang zu testen. Ob es ihm vielleicht so ging wie vielen normal Begabten, die einen wahrhaft Großen ihrer Zunft erkennen und seiner Faszination erliegen? Und ob er, der mit einem Tumor nach Brasilien flog, gegen den die Schulmedizin bis dahin offensichtlich machtlos gewesen war, nicht möglicherweise der uneingestandene wahre Grund für das »wissenschaftliche« Interesse des Dr. Puharich gewesen ist?

Tatsache ist: Selbst der ehemalige brasilianische Staatspräsident J. Kubitschek, seines Zeichens Arzt, hatte seine Tochter zu Arigò geschickt und gehörte, nachdem er sie rasch von zwei Nierensteinen befreit hatte, zu seinen überzeugten Anhängern.
Arigò, der unzählige geheilt hat, konnte sich selbst nicht helfen, als er einen schweren Autounfall erlitt. Er starb im Jahre 1971. Es heißt, daß dreißigtausend Menschen ihm das letzte Geleit gegeben haben. Drüben im Jenseits scheint er sich von seinem arbeitsreichen Leben zunächst einmal auszuruhen, aber »Dr. Fritz« arbeitet unermüdlich weiter. Allerdings hatte er mit Arigòs Nachfolgern zunächst nicht viel Glück. Keiner der drei Geschwister Silva, die nacheinander behaupteten, den deutschen Doktor zu channeln, konnte auch nur annähernd Arigòs Erfolge erzielen, im Vergleich mit dem Großen waren sie Dilettanten, merkwürdigerweise starben alle drei – wie Arigò selbst – durch einen Autounfall.
Erst zehn Jahre nach Arigòs Tod hatte »Dr. Fritz« wieder Glück. Der praktische Arzt und Geburtshelfer Dr. Edson Cavalcanti de Queiroz aus Recife stellte sich »Dr. Fritz« nach seinem normalen Arbeitstag zur Verfügung. Tagsüber betrieb er in seiner Praxis völlig normale Schulmedizin. Nach Feierabend arbeitete er unentgeltlich als Wunderheiler, entfernte, wie Arigò, innerhalb von Sekunden Tumoren mit den bloßen Händen, beseitigte grauen Star mittels einer unsterilisierten Nadel. Hunderttausende lagen ihm dankbar zu Füßen, so wie seinerzeit Arigò. Und ähnlich tragisch wie dessen vorzeitiges Ende war auch der Tod von Dr. Queiroz. Im Jahre 1991 wurde er von seinem eigenen Wachmann ermordet. Es heißt, daß er, der zahllose Kranke umsonst behandelte, den Mann schon seit Monaten nicht mehr bezahlt haben soll.
Seitdem ruht »Dr. Fritz« aus. Und im armen, medizinisch unterversorgten Brasilien warten Millionen Menschen darauf, daß er eines Tages wieder Lust zum Arbeiten haben wird und einen medial begabten Menschen findet, der ihm dafür seinen Körper zur Verfügung stellt.

Hier haben Wunder Tradition: Die englische Heilerszene

Ich bin ein völlig normaler Mensch,
der zufällig eine Gabe mitbekommen hat,
die die meisten anderen normalen Menschen
nicht besitzen – und wenn doch,
dann können sie nichts damit anfangen.

Dorothy Collins,
englische Heilerin

Die wohl bunteste, genialste, spektakulärste – und skurrilste – Auswahl an Wunderheilern aller Richtungen findet man derzeit in England. Ob chirurgische Eingriffe mit dem Taschenmesser, längst verstorbene Ärzte, die aus dem Jenseits (korrekte) Diagnosen sowie (erfolgreiche) Therapiemethoden souffIieren, Fernheilung von Haustieren und Zimmerpflanzen – auf den Britischen Inseln gibt es einfach alles. Und das erstaunlichste ist: Nicht nur, daß die Engländer ihre Heilerszene mit der üblichen »stiff upper-lip« dulden, sie sind sogar stolz darauf. Geistheilung hat dort nicht nur eine lange Tradition, sondern auch eine hohe Akzeptanz, und zwar in allen Gesellschaftsschichten, die Royals eingeschlossen.

Man muß sich das einmal vorstellen: Wann immer sich ein europäisches Königshaus dazu bekannte, Hilfe bei einem Geistheiler zu suchen, ging ein Sturm der Entrüstung durch die aufgeklärte westliche Welt. Jedermann weiß, welch verhängnisvollen Einfluß »Väterchen Rasputin« auf die letzte russische Zarin ausübte. Als herauskam, daß sich die holländische Königin Juliana an eine Heilerin gewandt hatte, weil sie auf diesem Wege Hilfe für ihre fast blinde jüngste Tochter suchte, hätte das die Königin um ein Haar den Thron gekostet.

Insofern war es fast eine Sensation, was sich der englische Thronfolger Charles 1982 in seiner Eigenschaft als Präsident der British Medical Association öffentlich zu sagen traute: »Das ganze imposante Gebäude der modernen Medizin hat trotz atemberaubender Durchbrüche das gleiche Problem wie der berühmte Turm von Pisa: Es steht ein wenig schief.« Diskret schlug er vor, den alternativen Heilmethoden zumindest eine Chance zu geben. Über Geistheiler hat er zwar nicht ausdrücklich gesprochen, aber wir können davon ausgehen, daß sie in sein Plädoyer eingeschlossen waren.
Die Heiler bildeten im Lande nämlich eine nicht zu unterschätzende Macht. Bereits fünf Jahre vorher, 1977, als Heilern ohne Heilpraktikerprüfung bei uns noch das Gefängnis drohte, hatte die British Medical Association (BMA) – wenn auch zähneknirschend – gestattet, daß Ärzte ihre Patienten an einen Heiler überweisen durften, ohne Angst haben zu müssen, daß sie deswegen ihre Zulassung verlieren würden. Daraus kann man zwei Dinge schließen:

- Der BMA müssen eindeutige Beweise dafür vorgelegen haben, daß Heiler in vielen Fällen helfen konnten, in denen die Schulmedizin mit ihrem Latein am Ende war.
- Es scheint gang und gäbe gewesen zu sein, daß die Ärzte mit Heilern zusammenarbeiteten, wenn auch inoffiziell, denn sonst hätte das für sie das Berufsverbot bedeutet.

Wir in Deutschland können auch heute von soviel Offenheit nur träumen. Bei uns dürfen nach wie vor nur Ärzte und (mit Einschränkung) Heilpraktiker heilen, andere werden dafür mit Gefängnis bis zu einem Jahr bestraft, zumindest jedoch mit einer hohen Geldstrafe. In den USA verhält es sich noch ein wenig anders. Da darf man Kranke behandeln, wenn man entweder Arzt ist oder Mitglied einer anerkannten Religionsgemeinschaft. (Was zur Folge hat, daß viele sogenannte Heiler in den USA einfach ihre eigene Religion gründen, oft mit verheerenden Konsequenzen.)

Harry Edwards: Englands größter Heiler

Wie viele berühmte Heiler entdeckte auch Harry Edwards (1893–1976) seine Gabe durch Zufall. Im Ersten Weltkrieg merkte der gelernte Schriftsetzer mit Erstaunen, daß es verwundeten oder kranken Soldaten spontan besserging, wenn er ihnen die Hände aufgelegt hatte. Richtig ernst nahm er seine Heilkräfte aber erst zwanzig Jahre später. Da hatte er einem an TB erkrankten Freund aus der Ferne heilende Energien ins Krankenhaus geschickt – woraufhin der Schwerkranke von einem Tag auf den anderen gesund wurde. Daraufhin hängte Harry seinen Beruf als seriöser Geschäftsmann an den Nagel und begann die größte Heilerkarriere unseres Jahrhunderts. Der Mann, der auf der Höhe seines Ruhms – in den fünfziger Jahren – auf seinen öffentlichen Heilveranstaltungen die riesige Royal Albert Hall in London bis auf den letzten Platz zu füllen vermochte, heilte nachweislich Zehntausende hoffnungslos kranke Patienten. Selbstbewußt und trotzdem bescheiden (weil er den Erfolg nämlich niemals für sich selbst in Anspruch nahm, sondern höheren Instanzen zuschrieb) schreibt er*:

»Von Zeit zu Zeit überprüfen wir die Erfolgsrate [unserer Behandlungen], und sie ist jedesmal fast gleich. Nach unserer Erfahrung zeigen die Ergebnisse, daß acht von zehn Patienten

Die Sinneswandlung der konservativen britischen Ärztewelt ist zum großen Teil dem Mann zu verdanken, der mehr als jeder andere Mensch des 20. Jahrhunderts dazu beigetragen hat, dem Phänomen der Geistheilung Seriosität und Respekt zu verleihen: Harry Edwards (siehe Kasten). Englands erfolgreichster, populärster und am meisten

* Harry Edwards: *The Power of Spiritual Healing,* Burrows Lea 1978

eine Besserung vermelden, die Symptome sind erleichtert, die Schmerzen haben nachgelassen, der Gesamtzustand hat sich gebessert. Von diesen acht Personen werden drei im Laufe der Zeit berichten, daß sie völlig geheilt sind. In den Statistiken anderer Heiler gibt es meist ganz ähnliche Zahlen.
Es muß jedoch gesagt werden, daß die Menschen meist nicht mit kleineren Beschwerden zu einem Heiler gehen. Sie kommen erst dann, wenn man ihnen gesagt hat, daß ihre Krankheit unheilbar sei; oder wenn der Patient nicht auf die medizinische Behandlung anspricht; oder wenn er gar keine mehr bekommt; oder wenn sie stark unter Altersbeschwerden leiden. Deshalb ist die hohe Erfolgsquote signifikant.«
Besonders erfolgreich war Harry Edwards bei Lähmungen, Blindheit, Taubheit, »unheilbaren« Rückenleiden und rheumatischen Erkrankungen.
»Meistens«, erklärt er, »dauert es eine gewisse Zeit, bis die Ursachen der Krankheit behoben und die Symptome verschwunden sind, trotzdem finden auch häufig die sogenannten ›übernatürlichen‹ Heilungen statt. Das bedeutet, daß die Symptome sofort verschwinden oder daß ein Patient, der von den Ärzten aufgegeben wurde, sich zur allgemeinen Verwunderung auf phänomenale Weise erholt. Diese ›übernatürlichen‹ Heilungen kommen bei uns jeden Tag vor. In vier Jahren waren es, unseren Unterlagen zufolge, mehr als zehntausend.«

bewunderter Heiler, der unzählige Kranke in der ganzen Welt behandelt hat, übrigens auch Mitglieder des Königshauses, trat vor zwanzig Jahren selbst die Reise zu seinen Helfern in der anderen Welt an. Kranke und Verzweifelte in ganz England hoffen, daß er sich recht bald von dort aus melden und seine Tätigkeit auch im Jenseits wiederaufnehmen wird. Aber noch genießt der große Heiler seine wohlverdiente Ruhe.

Die Heiler dürfen ins Krankenhaus

Unermüdlich verkündete Harry Edwards seine Botschaft an die Schulmedizin: Unsummen von Geld würden darauf verschwendet, Heilmittel für schwere Krankheiten wie zum Beispiel Krebs zu entwickeln. Dabei könnte jeder Mensch, wenn er das wirklich wolle, allein durch die Kraft seiner Gedanken und seiner Gefühle geheilt werden, er müsse nur rechtzeitig genug Hilfe erhalten. Sein Leben lang hat er dafür gekämpft, daß Ärzte und Heiler zum Nutzen aller zusammenarbeiteten.

Im Jahr 1955 gründete Edwards die National Federation of Spiritual Healers und wurde ihr erster Präsident. Vier Jahre später schrieb der Verband unter seiner Führung sämtliche Krankenhäuser im ganzen Land an und bat um die Erlaubnis, daß die Patienten in den Krankenhäusern Besuch von einem Heiler empfangen durften, wenn sie selbst oder ihre Angehörigen ausdrücklich um diesen Besuch gebeten hatten und wenn von seiten der Ärzte keine Einwände bestanden. Innerhalb kurzer Zeit erteilten 270 Krankenhausverbände, denen über 1600 Krankenhäuser unterstanden, ihr Einverständnis dazu.

Der Verband erarbeitete Richtlinien für die Heiler: Sie durften sich nie in die Behandlung der Ärzte einmischen und hatten sich strikt an die Krankenhausregeln zu halten. Offensichtlich haben Englands Heiler den ethischen Code respektiert: Bis zum heutigen Tag hat sich kaum je ein Krankenhaus über einen Heiler beim Verband beschwert. Die BMA allerdings lief Amok, mobilisierte die Presse und die Kirche und forderte die Krankenhäuser auf, die Genehmigung umgehend rückgängig zu machen, aber nur wenige folgten der Aufforderung: 1500 oder 1600 Kliniken ließen auch weiterhin die Heiler herein.

Nun war es natürlich nicht so, daß in diesen Krankenhäusern die Patienten nicht mehr starben, weil die Heiler dafür sorgten, daß alle gesund wurden. Selbst Harry Edwards, der einer der größten und erfolgreichsten Geistheiler war, räumt ein, daß eine höhere Instanz das letzte Wort über Leben und Tod hat. Wenn die Lebenskräfte erloschen oder die Patienten erst kurz vor zwölf gekommen sind, kann auch ein Heiler kein Wunder bewirken. Dann kann er nur noch daran arbeiten, daß sie friedlich, ohne Schmerzen und ohne Angst aus dem Leben gehen, und in vielen Fällen, versicherte Harry Edwards, schaffte er das auch. Ist der Lebenswille des Patienten noch stark genug, dann könne mit Hilfe der geistigen Welt auch von den sogenannten »unheilbar« Kranken jeder dritte vollständig und auf Dauer geheilt werden.

Harry Edwards legte wie gesagt stets Wert darauf, daß nicht er derjenige war, der heilte, sondern daß durch ihn geheilt wurde. Die höhere Instanz, von der er seine Eingebungen erhielt, bezeichnete er als die »geistige Welt«. Für ihn stand es, ohne daß er sich näher über seine Geistführer äußerte (Louis Pasteur soll darunter gewesen sein), ohne jeden Zweifel fest, daß Menschen nach ihrem Tode auf einer anderen Ebene weiterlebten und von dort aus nur zu gern bereit waren, den Menschen auf der Erde beizustehen.

Wieder und wieder bot er an, seine erstaunlichen Erfolge – die er zum großen Teil durch Fernheilung erzielte – wissenschaftlich überprüfen zu lassen, doch dazu kam es nie. In Shere in Surrey, etwa hundert Kilometer südwestlich von London, gründete er schließlich sein eigenes Heilungszentrum. Woche für Woche trafen dort Hunderte von Patienten und Tausende von Briefen von Schwerkranken aus aller Welt ein. Als er im Jahre 1976 starb, ging das Zentrum an seine engen Mitarbeiter Joan und Ray Branch über, die allerdings seinen Ruhm nie erreicht haben. Das Zentrum existiert auch heute noch.

Harry Edwards hat über seine Fälle Buch geführt und war gern bereit, jedem, der darum bat, Auskunft zu erteilen. Tausende von Dankschreiben aus aller Welt liegen vor. Aber auch er mußte immer wieder frustriert feststellen, daß die Ärzte ihn nicht ernst nahmen. Da war, berichtet er, in einem Krankenhaus in Oxford der Junge, der unrettbar an Leukämie erkrankt war, sein Tod stand unmittelbar bevor. Buchstäblich in letzter Minute wurde Edwards um Hilfe gebeten. Die Folge: Der Junge starb nicht, sondern zeigte fast direkt nach der »Behandlung« Anzeichen einer Besserung. Er erholte sich auch weiterhin, seine Blutwerte normalisierten sich. Edwards erfuhr, daß der Junge an einem bestimmten Tag der medizinischen Welt als »Fall« vorgestellt werden sollte. »Ich nahm mir die Zeit, an den Professor zu schreiben, der für den Fall zuständig war; ich wies ihn auf den Hintergrund der Heilung hin und bat ihn, zu erwähnen, daß der Junge von einem Geistheiler behandelt worden war. Der Professor schrieb mir, er führe die Gesundung des Jungen auf Kortison zurück.«

Die Ärzte aus dem Jenseits

Von allen Arten des Heilens, die schwer zu erklären sind, ist die spiritistische Heilung, die in England um die Mitte des 19. Jahrhunderts in Mode kam, der härteste Brocken, und das nicht nur für Skeptiker. Die Tatsache, daß damit große Erfolge erzielt wurden und immer noch erzielt werden, macht die Sache nicht leichter.

Spiritistische Heiler arbeiten unter der Führung eines (oder auch mehrerer) Helfer aus dem Jenseits. In der Regel handelt es sich dabei um mehr oder weniger berühmte Ärzte, die offenbar in der anderen Welt eine Menge dazugelernt haben und nun darauf brennen, ihr Wissen in die Praxis umzusetzen. Um auch von dort aus noch heilen zu können, bedienen sie sich eines Mediums, eines medial begabten Menschen, dessen Körper sie sich für die Dauer der Behandlung ausleihen. Diese Medien sind meist sehr schlichte Menschen, Handwerker von Beruf und in medizinischen Dingen, wie sie selbst zugeben, weitgehend ahnungslos.

George Chapman, Jahrgang 1921, war Soldat, Boxer, Metzger und Feuerwehrmann gewesen, hatte, wie viele Engländer, angefangen, sich für Spiritismus zu interessieren und in einer Sitzung einen Dr. Lang aus dem Jenseits kennengelernt, der ihm mitteilte, daß er gern durch ihn weiterarbeiten würde. Chapman vergewisserte sich, daß es

Die neue Heilergeneration

Harry Edwards' Tod im Jahre 1976 hat eine tiefe Lücke hinterlassen, die Heilerbewegung in England aber nicht stoppen können. Zu seinen berühmtesten Nachfolgern gehören George Chapman, David Drew, Barry Redington, Stephen Turoff und Matthew Manning. Bis auf letzteren gehören alle der spiritistischen Szene an. Der Spiritismus war zwar auch für Edwards die Grundlage seiner Tätigkeit, aber im Gegensatz zu seinen Nachfolgern arbeitete er bei vollem Bewußtsein. Seine jenseitigen Helfer sorgten lediglich dafür, daß er intuitiv die richtigen Diagnosen und Heilmethoden »wußte«. Bei seinen Nachfolgern gehen die Ärzte aus dem Jenseits meist wesentlich weniger subtil vor: Sie übernehmen kurzerhand den Körper ihres auserwählten Mediums und behandeln selbst, und das oft auf spektakulärste Weise.

einen Londoner Arzt Dr. Lang gegeben hatte (er war ein hochangesehener Augenarzt und Chirurg gewesen), und erklärte sich schließlich einverstanden.

Und so geht Chapman nun seit Jahrzehnten in Trance, Dr. Lang übernimmt seinen Körper und führt mit unsichtbaren Instrumenten Operationen am Geistkörper der Patienten durch, von denen viele überaus erfolgreich sind.

Chapman, der einräumt, daß er keine Ahnung hat, was geschieht, während er in Trance ist, hat sich mit seiner zweiten Identität längst angefreundet. Er genießt die materiellen Vorteile der erfolgreichen Arbeit seines Alter ego und hat mittlerweile sogar das Haus und die Praxis des Dr. Lang in Aylesbury bei London gekauft, damit der alte unermüdliche Doktor an seinem vertrauten Arbeitsplatz weitermachen kann.

Übrigens: Sein Sohn ist ebenfalls Heiler, und damit alles in der Familie bleibt, channelt er Basil Lang, den Sohn des alten Dr. Lang, der ebenfalls Chirurg war.

Stephen Turoff, der neue Superstar?

Jünger und mindestens genauso erfolgreich ist Stephen Turoff, der seine Praxis vor einiger Zeit von Essex nach Stanstead bei London verlegt hat und dort Patienten aus aller Welt empfängt.
Stephen Turoff, Jahrgang 1948, gelernter Zimmermann, kann auf viele tausend erfolgreiche Operationen und spektakuläre Heilungen zurückblicken. Dabei hat er, wie er ganz selbstverständlich einräumt, keinerlei medizinische Kenntnisse. Die braucht er auch nicht, denn er »läßt operieren«. Anfangs half er, der seit nahezu 25 Jahren als Heiler arbeitet, nur durch Handauflegen. Dann kamen die Jenseitigen und übernahmen seinen Körper: Zuerst ein Österreicher namens Dr. Kahn (der, wie Turoff herausgefunden hat, um die Jahrhundertwende praktiziert hat), nach und nach kamen immer mehr arbeitswillige Mediziner aus dem Jenseits hinzu. In jüngster Zeit steht er auch in enger Verbindung mit Sai Baba (siehe Seite (243). In seinem Warteraum befindet sich ein blumengeschmückter Altar mit dem Foto des indischen »Saints« und materialisiert ständig große Mengen von Vibhuti, die heilige, zartriechende Asche, die wundersame Heilkräfte besitzen soll und die der Meister, wie es heißt, nicht nur aus seinen Händen rieseln lassen kann, sondern auch auf den Altären seiner Anhänger überall in der Welt.
Turoff verbringt seine Vierzigstundenwoche in Trance und nimmt, wie er selbst einräumt, kaum wahr, welche blutrünstigen Operationen die Jenseitigen dann durch ihn vornehmen. Mal bohrt er zentimetertief mit Taschenmessern oder Brieföffnern im Leib des Patienten herum. Mal behandelt er auch nur mit unsichtbaren Instrumenten. Fast alle Patienten verspüren anfangs bei seinen Eingriffen einen starken Schmerz.

»Wenn man reinkommt, muß man auf einen Zettel schreiben, mit welchem Körperteil man Probleme hat«, berichtet die Hamburgerin Hannelore S. »Welche Krankheiten das im einzelnen sind oder gar was der ärztliche Befund ist, das interessiert ihn nicht. Man schreibt ganz einfach: Head/Kopf oder Back/Rücken oder was auch immer einen quält. Dann kommt man ins Behandlungszimmer und legt sich auf eine Liege, und er behandelt. Das geht in Minutenschnelle. Wir waren zu dritt und haben genau verfolgen können, was bei den anderen geschehen ist. Bei einer von uns hat er mit den Händen den Körper geöffnet. Bei mir – ich hatte Kopf und Augen angekreuzt – hat er, ich schwöre es, das kranke Auge aus der Augenhöhle genommen und auf meine Wange gelegt. Ich weiß natürlich, daß so etwas nach menschlichem Ermessen nicht möglich ist, aber ich schwöre, er hat es gemacht. Und es hat unglaublich weh getan.«

Ob es geholfen hat?

Hannelore zögert. »Für einen Augenblick hatte ich im Anschluß an die Behandlung das Gefühl, daß ich mit dem Auge, das durch einen Unfall blind geworden war, wieder sehen konnte. Ich habe zum ersten Mal seit dem Unfall damals wieder schemenhafte Umrisse wahrgenommen. Aber es hat nicht angehalten.«

James Randi, der unnachgiebige Verfolger paranormaler Phänomene, hat, wen wundert's, über Stephen Turoff nur Schlimmstes zu berichten. Einmal bemängelt er, daß es keinerlei Beweise dafür gibt, daß die Ärzte, auf die sich Turoff beruft, je gelebt hätten. (Als ob das tatsächlich einen Unterschied machte!) Weiterhin kritisiert Randi scharf, daß Turoff seine rostigen Operationsinstrumente nie sterilisiert, sondern zuversichtlich daran glaubt, daß es nicht zu einer Infektion kommen wird. Auch diese Kritik ist ziemlich marginal. Wenn man davon ausgeht, daß es akzeptabel ist, wenn ein Amateur, der eingestandenermaßen keine Ahnung von Medizin hat, mit Scheren und Brieföffnern im Körper eines Kranken herumbohrt, spielt es wohl keine Rolle mehr, ob die Instrumente nun sterilisiert sind oder nicht.

Schließlich schildert Randi* den Verlauf der Operation, die er von einem Kamerateam aufzeichnen ließ:

»Turoff sprach mit einem Akzent, den er offenbar für Deutsch hielt [Dr. Kahn – sein jenseitiger Helfer – stammte angeblich aus Deutschland], verabreichte der Patientin eine imaginäre Spritze und stieß ihr dann eine chirurgische Zange 13 Zentimeter hoch in die Nase. Das Unbehagen der Patientin war offensichtlich. Dann setzte er auf dem Rücken der Patientin Schröpfköpfe an. Das Schröpfen ist eine Prozedur, die aus dem Mittelalter stammt. Damals war diese Behandlung populär, weil man glaubte, daß es nützlich wäre, wenn bei einem Kranken das [schlechte] Blut aus dem Körper herauskommt. Heute weiß man, daß diese Methode nicht nur nutzlos ist, sondern gefährlich. [Viele moderne Mediziner sind da mittlerweile ganz anderer Ansicht.] Turoff machte mit einem Messer einen Einschnitt auf dem Rücken der Frau, ohne Sterilisierung, ohne Betäubung, ohne die Stelle vorher zu reinigen. Dann legte er ein wenig in Alkohol getauchte Watte auf eine Münze, legte sie in die Nähe des Einschnitts, zündete den Alkohol an und stülpte ein kleines Glas darüber. Dabei bedeckte er die Stelle mit einem Tuch, so, als handele es sich dabei um einen Zaubertrick, und verbarg so vor unseren Augen, was sich nun in dem Glas abspielte. Während der Sauerstoff von der Flamme verzehrt wurde, entstand in dem Glas ein partielles Vakuum, und die Fleischwunde würde im Glas hochgezogen. Dadurch fing die Wunde natürlich an zu bluten, und als das partielle Vakuum ausgefüllt war, zog er das Tuch weg, so daß jeder sehen konnte, daß das Glas zu einem Fünftel mit Blut gefüllt war. Für einen uniformierten Menschen hätte es so aussehen können, als wäre das Blut auf magische Weise aus der Wunde geflossen. Das Blut begann zu verklumpen, und Turoff verkündete, es handele sich um einen Klumpen ›schlechten‹ Bluts. Die unglückliche Frau, an der

* James Randi: *In Search of the Paranormal,* London 1991

dieser Eingriff vorgenommen wurde, zitterte während der ganzen Prozedur heftig, und die Filmcrew hatte äußerste Mühe, nicht zu intervenieren und Turoff Einhalt zu gebieten.
Später im Filmstudio mußte ich mich bei meinen Zuschauern für das eventuelle Unbehagen entschuldigen, das dieses Video bei ihnen ausgelöst haben könnte. Aber wir waren der Ansicht, daß unbedingt gezeigt werden mußte, was in Großbritannien und überall auf der Welt unter der Bezeichnung ›alternative Medizin‹ geschah. Während der Aufzeichnung fiel ein Mann bei dem, was er sah, in Ohnmacht und mußte aus dem Studio getragen werden.
Während des Interviews vor laufender Kamera gab sich Turoff selbstbewußt, sicher und zeigte Autorität. Das ist kein Wunder, da der frühere Zimmermann nun einen Maßanzug und eine teure Uhr trägt und ein florierendes Unternehmen hat, für das er weder eine Ausbildung braucht noch ein Talent, noch eine Versicherung, denn er braucht keine Angst zu haben, daß er gegen irgendwelche Gesetze verstößt.
Es hieß, man könne ihn möglicherweise gerichtlich belangen, wenn einer seiner Patienten Anklage gegen ihn erhöbe. Aber ich bezweifle, daß einer seiner Kunden, die schon dadurch ihre Naivität unter Beweis gestellt haben, daß sie sich in seine Hände begaben, Anklage gegen ihn erheben würden … Muß erst einer sterben, bevor jemand zornig genug wird, um ihm Einhalt zu gebieten?«

Leider steht in Randis Bericht nicht, was mit der Patientin nach der Behandlung geschah. Wir wissen weder, welche Beschwerden sie hatte, noch, ob sie sich nach der Handlung besser gefühlt hat. Wenn das der Fall wäre, stünde das im Einklang mit zahllosen anderen Fällen, bei denen die Patienten von Stephen Turoff zwar auch während des Eingriffs »Unbehagen« verspürt hatten, aber hinterher geheilt waren oder doch eine Besserung spürten. Die Tatsache, daß in den 25 Jahren seiner Tätigkeit niemals Anklage gegen ihn erhoben

Achte auf deine Gedanken,
denn sie werden deine Worte.
Achte auf deine Worte,
denn sie werden deine Handlungen.
Achte auf deine Handlungen,
denn sie werden deine Gewohnheit.
Achte auf deine Gewohnheiten,
denn sie werden dein Charakter.
Achte auf deinen Charakter,
denn er wird dein Schicksal.

Klosterschrift in England

wurde, obgleich auch er, wie alle Heiler, gelegentlich Mißerfolge erlebt haben muß, mag möglicherweise nicht nur mit der »Naivität« seiner Kunden zusammenhängen, sondern auch mit seinen unbestreitbaren Erfolgen. Die Zahl seiner dankbaren Patienten jedenfalls ist Legion. Und legendär ist auch sein Ruf. Ein Termin bei Stephen Turoff muß Wochen im voraus vereinbart werden.

Übrigens: Besorgte oder ob der Konkurrenz aufgeschreckte britische Schulmediziner führen in unregelmäßigen Abständen Untersuchungen über die »schwarzen Schafe« in der Heilerszene durch. Aber trotz größter Mühe ist es ihnen bisher nicht gelungen, der Konkurrenz aus dem Jenseits einen Kunstfehler nachzuweisen. Wie selten Reklamationen enttäuschter Kunden sind, beweist auch die Tatsache, daß die Versicherung, die alle Heiler abschließen müssen, die Mitglieder des nationalen Heilerverbandes sind, im Jahre 1990 bei 80 Cent lag!

Wer sich über die englische Heilerszene persönlich informieren möchte, ohne gleich bei den Großen vorzusprechen, kann an einem der Healings in den spiritistischen Gemeinden teilnehmen, die es in jeder größeren englischen Stadt gibt.

DELPHI
bei Droemer Knaur
Bücher für ein gesünderes und erfüllteres Leben

Dr. Elisabeth Kübler-Ross hat durch ihre therapeutische Arbeit mit Sterbenden dazu beigetragen, die Furcht vor dem Tod zu lindern. Ihre Erinnerungen sind die Essenz eines Lebens, das bestimmt war von Nächstenliebe und der kompromißlosen Suche nach dem Geheimnis des Todes.

256 Seiten

Was tun, wenn sich in der Mitte des Lebens trotz äußerer Erfolge eine innere Leere einstellt? Unsere psychisch-spirituelle Entwicklung endet nicht mit der Pubertät! In der zweiten Lebenshälfte beginnt eine neue Phase, die uns mit Sinn und tiefer emotionaler Befriedigung erfüllen kann. Dr. Moody ermutigt uns, dem Ruf unserer Seele zu folgen und macht uns mit »Landkarten« für eine Reise nach Innen vertraut.

448 Seiten

Spontanheilungen – Ute York bringt Licht in eine verdrängte Dimension der Medizin. Angefangen bei den Heilwundern Jesu bis zu modernen Wundern berichtet die Autorin sowohl über »wahre Wunder« als auch über Scharlatane. Ein spannendes Buch über die Zusammenhänge von Körper, Geist und Seele und über Phänomene, die heute noch als Wunder bezeichnet werden.

304 Seiten

Das Zentrum ist in London, am Belgrave Square, gleich in der Nähe des berühmten Kaufhauses Harrods. Dort finden zweimal wöchentlich die »Healing sessions« statt, bei denen sich jeder, der möchte, kostenlos von seinen Beschwerden befreien lassen kann.
»Du gehst einfach dahin und setzt dich dazu«, erzählte mir Dr. Ursula Sch., die einige Jahre lang in England als Ärztin in der Intensivmedizin tätig war. »Ich habe das oft nach Feierabend gemacht. Die Heiler, die dort arbeiten, sind meist ganz schlichte Leute. Die Frau nimmt ihr Kopftuch ab, und wenn du sie darum bittest, behandelt sie dich. Da passiert nichts Spektakuläres. Aber du kannst so erschöpft gewesen sein, wie du willst – danach fühlst du dich, als hättest du eine Woche Urlaub gehabt.«
Natürlich heilen nicht alle englischen Geistheiler mit Hilfe ihrer »spirits«. Sämtliche anderen klassischen Methoden der Geistheilung – Glaubensheilung, Handauflegen, Magnetismus, Auraheilung, Aura-Soma etc. – sind dort ebenfalls verbreitet. Doch so unterschiedlich die Methoden auch sein mögen: Alle Geistheiler sind davon überzeugt, daß es in erster Linie nicht der Körper, sondern der Geist der Menschen, der »spirit«, ist, der behandelt werden muß, damit Heilung stattfinden kann. Und sie betonen wie gesagt stets, daß nicht sie diejenigen sind, die heilen, sondern daß sie nur der Kanal für eine höhere Instanz sind. Je nach ihrer persönlichen Glaubensrichtung bezeichnen sie diese Instanz als Gott, Jesus, die geistige Welt oder auch die universelle kosmische Energie. Da die meisten von ihnen sehr schlichte Menschen sind, die ihre Gabe durch Zufall entdeckt haben, wissen sie keine Antworten auf die Fragen, die nicht nur die Wissenschaftler interessieren, sondern auch die meisten anderen: Wie kann Heilung geschehen? Was für geheimnisvolle Kräfte sind da am Werk? Die meisten Heiler wissen es auch nicht. Sie heilen. Punkt.

Der Mann, der mit Krebszellen spricht

Einer der wenigen, die sich außer Harry Edwards über die Hintergründe Gedanken gemacht haben, ist Matthew Manning, der von vielen als der größte lebende Heiler Englands bezeichnet wird. Außerdem ist er mit Sicherheit derjenige, der mit Abstand die meisten wissenschaftlichen Untersuchungen über sich hat ergehen lassen. Matthew Manning unterscheidet sich von seinen meist schlichten Heilerkollegen schon allein durch die Herkunft. Er stammt aus einer gebildeten Familie der oberen Mittelschicht, besuchte exklusive Privatschulen und erlebte schon in sehr jungen Jahren so viele außersinnliche Phänomene, daß es ihn nicht weiter überraschte, als die Wissenschaftler, die ihn bereits damals allen möglichen Tests unterzogen, eine sensationelle Entdeckung machten: Matthew besaß die Kraft, die Struktur von Krebszellen zu ändern. Daraufhin beschloß er, 22jährig, seine offensichtliche Begabung zu nutzen und berufsmäßiger Heiler zu werden. Er hat nie etwas anderes getan. Heute hält er Vorträge in aller Welt, hat sein eigenes Heilungszentrum (das Matthew Manning Centre in Bury St. Edmunds in Suffolk, in dem er fast ausschließlich Krebspatienten behandelt – die Wartezeit für einen Termin beträgt fast ein Jahr), verkauft Bücher, Kassetten und Videos und genießt weltweit hohes Ansehen.
Zwischen 1972 und 1982 beschäftigten sich ganze wissenschaftliche Institute mit dem jungen Mann, und längst nicht nur Parapsychologen. Sie entdeckten, daß Matthew offensichtlich das Pflanzenwachstum beeinflussen konnte, indem er dem Testsaatgut positive Gedanken schickte. »Seine« Pflanzen wuchsen sichtbar schneller als die der Kontrollgruppe. Er war in der Lage, die Richtung zu bestimmen, in der Fische schwimmen würden, die sich im Raum nebenan in einem Aquarium befanden, und schließlich konnte er das Wachstum von Krebszellen bremsen, indem er den Reagenzgläsern, in denen sie sich befanden, die Hände auflegte und ihnen heilende Gedanken schickte. Wissenschaftlich ausgedrückt: Er beeinflußte in sechzehn von achtzehn Versuchen weit oberhalb der Zufallsgrenze das Enzym

Monoaminoxidase (MAO) in Reagenzgläsern, wenn er seine Hände jeweils vier bis fünf Minuten lang in deren Nähe brachte. Es gelang ihm, den Zerfallprozeß von isolierten roten Blutkörperchen auf unerklärliche Weise zu verlangsamen. Die mittlere Überlebensrate von Tumorzellen, die aus der Schleimhaut entnommen worden waren, änderte sich unter seiner Entwicklung um 200 bis 20 000 Prozent – selbst von einem anderen, elektrisch abgeschirmten Raum aus. Vermutlich war es diese letzte unter Laboreinflüssen getestete und bestätigte Fähigkeit, die ihn veranlaßte, sich auf Krebspatienten zu spezialisieren. Außerdem, so Manning, haben die seine Hilfe auch am ehesten nötig. Drei Voraussetzungen müssen erfüllt werden, damit er helfen kann:

- Er muß den starken Wunsch verspüren, daß etwas geschieht.
- Er muß daran glauben, daß es möglich ist.
- Er muß daran glauben, daß es geschehen wird.

Wenn er mit Krebspatienten arbeitet, versucht er zunächst, sich zu entspannen und sich von allen störenden Gedanken zu befreien. Dann beginnt er, sich durch die Imagination bestimmter Bildabläufe in einen anderen Bewußtseinszustand zu versetzen. Wenn er diesen Zustand, in dem er sich stark und von Frieden durchdrungen fühlt, erreicht hat, strömt Wärme von seinen Händen auf die Zellen des Patienten über. Er stellt sich vor, daß die gesunden Zellen von schützendem weißem Licht umgeben sind, und erklärt ihnen, daß sie keine Angst haben müssen, weil das Licht sie beschützen wird. Den bösartigen Zellen erklärt er, daß ihre Aufgabe nun erfüllt sei. Er sagt ihnen nicht, daß sie sterben sollen – »Ich wünsche niemals, daß irgend etwas stirbt«, sagt er.
Matthew Manning ist davon überzeugt, daß er nichts tut, das seine Patienten grundsätzlich nicht auch für sich tun könnten. Durch ihre Krankheit seien sie jedoch so verängstigt, daß sie nicht mehr in der Lage seien, ihre Selbstheilungskräfte durch heilenden Gedanken anzuregen.

Matthew Manning, bescheiden, wie er ist, behauptet, daß er nichts für seine Patienten tut, das sie nicht auch für sich selbst tun könnten. Das mag wohl richtig sein. Aber für jemanden, der, von Krebs zerfressen, am Ende seiner Kraft und seiner Hoffnung ist, ist das sicher viel leichter gesagt als getan. Da ist es dann ein Segen, daß es Menschen wie Matthew Manning gibt, die Starthilfe geben können – woher der »Strom« auch immer kommen mag!

Zwiebelsaft statt Chemo: Die Wunder der Derwische

Und wenn du hundert Knoten knüpfst
die Schnur bleibt *eine.*

Rumi

Einmal im Jahr verläßt der Sufi-Großmeister Sheik Nazim al Haqqani seinen Wohnsitz im türkischen Teil Zyperns und besucht seine Anhänger in Deutschland und England. John, ein junger türkischer Student der vergleichenden Religionswissenschaften, der wußte, daß ich an einem Buch über Heiler arbeitete, schickte mir ein Büchlein, das der Scheich über traditionelle Heilweisen der Sufis geschrieben hatte, und eine Einladung zu einem Essen im Haus seiner Familie. Der Großmeister würde der Ehrengast sein.

»Er ist ein großer Heiler«, versicherte mir John. »Vielleicht kannst du mit ihm ein persönliches Gespräch führen. Ich werde ihn darum bitten.«

Ich las das kleine Buch und stellte fest, daß der Sheik offenbar ein kompromißloser Anhänger der Naturheilkunde war.

Operationen lehnte er grundsätzlich ab. In unserer Zeit, so schrieb er, gäbe es mehr Krankheiten auf der Welt als je zuvor.

»Wir [Sufis] glauben, daß die Menschen aus den verschiedensten Gründen krank werden. Manche Ursachen sind körperlich, andere spirituell. Als Gläubige akzeptieren wir nicht, daß jede Krankheit nur eine körperliche Ursache hat. Es gibt auch eine göttliche Reaktion, die Menschen krank machen kann.«

Aber so, wie Gott die Krankheiten in die Welt geschickt habe, so habe er auch die Mittel zur Heilung bereitgestellt. Diese Mittel stammten alle aus der Natur und seien seit Jahrtausenden immer gleich, das Wissen über ihre Heilkraft sei uns durch göttliche Boten und Propheten zuteil geworden. Diese Pflanzen allein könnten den Kranken heilen, wenn das Allahs Wille sei. Alles, was man dafür brauche, sei Geduld: »Unser Körper stammt aus der Natur, und die Heilung kann ebenfalls nur aus der Natur kommen.«

Und dann erzählte der Sheik eine Geschichte: Moses hätte einmal unter unerträglichen Kopfschmerzen gelitten. Die Kinder Israels schickten ihm ihre Ärzte und die sagten. »Hier, nimm das.« Moses antwortete: »Nein.« Jemand anders kam und brachte ihm eine andere Medizin, aber wieder lehnte er sie ab. Da schickte Gott den Erzengel Gabriel zu ihm und befahl ihm, die Medizin einzunehmen. »O Moses, sprach er, ich habe so viele Heilmittel durch die verschiedenen Pflanzen und Kräuter geschaffen, damit die Menschen durch sie geheilt werden. Willst du, daß die Weisheit, die ich dort hineingegeben habe, umsonst sei? Wenn du das Mittel nicht nimmst, wirst du nicht wieder gesund ... Ihr müßt die Mittel, die ich euch gegeben habe, auch nehmen.« – Das gilt, fügte der Sheik hinzu, für alle Menschen. Aber es wäre dumm zu glauben, daß es allein das Mittel gewesen wäre, das die Heilung brächte. »Das ist so, als würde ich ein Wasser segnen und dir gegen eine Krankheit geben und du würdest sagen, das Wasser hat dich geheilt. Es ist nicht das Wasser, das dir deine Gesundheit wiedergegeben hat. Es ist Allah, der sie dir durch das Wasser gab.«

Für einfache Krankheiten gäbe es einfach Heilmittel. Aber mit dem zunehmenden Ungehorsam in der Welt, dem ständigen Verstoß gegen Naturgesetze, hätten auch die Krankheiten begonnen, den Heilmitteln den Gehorsam zu verweigern. Sie wirkten nicht mehr. Doch wenn es Gottes Wille sei, dann könnte auch eine sehr schwere Krankheit mit sehr einfachen Mitteln geheilt werden. Sein Lehrer, der frühere Großsheik, habe immer gesagt: »Wenn jemand die gefährliche Krankheit Krebs hat, dann sollte er Zwiebelsaft trinken. Das ist das beste.« Manchmal kämen Leute zu ihm und sagten, sie hätten schon Hunderte von Mitteln ausprobiert und trotzdem ginge die schreckliche Krankheit nicht weg. Aber wenn sie anfangen, Zwiebelsaft zu trinken, dann ginge sie. »Inschallah. Wenn Gott will. Ich

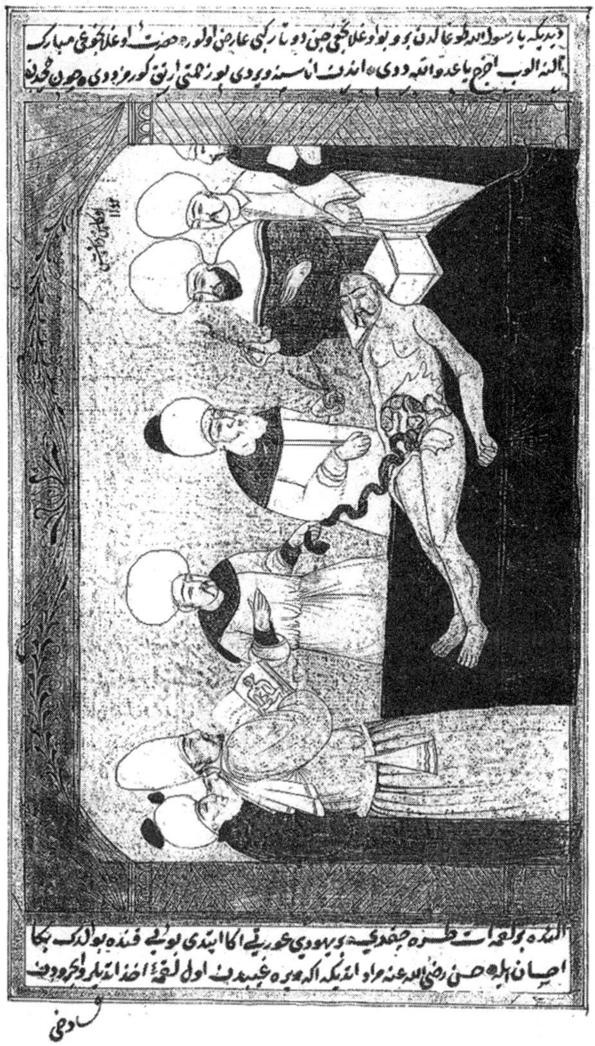

Bauchoperation nach einem
alten türkischen Medizinbuch.

sage nicht, daß der Zwiebelsaft die Krankheit heilt, sondern das, was Allah als Heilmittel in sie hineingegeben hat.«

Zwiebelsaft gegen Krebs? Ich wollte mehr wissen über die seltsamen Heilmethoden der Derwische, die den mystischen Zweig des Islam vertreten, und nahm die Einladung an.

Für das Gastmahl am Sonntagmorgen hatten die weiblichen Mitglieder der Münchner Sufi-Gemeinde des Sheiks seit vierzehn Tagen gekocht. Nun war auf dem Fußboden des geräumigen Wohnraums ein großes Tischtuch aus Kunststoff ausgebreitet, und über sechzig Menschen saßen auf dem Boden und verzehrten schweigend ihr Mahl. Ehrfürchtig blickten sie auf den Sheik, der als einziger auf einem Sessel saß, auf dem ein besticktes weißes Tuch ausgebreitet war: ein würdevoller alter Mann mit blitzenden Augen, in Pluderhosen und der seltsamen Kopfbedeckung der Sufis.

Ich wurde auf die Seite der Frauen geführt und sah mich neugierig um. Außer ein paar Westlerinnen trugen alle ein Kopftuch und die traditionelle leuchtende Festtagskleidung der Türkinnen. Bis zum Ende des Mahls, das aus zahlreichen Gängen bestand, sprach niemand ein Wort, man hörte nur das Kratzen der Gabeln auf den Tellern. Schließlich war das Essen beendet, es folgte, so wurde angekündigt, das gemeinsame Mittagsgebet unter der Leitung des ehrwürdigen Sheiks. Ein wenig ratlos sah ich mich um. Was nun?

»Geh am besten nach hinten«, riet mir eine attraktive, selbstbewußte Frau, die mir vorhin schon aufgefallen war. Sie trug passend zu ihren lila Hosen eine lila Kopfbedeckung, die zwar, wie es der Koran verlangte, alle Haare versteckte, aber trotzdem alles andere als züchtig wirkte. »Du brauchst aber nicht mitzumachen.« Sie lachte. »Die Frauen beten bei uns immer hinter den Männern. Nicht, weil sie weniger wert wären. Es ist nur so, daß wir uns bei den Anrufungen immer wieder auf den Boden werfen. Und die Männer müssen nach vorn, weil Mohammed gewußt hat: Sie können sich nie und nimmer aufs Gebet konzentrieren, wenn sie in der Reihe vor ihnen einen knackigen Frauenhintern sehen!« Und dann warf sie sich, wie alle

anderen, nach Osten gerichtet auf den Boden und verrichtete inbrünstig ihre Gebete.
Später beobachtete ich, wie sie eine Reihe von Büchern vor sich zum Verkauf ausbreitete, die offensichtlich aus der Feder des Großmeisters stammten. »Genaugenommen aus meiner Feder«, erklärte sie. »Ich lasse immer ein Band mitlaufen, wenn er seine Reden hält, und dann schreibe ich die Bücher für ihn.«
Ich entdeckte das Büchlein über *Natural Medicines,* das ich schon kannte.
»Gibt's was Neues über Heilung?« wollte ich wissen.
»Leider nicht«, sagte sie bedauernd. »Dabei ist der Sheik einer der größten und wunderbarsten Heiler unserer Zeit.«

Euer Schmerz ist das Zerbrechen der Schale, die euer Verstehen umschließt.
Wie der Kern der Frucht zerbrechen muß, damit sein Herz die Sonne erblicken kann, so müßt auch ihr den Schmerz erleben.

Khalil Gibran

»Hast du schon mal eine Heilung miterlebt?« fragte ich neugierig.
»Dauernd«, erklärte sie. »Ich bin auf seinen Reisen ja immer dabei. Außerdem bin ich ja zu den Sufis gekommen, weil er mich selbst geheilt hat.«
Die Derwischfrau Thyra, so stellte sich heraus, war während ihres Studiums in Berlin eines der führenden Mitglieder der Studentenbewegung gewesen und später eine der Mitbegründerinnen der Grünen-Partei. Irgendwann geriet sie in den Bannkreis des Sufi-Meisters.
»Aber ich war immer nur eine Randfigur«, berichtete sie. »Bis ich den Krebs bekam. Schilddrüsenkrebs. Die Ärzte hatten mir gesagt, das einzige, was mich noch retten könnte, wäre eine Operation. Aber ich wollte nicht, daß sie mir mit einem Messer an die Kehle gingen.

Der Sheik sagte mir, ich sollte jeden Morgen nüchtern ein großes Glas Zwiebelsaft trinken. Ich tat es natürlich, aber es war grauenhaft. Weißt du, wie Zwiebelsaft schmeckt? Aber nach vierzig Tagen war ich völlig geheilt. Natürlich war das ein Wunder, doch zugleich war es auch fast ein bißchen peinlich. Ich hatte nämlich eine Rente beantragt, als ich so krank war, und nun konnten die Ärzte keine Spur vom Krebs mehr erkennen. Seitdem sammle ich die medizinischen Ratschläge, die er den Kranken gibt, die ihn um Hilfe bitten. Ich hatte ja gesehen, daß die Heilmittel, die er empfiehlt, wirken.
Manche sagen überrascht: ›Aber der Sheik ist doch ein spiritueller Meister, kein Heiler!‹ Es dauert eben eine Weile, bis man begreift, was dieser heilige Mann alles bewirken kann.
Neulich habe ich nach zehn Jahren wieder Krebs bekommen, diesmal war es ein Melanom am Kopf. ›Trink Zwiebelsaft‹, riet mir der Sheik wieder. Ich hab's natürlich getan, aber drei Wochen lang passierte überhaupt nichts. Die schwarze Geschwulst wurde immer größer. ›Sheik Nazim‹, sagte ich schließlich, ›allmählich wird's eng. Wir wollen doch nächste Woche nach Ägypten!‹
Der Sheik erinnerte mich streng an sein oberstes Gebot ›Be patient as a patient!‹ Habe Geduld, wenn du krank bist. Ich habe also weiterhin klaglos meinen Zwiebelsaft getrunken, und drei Tage vor der geplanten Reise war die Geschwulst weg. Sie hat sich buchstäblich über Nacht in Luft aufgelöst. Als ich es dem Sheik sagte, hat er nur gelächelt.«
In diesem Augenblick fragte der Sheik laut in die Runde: »Wo ist die Frau, die ein Interview von mir will?«
»Das bin ich«, erklärte ich ein bißchen verlegen.
»Dann frag«, erklärte der Meister und fügte hinzu: »Willst du etwas über Naturheilkunde wissen oder über Heilung an sich?«
»Ich möchte von Ihnen etwas über das Wunder der Heilung erfahren, das sich hinter jeder Methode verbirgt«, erklärte ich.
»Bist du selbst eine Heilerin?«
»Nein«, sagte ich fast beschämt, »ich bin leider keine Heilerin. Ich schreibe nur ein Buch darüber.«

»Es ist immer besser, etwas zu tun als darüber zu schreiben!« sagte der Sheik streng. »Wieso heilst du nicht mit deinen Händen?«
Ich schwieg eine Weile und dachte an das, was mir ein indischer Weiser einmal vorausgesagt hatte: daß ich eines Tages mit dem Schreiben aufhören und dann heilen würde. Aber wieso konnte der Sheik das auch wissen?
Sechzig Augenpaare sahen mich neugierig an.
»Ich bin noch nicht soweit«, sagte ich schließlich zögernd.
»Du arbeitest nur mit dem Kopf«, fuhr der Sheik unnachgiebig fort. »Mit dem Kopf kann man überhaupt nichts heilen. Der gibt einem nur Projekte, weiter nichts. Wenn du etwas über Heilung wissen willst, dann mußt du jemand suchen, der dir zeigt, wie man es macht. Du kannst nicht nur dasitzen und darauf warten, daß sich die Heilkräfte von selbst einstellen. Geh ins Retreat. Man muß sich darauf vorbereiten. Wenn du ein vierzigtägiges Retreat machst, ein Halvet, so wie dieser junge Mann, der gerade aus Istanbul zurückkommt, dann wirst du auch heilen können. Es ist natürlich eine Sache, mit den Händen zu heilen, und eine andere, Heilmittel zu verabreichen«, fuhr er fort. »Dieser Mann«, er deutete mit einer Handbewegung auf den alten Mann, der an seiner Seite saß, »ist aus der Türkei hierhergekommen, weil er sehr krank ist. Er hat Probleme mit der Leber. Ich habe ihm ein Mittel aus der Naturheilkunde verordnet, und er nimmt das nun.
Wenn der Heiler das richtige Mittel findet, dann kann es hundertprozentige Heilung bewirken. Es kann aber auch sein, daß das Mittel nicht zu hundert Prozent wirkt, sondern viel weniger, vielleicht nur zu einem Prozent. Das ist Allahs Entscheidung. Wenn er will, dann kommt diese Heilung durch das Geheimnis zustande, das Allah, der Allmächtige, diesen Pflanzen mitgegeben hat. Es gibt keine Pflanze, keinen Baum, keinen Strauch, der nicht dafür geschaffen ist, der Menschheit dienlich zu sein. Manchmal wirken sie ganz allein, manchmal in der Kombination, drei, vier oder fünf Pflanzen zusammen. Doch welche das sind, das weiß nur jemand, der die Sprache der Pflanzen kennt. Weil die Pflanzen nämlich auch sprechen.

Sie sagen ganz deutlich: ›Wir sind für dies oder jenes geschaffen, für die Heilung von dieser oder jener Krankheit.‹ Aber das kann man nur hören, wenn man die Sprache der Pflanzen versteht. Es gibt Pflanzen, die Deutsch sprechen. Ich verstehe sie nicht. Aber wenn sie Türkisch sprechen, verstehe ich sie. Nur die Menschen, die spirituell eingeweiht wurden, bekommen das Geheimnis von den Pflanzen mitgeteilt.

Es gibt aber auch Menschen, die das Kraftpotential haben zu heilen, diese besondere Dynamik. Natürlich heilen sie nicht selbst. Sie sind wie Dynamos. Ein Dynamo kann jemand anderem Kraft weiterleiten. Eine Batterie kann das nicht, weil eine Batterie nur für sich selbst ausreichend ist. Aber niemand, der ein Dynamo ist, kann die Kraft weitergeben. Das ist aber auch davon abhängig, wie stark ein Dynamo ist. Es gibt Dynamos, die nur fünf Kerzen anzünden können. Es gibt Dynamos, die fünftausend Kerzen anzünden können. Und es gibt Dynamos, die eine ganze Stadt beleuchten können.

Die größte Kraft haben die Propheten. Und danach geht sie von den Propheten zu den Menschen, wieviel, das hängt von ihrer Kapazität ab. Manche können die Hand auflegen, und wenn sie das tun, dann kommt die Kraft herüber, auf das Herz oder auf den Kopf, und dann fangen die Batterien wieder an zu arbeiten. Wie bei Autos, die nicht anspringen, weil die Batterie zu schwach ist. Da legt man von einem anderen Auto ein Verbindungskabel zu dem defekten Auto rüber und gibt Starthilfe. Und dann springt es an.«

»Ist es notwendig, daß man an die heilenden Kräfte eines Menschen glaubt?« fragte ich.

»Ob man daran glauben muß?« wiederholte der Sheik amüsiert. »Glaubt das eine Auto an das andere Auto? Wenn jemand Gift schluckt und sagt, er glaubt nicht an Gift, wird er dann nicht vergiftet? Das Gift zeigt sein Giftsein, und die Medizin zeigt ihr Medizinsein, und der Heiler zeigt sein Heilersein. Aber der Glaube daran unterstützt.

Es gibt Bücher, die sind sehr gut, darin steht Hilfe gegen viele Krankheiten. Aber erst muß man eine Diagnose stellen und dann eine

Therapie vorschlagen. Wenn die Diagnose gestellt ist und die falsche Medizin gegeben wird, dann geht die Sache in die falsche Richtung. Es gibt Leute, die können Diagnosen stellen, und es gibt Leute, die können behandeln.« Der Sheik sah mich eindringlich an. »Ein Mensch, der die spirituelle Kraft hat, kann dir die Kraft zu einem bestimmten Zeitpunkt vermitteln. Die Zeit wird kommen, und es wird euch bewußt werden, wie lange das dauert, und dann wird dir die Kraft gegeben werden. Sie kommt aber nicht von allein, man muß sich da von der äußeren Welt trennen, wie dieser Sheik hier das gerade gemacht hat, er war vierzig Tage im Retreat in Istanbul. Jetzt hat er die spirituelle Kraft, die er nun auf andere übertragen kann. Dazu muß man aber im Retreat gewesen sein. Wenn das geschehen ist, kann man die Kraft, die von der Zentrale kommt, aufnehmen und empfangen.

Wer sich selbst und andre kennt,
Wird auch hier erkennen:
Orient und Okzident
Sind nicht mehr zu trennen.

Sinnig zwischen beiden Welten
Sich zu wiegen, laß ich gelten;
Also zwischen Ost und Westen
Sich bewegen, sei's zum besten.

Goethe

Ohne die Kraft eines großen Wassers arbeitet die Mühle nicht. Diese ungeheure göttliche Kraft fließt durch unsere Augen, durch unseren Mund, durch unsere Ohren, durch unsere Bewegungen, sie kommt dadurch, daß sich unser Herz ständig mit diesen Sachen beschäftigt. Wenn jemand im Retreat ist, dann macht er die Augen zu, damit nichts aus den Augen rauskommt. Erst wenn die Kraft, die aus der Engelwelt kommt, präsent ist, dann kann er etwas tun. Dann kann

man selbst den Dynamo ankurbeln, besonders jemand, der in der Welt herumläuft, lebt und sich betätigt. Dann ist er wie ein großer Fluß. Und wenn man dann im Retreat ist, dann kann man plötzlich am Mühlrad drehen, und es geht vorwärts.
Aber nicht jeder ist dafür bestimmt. Jeder denkt, daß er diese Kraft mit ein wenig innerer Arbeit erlangen kann. Das ist sehr schwach. Nur jemand, der diszipliniert lebt, schafft es, mit dieser Kraft, die aus der Engelwelt stammt, in Verbindung zu kommen. Darum hat jede Religion, jedes Glaubenssystem, eine strenge Disziplin mit sich gebracht. Wenn man diese Disziplin akzeptiert, dann ist es garantiert, daß man die spirituelle Kraft erlangt und die Herzensbindung nach außen bringt. Aber um die Kraft von der Engelwelt zu bekommen, braucht man eine Art Mittler. Da gibt es eine Art Sicherungsschalter, so ganz kleine dünne Kabel wie bei Glühbirnen.
Jemand, der einen solchen Transfer als Mittler macht, kann entweder wahrhaftig sein oder aber unaufrichtig. Wenn er unwahrhaftig ist, dann bekommt man keine Energie, keine Kraft. In der spirituellen Welt und in der Religion ist jeder Fanatismus fehl am Platze. Man muß die Kraft von dort nehmen, wo man sie bekommt. Stell dir das so vor: Man bekommt von einem Arzt ein Rezept. Es gibt fünf Apotheker. Einer ist Deutscher, einer Türke, einer Araber, einer Jude, einer Christ. Der deutsche Apotheker guckt das Rezept an und sagt: ›Ich habe das nicht.‹ Was macht man dann? Gehst du dann nicht zu den anderen, bloß weil der ein Araber ist oder Türke? Wenn es sich um eine lebenswichtige Sache handelt? Wenn du es im Katholizismus findest, dann nimm es. Wenn man es im Christentum nicht findet, kann man im Judentum suchen. Und wenn man es da auch nicht findet, dann muß man im Islam gucken. Dann nimmt man es von dort. Der Islam ist auch für die Menschheit. Das war's. Das war genug.«
Das denkwürdige Interview, das keins gewesen war, eher eine persönliche Standpauke, war beendet. Ich saß schweigend auf meinem Stuhl, brachte kein Wort heraus. Sechzig Augenpaare blickten mich freundlich an.

»Der Sheik ist immer für eine Überraschung gut«, flüsterte Thyra neben mir. »Da sind einige Leute im Raum, die warten seit Jahren drauf, daß er ihnen ein Halvet vorschlägt, und dir bietet er es geradezu an!«
Ich war immer noch tief in Gedanken versunken, als ich an diesem Abend nach Hause ging. Aber ich wußte mit großer Gewißheit, daß die Zeit für ein Retreat noch nicht gekommen war und daß ich es, wenn die Zeit käme, wohl eher in einem östlichen Kloster als in einem islamischen Halvet verbringen würde. Trotzdem begann ich, mehr Informationen darüber zu sammeln. Was für heilende Kräfte waren das wohl, die auf diese Weise aktiviert würden?

Jeder, der auf der Suche ist, wird bestätigen, daß einem immer die Bücher zufallen, die gerade für einen wichtig sind. Und so war ich nicht einmal besonders verwundert, als mir der Postbote ein Buch brachte, das mir eine Leserin geschickt hatte mit dem Vermerk: »Ich dachte, das müßte Sie interessieren.« Der Titel lautete *40 Tage. Erfahrungsbericht einer traditionellen Derwischklausur.** Verfasserin war die Verhaltenstherapeutin Michaela M. Özelsel.
Das Buch begann vielverspechend. »Ein Patient von mir«, schrieb die Autorin, »hat mir einmal von einem Freund erzählt. Dieser Mann habe Krebs in einem Stadium gehabt, in dem medizinisch weder Hoffnung noch Behandlungsmöglichkeiten bestanden hätten. In einem letzten verzweifelten Willensakt habe dieser Freund dann beschlossen, so lange zu fasten, bis entweder er, der Krebs oder beide verhungert wären. Es sei der Krebs gewesen, der zuerst aufgegeben habe. Nun sei besagter Freund gesund.«
Wenigstens diesmal kein Zwiebelsaft, dachte ich. Und wenn mein Ego über die Einladung des Sheik je so etwas wie Genugtuung empfunden haben sollte, so wurde mir im folgenden dieser Zahn jedenfalls gezogen.

* Michaela M. Özelsel: *40 Tage. Erfahrungsbericht einer traditionellen Derwischklausur,* München 1993

Naturheilmittel der Sufis

– *Gegen Nasenbluten:*

Nimm die harte braune Schale der Mandeln, röste sie im Ofen, zermahle sie zu feinem Pulver. Zieh's durch die Nase ein!

– *Gegen Neurodermitis:*

1. Nimm jeden Morgen einen Eßlöffel naturbelassenes Olivenöl ein.
2. Nimm jeden Tag ein Bad. Reib anschließend deinen ganzen Körper zuerst mit Zitrone und dann mit Olivenöl ein. Mach das so lange, bis der Ausschlag verschwindet.

– *Gegen Wechseljahrbeschwerden:*

Haben mit den Nerven zu tun, iß deshalb jeden Morgen auf nüchternen Leib 21 Rosinen mit Kernen.

– *Gegen Zahnschmerzen:*

Erhitze Essig mit Salz und gurgele damit. Oder kau ein wenig Knoblauch, und schieb ihn mit der Zunge in das Loch im Zahn.

– *Gegen Unterleibsbeschwerden:*

Vermische einen Eßlöffel Honig mit einem halben Eßlöffel geschmolzener Butter. Iß es, solange es noch heiß ist, morgens, bevor du etwas anderes ißt oder trinkst. Tu dies 40 Tage lang!

– *Gegen Durchfall:*

Nimm einen großen Löffel feingemahlenen Kaffee, und vermisch ihn mit Zitronensaft. Trink ein Glas Wasser hinterher. Danach darfst du ein paar Stunden lang nichts essen oder trinken.

»Die spirituellen Schulungen westlicher Traditionen«, las ich nun, »erfolgen keineswegs mit dem selbstbezogenen Ziel der Erleuchtung, sondern mit dem expliziten Zweck, der Gemeinschaft dann noch besser zu dienen. Während westlich-humanistische Vorstellungen von psychischer Gesundheit die Selbstverwirklichung anstreben, geht es aus der Perspektive arachaischer Traditionen statt dessen um die Selbsttranszendenz, die als eigentliche Gesundheit verstanden wird«, stand dort, und dann zitierte die Autorin die amerikanische Therapeutin J. Achterberg: »Für schamanische Kulturen ist der Lebenszweck die spirituelle Entwicklung. Gesundheit bedeutet die intuitive Wahrnehmung, daß das Universum und alle seine Geschöpfe aus einem Stoff gemacht sind. Gesundheit bedeutet ein Hinausgehen über das individuelle Bewußtsein, um die Wellen und Strömungen des Universums zu spüren.«

Weltweit und seit Jahrtausenden gibt es im Bereich spiritueller Schulungen zwischen den verschiedenen Techniken deutliche Parallelen. Die Erklärung, so Achterberg, liege ganz einfach darin, daß diese Methoden funktionierten, und das unabhängig von einer bestimmten Kultur oder Weltsicht. Um die Wirkung zu erzielen, sei ein Daranglauben nicht mehr und nicht minder erforderlich, als daß man an die Schwerkraft glauben müsse, damit Gegenstände auf den Boden fallen.

»Die alten Methoden sind machtvoll und berühren den menschlichen Geist auf so tiefen Ebenen, daß die üblichen kulturellen Glaubenssysteme und Annahmen über die Wirklichkeit tatsächlich irrelevant sind. Universale Wahrheiten sollten sich in allen Traditionen und zu allen Zeiten zeigen. Der Islam sagt, daß Propheten mit derselben Botschaft zu allen Zeiten und zu allen Völkern gesandt worden seien. Subjektive Erfahrungen von Licht, Hitze, Feuer und Verbrennen im Verlauf der Bewußtwerdung beispielsweise sind so verbreitet, daß diese Licht-(Erleuchtungs-)Wahrnehmung als integraler Bestand des spirituellen Erlebens der archaischen Menschheit bis in die Ursprünge zurück« bezeichnet wurde.

Jeanne Achterberg zitiert einen Eskimo-Heiler: Jeder wahrhaftige

Schamane muß eine Erleuchtung in seinem Körper spüren, in seinem Kopf oder in seinem Gehirn, etwas, das wie Feuer leuchtet. Sie kommt zu dem Schluß, daß auch der willentlich erzeugte Anstieg der Körpertemperatur, den tibetische Mönche unter extremen Bedingungen beherrschen, nicht auf eine Umverteilung des Blutvolumens vom Körperzentrum zur Peripherie zurückzuführen ist, sondern auf ganz andere Ursachen: »Yogis und Schamanen haben offensichtlich Mechanismen entdeckt, die einen unbegrenzten Wärmeaustausch gestatten. Das bedeutet, daß sie die Fähigkeit haben, die hieran beteiligten Chemikalien über große Zeiträume hinweg regenerieren zu können. Wir können daraus nur schließen, daß es sich hier um eine außerordentliche Selbstregulationsleistung der körperlichen Thermalreaktion handelt und daß diejenigen, die dies praktizieren, die körpereigene Erhitzung als einen Weg zum (spirituellen) Wissenserwerb ansehen.«
Auch Vibrieren, Zittern, das konvulsive Ausmaße annehmen kann, in rituellen Situationen erzeugt, führt schließlich zu einem veränderten Bewußtseinszustand, ein Zustand, bei dem der Schamane Heilung visualisiert. Ein weitverbreitetes Phänomen ist die subjektive Erfahrung, den Körper zu verlassen, der mystische Flug, zu dem die Schamanen aufbrechen, um verirrte Seelen zu bergen. Wissenschaftlich gesehen, ist dieser OBE-Zustand einer, der weder als Schlafstadium noch als Wachstadium, noch als Stadium 2 (= schläfrig) klassifiziert werden kann.
Die Schamanen unterziehen sich einer ganzen Reihe von kulturell akzeptierten Entbehrungen, um veränderte Bewußtseinszustände zu erreichen: Fasten, sexuelle Abstinenz, eingeschränkte Bewegung, Temperaturextreme, konzentrative Meditation, Hyper- und Hypoventilation, Schlafentzug.
»Die durch diese Methoden induzierte elektrolytische Imbalance, Hypoglykämie, Dehydration etc. haben das Potential, signifikante physische und geistige Veränderungen zu bewirken. Der Körper wird über die Grenzen des Physischen belastet, um den Geist zu wecken. Was die moderne Medizin als gefährliche Bedrohung der

Gesundheit, ja des Lebens an sich erachtet, wird von den Schamanen als Weg des Wissens angesehen … Durch verschiedenartigste komplexe Prozesse können dann Filter, die normalerweise den direkten mentalen Zugang zum physischen Körper blockieren, aufgehoben werden. Gemeinsamer Nenner ist bei diesen Methoden, daß sie die Anforderungen, die die äußere Welt an das Gehirn stellt, entweder aufheben, signifikant verändern oder dieser sogar entgegenwirken. Die Vielfältigkeit der biochemischen Veränderungen, die durch die Methoden ausgelöst werden, deutet darauf hin, daß es zahlreiche Wege zu den veränderten Bewußtseinszuständen gibt und daß es weniger wichtig ist, welche spezifische biologische Veränderung hiermit einhergeht, als daß sie überhaupt eintritt.«

Zum ersten Mal auf meiner langen Suche nach einem gemeinsamen Nenner für das, was bei den unterschiedlichsten Wegen geschieht, wenn Heilung stattfindet, hatte ich das Gefühl, dem Geheimnis ein wenig näher gekommen zu sein. Heilung hat nichts, oder nur sehr wenig, mit Methoden zu tun. Sondern immer mit Spiritualität. Und noch etwas wußte ich nun mit Gewißheit: daß es noch Lichtjahre dauern würde, bis ich für würdig erachtet werden könnte, bei diesem Geheimnis aktiv mitzuwirken.

Und wieder einmal: Was sagt die Wissenschaft dazu?

> Der Zauberdoktor hat aus dem gleichen Grund
> Erfolg wie wir anderen Ärzte: Jeder Patient
> trägt seinen eigenen Doktor in sich.
>
> *Albert Schweitzer*

Menschen, die der Geistheilung kritisch gegenüberstehen, aber die offenkundigen Erfolge nicht bestreiten können, sind felsenfest überzeugt: Nicht eine übernatürliche Wunderkraft des Wunderheilers, sondern die übernatürliche Erwartungshaltung der Kranken und die suggestive Kraft des Heilers bewirken die Heilung.
Nun hat die Fähigkeit, den Glauben in die eigenen Heilkräfte zu erwecken, zwar schon immer eine wichtige Rolle bei der Heilung gespielt, und zwar bei Schulmedizinern ebenso wie bei Wunderheilern. Dagegen ist auch beim besten Willen nichts einzuwenden. Wenn sie es durch ihre persönliche Ausstrahlung schaffen, daß die Patienten vorbehaltlos an sie glauben und dadurch gesund werden, dann ist das doch eine phantastische Angelegenheit.
Diese Wirkung ist allerdings weder ein Wunder noch auf das Gebiet der Heilung beschränkt. Heilige und Scharlatane (und Politiker) sind sich der Wichtigkeit von Charisma immer schon bewußt gewesen und haben es nach Kräften genutzt. Die Empfänglichkeit der Patienten wird oft noch größer, wenn persönliche Verehrung für den Heiler im Spiel ist. Das ist etwas, was sich die Psychoanalyse unter dem Begriff »Übertragung«, zunutzen macht. Jeder gute Geistheiler ist auch ein guter Therapeut. Aber ganz gewiß ist es nicht damit getan, einem Kranken Genesung zu suggerieren und dabei ein paar dubiose »Heilströme« zu vermitteln. Geistheilung ist, wie Dr. Harald Wiesendanger, Vorstand des Verbandes für Geistiges Heilen, sagt, »kei-

ne übernatürliche Strahlentherapie, sondern eine spezielle Form ganzheitlicher Heilung.«
Selbst der schärfste Kritiker kann nicht bestreiten: Geistheiler setzen manchmal sogar dann scheinbar unmögliche Genesungsprozesse in Gang, wenn der Patient gar nicht weiß, daß er »behandelt« wird.
Ein interessantes Beispiel ist die Fernheilung. Unter normalen Umständen haben die Wissenschaftler dafür eine überzeugende Erklärung parat: Der Patient vereinbart mit dem Heiler, daß er ihm zu einer bestimmten Zeit Heilströme telepathisch zukommen läßt. Dabei handelt es sich um kleinere Wehwehchen wie häufiges Kopfweh, Rückenschmerzen, Depression etc. Da kann Suggestion oft eine große Hilfe sein. Wenn Leute fest an einen Geistheiler glauben, kann er tatsächlich in vielen Fällen die Hilfe bringen, die ein normaler Arzt nicht bieten kann. Zur rechten Zeit öffnet sich der Patient den heilenden Gedanken seines Heilers, und erwartungsgemäß passiert es dann oft, daß seine Leiden tatsächlich verschwinden.
Zumindest für eine gewisse Zeit. Ob nun der Heiler zur vereinbarten Stunde tatsächlich an den Patienten denkt, ist nebensächlich. Die Wirkung der Autosuggestion des Patienten reicht aus. Allerdings ist es ganz wichtig, daß der Kranke davon überzeugt ist, daß der Heiler ihm zum vereinbarten Zeitpunkt heilende Gedanken schickt.
Das klingt sehr einleuchtend. Der Haken bei dieser Theorie ist nur: Fernheilungen scheinen mitunter zu gelingen, wenn der Behandelte gar nicht weiß, daß er behandelt worden ist. Das hat vor allem Harry Edwards häufig bewiesen. Auch Bewußtlose, Kleinkinder und Haustiere reagieren erstaunlich auf Geistheilung, und die Unterstellung, daß man ihnen Heilung suggeriert habe, läßt sich in diesem Fall wohl nicht aufrechterhalten.
Als die Wissenschaftler also mit ihren »vernünftigen« Argumenten nicht weiterkamen, waren sie schließlich gezwungen, durch wissenschaftliche Studien zu beweisen, daß sie mit ihrer Meinung völlig richtig lagen. Lange Zeit hatten sie das vermieden, weil die Beschäftigung mit der medizinischen Halbwelt eigentlich unter ihrer Würde war.

Der erste, der sich damit befaßte, war in den fünfziger Jahren der kanadische Biochemiker Dr. Bernard Grad, und zwar mit Hilfe des genialen Heilers Oberst Oskar Estebany aus Ungarn. Der hatte im Krieg zufällig, wie die meisten, gemerkt, daß er heilen konnte, zuerst bei Kavalleriepferden, dann bei den Soldaten. Viel später hat er das zum Beruf gemacht. Nach der niedergeschlagenen Revolution verließ er im Jahre 1957 die ungarische Heimat und ging nach Kanada.

Binnen kurzer Zeit bekam er dort eine Festanstellung als »Versuchskaninchen« der Wissenschaft. Estebany heilte, was ihm vorgesetzt wurde. Bei seinem ersten Experiment ging es darum, zu beweisen, ob seine angeblichen Heilkräfte einem wissenschaftlichen Mäusetest standhielten. Den armen Mäuschen wurde jeweils ein gleich großes Stück Haut herausoperiert, und dann wurde getestet, ob die Wunden der Mäuse, auf deren Käfig der Heiler täglich einige Minuten lang die Hand legte, schneller heilten als die anderen, mit denen Estebany keinerlei Kontakt hatte. Und zur Sicherheit bildeten die Wissenschaftler noch eine dritte Mausegruppe, die täglich einige Minuten lang mit einer Wärmelampe bestrahlt wurden. Das Ergebnis war sonnenklar: Die von Estebany behandelten Tierchen waren schon längst wieder gesund und munter, als die anderen noch unter ihren offenen Wunden litten.

Anstelle der Mäuse versuchte Dr. Grad nun herauszufinden, ob womöglich auch die Pflanzen auf Estebany reagierten. Er ließ Weizen säen und überprüfte, was dann geschah – und stellte fest, daß der von Estebany behandelte Weizen schneller und kräftiger keimte als die »Kontrollgruppe«.

An die Auswirkungen von Estebanys Kräften auf Menschen hat sich Dr. Grad dann nicht mehr herangetraut, vielleicht hat er auch keine Geldgeber für solche »unseriösen« Versuche gefunden.

Das war, wie gesagt, in den fünfziger Jahren. Doch mittlerweile ist viel geschehen. Seitdem sind über 150 kontrollierte Studien durchgeführt worden, um den Geistheilern auf den Zahn zu fühlen. Mehr als die Hälfte aller Untersuchungen deutet darauf hin, daß solche rätselhaften Kräfte tatsächlich existieren: Hautwunden schlossen sich schneller, Bluthochdruck ging zurück, Migräne ließ nach, und das auch in kontrollierten Doppelblindstudien, wo weder der Arzt noch der Patient wissen konnte, wer von einem Heiler behandelt worden war und wer nicht. Aus der anfänglichen Überheblichkeit der Wissenschaft wurde zumindest in manchen Instituten echtes Interesse.

Daß es nachweisbare Heilkräfte unbekannten Ursprungs gibt, läßt sich mittlerweile auch von ernsthaften Wissenschaftlern nicht mehr anzweifeln. Woher sie stammen, ist allerdings noch ein großes Geheimnis – jedenfalls für die Forscher, die die Existenz heilender Energien nicht akzeptieren können, weil sie nicht meßbar sind und weil es uns allen nun einmal unendlich schwer fällt, über den Zaun zu schauen, den wir selbst errichtet haben.

Albert Einstein, dessen Zaun höher war als alle anderen, hatte dieses Problem nicht, sonst hätte er nie diesen denkwürdigen Satz ausgesprochen: »Vielleicht existieren menschliche Emanationen, die uns noch unbekannt sind. Erinnern Sie sich, wie einst über elektrische Ströme und unsichtbare Wellen gelacht wurde? Die Wissenschaft vom Menschen steckt noch in den Kinderschuhen.«

Teil 4: Wundermittel quer durch die Geschichte

Auf der Suche nach dem Jungbrunnen

Ein alter Mann betete zu Gott,
er möge ihn in der Lotterie gewinnen lassen.
Nach vielen vergeblichen Gebeten
hörte er eine Stimme vom Himmel:
»Komm mir wenigstens auf halbem Weg entgegen:
Kauf ein Los.«

Amerikanischer Witz

Am Anfang der Zeit, als die Menschen noch im Paradies lebten, waren sie unsterblich. Das zumindest berichtet nicht nur die Bibel, sondern auch die meisten anderen Mythen in vielen Kulturen der Welt. Doch als Adam und Eva den Apfel vom Baum der Erkenntnis aßen und damit die Ursünde begingen, strafte Gottvater sie außer mit der Vertreibung aus dem Garten Eden auch mit der Sterblichkeit. Seitdem versuchten die Menschen mit allen Mitteln, diese göttliche (Fehl-)Entscheidung rückgängig zu machen. Sie träumen von der Rückkehr ins Paradies und davon, wieder unsterblich zu werden, ohne je zu altern – so wie früher …

Zunächst probierten sie es mit inständigem Bitten. Damit scheinen sie – gemessen an sämtlichen Methoden, die danach kamen – noch am erfolgreichsten gewesen zu sein: die Altersangaben, die uns im Alten Testament übermittelt wurden, lassen die moderne Gerontologie vor Neid erblassen: Henoch soll 365 Jahre alt geworden sein, Noah 950 Jahre, der legendäre Methusalem sogar 969. Abraham lebte immerhin 175 Jahre, und seine Frau Sarah wurde mit neunzig schwanger. (Das scheint allerdings selbst für damalige Verhältnisse nicht die Norm gewesen zu sein, wie wir aus Abrahams überraschter Reaktion schließen können: »Da fiel Abraham auf sein Angesicht und lachte und sprach in seinem Herzen: Soll mir mit hundert Jahren

ein Kind geboren werden, und soll Sara, neunzig Jahre alt, gebären?« [1. Moses 17,17].)
Doch im Laufe der Jahrtausende reichte Beten allein nicht mehr aus, die Menschen wurden immer kurzlebiger, im Mittelalter waren es schließlich nur noch wenige kurze Jahrzehnte, die sie auf der Erde verbringen durften. Da auf Gottvater offensichtlich kein Verlaß mehr war, machten sich die Menschen daran, die Sache selbst in die Hand zu nehmen und sich auf eigene Faust nach Methoden umzusehen, mit denen sie ewige Jugend und Gesundheit erzielen konnten. Sie beobachteten die Natur und versuchten, aus dem, was sie da sahen, ihre Schlüsse zu ziehen. Mit geringen Variationen tun wir dies mit ungebrochenem Optimismus seit nun vielen tausend Jahren, ohne indessen der Lösung des Problems wesentlich näher gekommen zu sein. Hier ein kurzer Überblick über unser ebenso stetes wie letzten Endes erfolgloses Bemühen, das ultimative Wundermittel gegen Alter, Krankheit und Tod zu finden.

Das Wasser des Lebens: Von heiligen Quellen, Maibädern und Kurschatten

Zu den ältesten Versuchen zählt das Bad im Jungbrunnen. Heilige und heilkräftige Quellen wurden in der Antikc zu Zeiten des Äskulap bzw. Asklepios ebenso aufgesucht wie bei den Kelten und Germanen. Die uralten Riten, die dort abgehalten wurden, bewirkten (in glücklichen Fällen), daß der Teilnehmer sein krankes oder im Zustand der Abwehr befindliches Bewußtsein, wie es mit Krankheit einhergeht, öffnete und durch diese Öffnung genügend verwundbar wurde, um die Einprägung des archetypischen Ganzheitsmusters empfangen zu können.
Fast immer war die Anreise zu einem solchen Ort mit einer anstrengenden Pilgerfahrt verbunden. Die Reise bereitete den Bittsteller darauf vor, sich auf die Intensität dieser Quelle einzustimmen und Zugang zu ihrer Energie zu gewinnen. Der Pilger mußte den Ort eine

Zwei chinesische Wunderheiler.
Die Fledermäuse, die dem Rauch
der verbrannten Heilkräuter entsteigen,
sind ein Symbol für Heilung und Glück.

bestimmte magische Anzahl von Malen umrunden, und dies in der Regel barfuß, um den Eindruck des Ortes ohne den gewohnten Schutz sinnlich wahrnehmen zu können. Dadurch wurde er auf den Ort der Quelle konzentriert und bezogen.

Das Umkreisen, die Gebete, die den Verstand beschäftigen, schlossen eine Ablenkung aus und wirkten dem psychologischen Sog entgegen, auf die Krankheit konzentriert zu bleiben.

Manchmal wurden Opfergaben für die Wassergottheit oder symbolische Zeichen der Krankheit mit bestimmten Riten in die alten Quellen oder nahegelegene tiefe Löcher geworfen. Immer handelte es sich dabei um einen Akt zeremonieller Vereinigung mit dem Geist, mit dem die Quelle identifiziert wird. Zuweilen wurde ein Stückchen Stoff in die heilige Quelle getaucht, auf die betroffene Körperstelle gerieben und dann an einen der immerwährenden Dornbüsche bei der Quelle gebunden. Diese Handlung sollte die Bereitschaft symbolisieren, die Krankheit zurückzulassen. Wie sich das mit dem Problem identifizierte Stoffstück zersetzte, so erfuhr der Körper des Kranken Heilung.

Aus diesen hochspirituellen Sühne- und Heilungsritualen wurde dann im Laufe der Zeit das profane »Maibad« und später die noch profanere Kur: Ins Bad – an einen Ort mit heilendem Wasser – gingen unsere Vorfahren besonders gern im Mai, damit nach dem harten, entbehrungsreichen Winter die Lebenskraft wieder neu geweckt werde.

Offensichtlich gab es auch damals schon das Thema Kurschatten. Da ist in alten Schriften die Rede von erfahrenen Bademädchen, die Kräuter sammelten und diese in große Kessel schütteten, in denen man das heilende Wasser erhitzte. Was sie außerdem noch taten, um ihre Kurgäste zu erfreuen, ist nicht im einzelnen überliefert. Aber es hagelte bereits seit dem 14. Jahrhundert immer wieder Proteste, vor allem aus Kreisen des Klerus, gegen das übermütige Treiben in den Bädern … So unzweifelhaft feststeht, daß sich mancher im Anschluß an die Kur – ob nun damals im Mai oder heute im September – tatsächlich so gefühlt haben mag, als sei er dem Jungbrunnen entstie-

Teresa von Ávila:
Eine Alternative zum Bad im Jungbrunnen

Dieses Gebet meiner Lieblingsheiligen, der heiligen Teresa von Ávila (1515–1582), möchte ich Ihnen nicht vorenthalten:

Herr, du weißt es besser als ich, daß ich von Tag zu Tag älter werde und eines Tages alt sein werde. Bewahre mich vor der Einbildung, bei jeder Gelegenheit und zu jedem Thema etwas sagen zu müssen. Erlöse mich von der großen Leidenschaft, die Angelegenheiten anderer ordnen zu wollen. Lehre mich, nachdenklich, aber nicht grüblerisch, hilfreich, aber nicht diktatorisch zu sein. Bei meiner ungeheuren Ansammlung von Weisheit täte es mir ja leid, sie nicht weiterzugeben, aber du verstehst, Herr, daß ich mir ein paar Freunde erhalten möchte. Lehre mich zu schweigen über meine Krankheiten und Beschwerden, sie nehmen zu – und die Lust, sie zu beschreiben, wächst von Jahr zu Jahr. Ich wage nicht, die Gabe zu erflehen, mir Krankheitsschilderungen anderer mit Freude anzuhören, aber lehre mich, sie geduldig zu ertragen. Ich wage es nicht, um ein besseres Gedächtnis zu bitten – nur um etwas mehr Bescheidenheit und etwas weniger Bestimmtheit, wenn mein Gedächtnis nicht mit dem der anderen übereinstimmt. Lehre mich die wunderbare Weisheit, daß ich mich irren kann. Erhalte mich so liebenswert wie möglich. Ich weiß, daß ich nicht unbedingt ein Heiliger bin, aber ein alter Griesgram ist das Krönungswerk des Teufels. Lehre mich, an anderen Menschen unerwartete Talente zu entdecken, und verleihe mir, Herr, die schöne Gabe, sie auch zu erwähnen.

gen – der Erfolg war niemals von Dauer. Ähnlich hartnäckig und letzten Endes erfolglos ist der jahrtausendealte Versuch, über die Nahrung Unsterblichkeit zu erlangen.

Nektar und Ambrosia: Über den Versuch, die Unsterblichkeit zu essen

Die Götter der Antike, die ja alterslos und unsterblich waren, hatten ihre gute körperliche Verfassung nach Ansicht unserer Vorfahren auch den Wunderspeisen zu verdanken, die ihnen allein zur Verfügung standen: der Frucht des Baums vom ewigen Leben, Nektar und Ambrosia (bei den Hindugöttern heißt der Göttertrunk Amrita). Da diese Kostbarkeiten jedoch allein den Unsterblichen vorbehalten waren, versuchten die Menschen, und sie versuchen es heute noch, zumindest ähnlich wirksame Nahrungsmittel zu finden: Hoffnungsvoll verzehrten sie im Laufe der Geschichte so ziemlich alles, von dem sie sich eine Steigerung ihrer Vitalität versprachen, je teurer, desto besser. Früher war das Gelée royale, die Nahrung der Bienenkönigin, Seepferdchen und Ginseng, Schlangenblut und die spanische Fliege. Heute sind es vor allem Vitamine, Enzyme, Mineralstoffe und insgesamt die »gesunde Ernährung«, wovon wir uns eine lebensverlängernde und vitalisierende Wirkung erhoffen.

Zur Zeit erreicht uns gerade aus Japan die Nachricht vom EM-X, dem derzeit jüngsten Wundermittel zur Lebensverlängerung und Gesunderhaltung: EM steht für »effektive Mikroben« und ist eine von Bakterien produzierte antioxydantische Substanz, die, über die Nahrung gesprüht, beitragen soll, in der Nahrung enthaltenes überflüssiges Yin in Yang zu verwandeln. Derzeit verwenden fünfzig japanische Kliniken das Mittel zur Behandlung von Krebspatienten, es heißt, daß die Überlebenschancen signifikant gestiegen sind. In Holland werden die ersten Gemüsefelder mit EM-X gesprüht, und es herrscht wieder einmal, so wie unzählige Male zuvor, eine verhaltene

Euphorie: die ewige Hoffnung, der Unsterblichkeit einen Schritt näher gekommen zu sein.

Kavikalpa: Die Pflanze der Unsterblichkeit hat viele Namen

In Indien heißt sie Kavikalpa und soll im Himalaja wachsen. Die Weisen oder Eingeweihten, die sie und die geheimnisvollen Orte, an denen sie wächst, kennen – etwa die indischen Rishis oder die tibetischen Lamas –, werden uralt, wie es heißt.
Doch diese Pflanze gibt es nicht nur im Himalaja. Fast alle Kulturen kennen eine geheimnisvolle Pflanze, die, wenn auch nicht Unsterblichkeit, so doch zumindest ein langes Leben in Gesundheit verleiht. Im 17. Jahrhundert kam das geheimnisvolle Kraut Moly wieder einmal in Mode, von dem schon bei Hermes Trismegistos die Rede gewesen war, und das bereits die Königin von Saba verwendet haben soll. Plinius vermutete, daß es sich um das schwarze Nieswurz handelte, stärker als Opium, andere, wie zum Beispiel Galen, dachten, es sei nur die Bergraute, die in der Antike als seelenheilendes Pharmakon verschrieben worden war.
Unter verschiedenen Namen war dieses Kraut also in allen alten Kulturen bekannt. Bei uns hieß es Alraune. Sie gehört in die Familie der hochgiftigen Nachtschattengewächse. Die Ägypter benutzten sie als betäubendes und schmerzstillendes Mittel. Später geriet sie in den Ruf, ein hochwirksames Liebesmittel zu sein. Für dieses Image war allerdings nicht die Substanz ausschlaggebend (die ja eine narkotisierende und deshalb für diesen Zweck eher unerwünschte Wirkung hervorruft), sondern die Form der Wurzel, die dem menschlichen Unterleib – bei Männern wie bei Frauen, es gibt männliche und weibliche Alraunen – verblüffend ähnlich sieht. Natürlich war sie äußerst schwer zu gewinnen und dementsprechend teuer. Aber wer immer die Möglichkeit hatte, griff trotzdem zu, denn eine Alraune war von unschätzbarem Wert: Sie brachte ihren Besitzern Glück,

Reichtum, Liebe und ein langes Leben, und sie hielt Krankheiten von ihnen fern.
Wunderbar wie die Wirkung sind die Geschichten, die im Verkaufspreis inbegriffen waren: Ohne Lebensgefahr, so wurde erzählt, konnte man sie nur aus er Erde ziehen, indem man den Boden ringsum umgrub und die Pflanze dann einem Hund an den Schwanz band. Wenn man das Tier mit einem Stück Fleisch lockte, rannte es seinem Besitzer nach, zog dadurch die Wurzel aus der Erde – und starb den Sühnetod, ohne den keine Alraune der Erde entrissen werden durfte. Der Todesschrei der Pflanze bedeutete auch den Tod für denjenigen, der ihn hörte.
Natürlich mußte die kostbare Pflanze behandelt werden wie eine Königin: Die Zigeunermedizin schreibt vor, sie zu Hause in Milch zu baden, vorsichtig zu trocknen und in ein Seidentüchlein einzuwickeln. Darin soll sie in ein Kästchen oder in eine schöne Schachtel gebettet werden, »und sie wird dich segenbringend und glückspendend auf deinem Weg begleiten« …

Mumienmedizin: Kann man sich gesund gruseln?

Das ist ein besonders makabres Kapitel der an Merkwürdigkeiten randvollen Medizingeschichte: Bis zum Ende des 18. Jahrhunderts war in der Volksmedizin der Körper einer Mumie offenbar ungefähr das, was für uns heute ein Antibiotikum ist: das wirksamste Allheilmittel gegen Krankheiten verschiedener Art, das man sich nur vorstellen konnte. Die Wirkung, so glaubte man, beruhte auf dem Glauben, daß die Substanz, die die Mumien vor dem Verwesen schützt, in den Mumien enthalten ist und lebensverlängernd wirkt.
Nun waren Mumien natürlich nicht mal in der damaligen Zeit leicht erhältlich, vor allem nicht die, von denen man sich die größte Heilkraft versprach: nämlich die Originalmumien aus Ägypten, vor-

Was ist die Arznei,
die du gibst für die Mutter den Frauen,
so dir's Venus nicht dahin leitet?
Was ist die Arznei fürs Gehirn,
so's dir Luna nicht dahin führte?
Und also mit den anderen:

Sie blieben alle im Magen und
gingen durch den Magen wieder raus
und blieben ohne Wirkung.
Dann heraus entspringt die Ursache:

So dir der Himmel ungünstig ist,
und will deine Arznei nicht leiten,
daß du nichts ausrichtest.
Der Himmel muß dir's leiten.

Paracelsus

zugsweise solche von jung oder gewaltsam gestorbenen Menschen; im Idealfall von Rothaarigen, aber solche mit schwarzen Haaren taten es notfalls auch.

In ganz Europa herrschte eine unglaubliche Nachfrage danach, aber die Moslems verwahrten sich eines Tages gegen das Sakrileg und stoppten kurzerhand den Export. Also kamen Fälschungen auf den Markt: Einheimische Leichen wurden mit Myrrhe, Aloe und Pfeffer gefüllt, im Ofen geschrumpft wie Dörrobst, pulverisiert und zu astronomischen Preisen verkauft.

Mumienpulver wurde selbst von Paracelsus in einer Zaubersalbe verwendet, das Rezept ist uns überliefert: Wenn ein Schwert eine Wunde verursacht hatte, so wurde das Schwert mit einer Spezialsalbe behandelt, auf die gesäuberte Wunde selbst kam nur ein Verband.

Die Salbe bestand aus dem Moos, das aus dem Kopf eines gehängten Diebes wuchs, hinzu eine Unze Mumie, eine Unze warmes Blut, zwei Unzen menschlichen Fetts, dazu je zwei Drachmen Leinsamenöl, Terpentin und armenischer Baumstamm. Diese Salbe soll enorm wirkungsvoll gewesen sein – was wir uns allerdings nur damit erklären können, daß sie auf dem Schwert blieb und auf die Wunde selbst nichts weiter kam als Wasser und ein Verband.

Aurum potabile: Das Lebenselixier aus der Alchimistenküche

Allwissenheit, Allmacht und ewige Gesundheit bzw. Heilung von Gebrechen aller Art sollte mit dem alchimistischen Goldtrunk erreicht werden, der außerdem auch noch methusalemisches Alter und Unverwesbarkeit nach dem Tode garantierte.
(Das nicht unbeträchtliche Risiko, dann als Mumienpulver zu enden, scheinen unsere Vorfahren entweder nicht einkalkuliert oder aber billigend in Kauf genommen zu haben.)
Der erste großangelegte Versuch des Abendlandes, das Mittel nicht zu suchen, sondern selbst herzustellen, fand im Mittelalter bei den Alchimisten statt (wobei die Alchimie immer auch ein Symbol für spirituelle Wandlungsprozesse war). Ursprünglich stammt die Alchimie aus China. Im ersten Jahrhundert vor Christus riet ein chinesischer Alchimist dem Kaiser, Quecksilber in Gold zu verwandeln und daraus Eßgeschirr herzustellen. Wer daraus äße und tränke, der würde unsterblich werden. In Japan, wo schon immer eine hohe Badekultur herrschte, erhoffte man sich diese Wirkung von einem Bad in einer goldenen Wanne. Selbst im heutigen Japan findet man bisweilen noch Badehäuser mit Wannen aus massivem Gold. Man kann sie für sehr viel Geld für ein Bad mieten. Die Nachfrage ist trotz des hohen Preises enorm: Ein Bad solle, so heißt es, gegen Alter und Krankheit helfen. Lachen Sie bitte nicht zu früh – die Japaner haben zur Zeit die höchste Lebenserwartung!

Die alten Taoisten glaubten, wenn es den Menschen gelänge, einen Stoff in einen anderen zu verwandeln, dann müsse es auch gelingen, eine Substanz zu produzieren, die Sterbliche unsterblich macht. Ziel der mittelalterlichen Alchimie war der »Stein des Weisen«, auch das Lebenselixier genannt. Der Magier Cagliostro behauptete, er könne alle Krankheiten heilen und alte, häßliche Menschen mit einer von ihm entdeckten Goldtinktur verjüngen und verschönen.
Einen noch größeren Zulauf bei der Pariser Schickeria hatte im 18. Jahrhundert nur der geheimnisvolle Graf Saint-Germain. Über ihn kursierten die unglaublichsten Gerüchte: Es wurde getuschelt, er sei über zweitausend Jahre alt. Daß er bereits an der Hochzeit von Kana teilgenommen habe, den Stein des Weisen besäße, der Ewige Jude sei oder das Kind einer maurischen Prinzessin und eines Salamanders. Er selbst stritt keines dieser Gerüchte ab – schließlich gab es keine bessere Werbung für das von ihm entwickelte »Lebenselixier«, das allerdings nicht aus Gold war: Der äußerst kostspielige »Saint-Germain-Tee«, mit dessen Verkauf der findige Graf (der dem Mythos nach nie gestorben ist, aber in Eckernförde begraben sein soll) seinen aufwendigen Lebensstil finanzierte, bestand im Prinzip aus einer Mischung von Sennesblättern.

Das erste Einhorn: Ein großangelegter Schwindel

Im Mittelalter tauchte plötzlich das leibhaftige Horn eines Fabeltiers auf, von dem man sich wundersame Heilkräfte versprach: Bis dahin war das Einhorn nur durch die Mythen und Legenden vieler Kulturen gegeistert. Der Glaube an die magischen Kräfte dieses Horns wirkt in manchen Ländern auch jetzt noch – mit bedauerlichen Folgen für das Nashorn, das mit dem sagenumwobenen Fabeltier nichts weiter gemein hat als die Tatsache, daß beide nur ein Horn besitzen. Diese Gemeinsamkeit hat bis zum heutigen Tag unzähligen Nashörnern das Leben gekostet.

Bei dem pulverisierten Horn des Rhinozerosses beziehen sich die angeblich sagenhaften Auswirkungen auf die Potenz. Dem Horn des Einhorns wurde dagegen »nur« eine giftanzeigende und gegengiftererzeugende Wirkung zugesprochen. Doch im »giftigen« Mittelalter war eine solche Eigenschaft mindestens genauso heiß begehrt wie heute das Nashorn als Aphrodisiakum. Der Gifttod lauerte nämlich überall, und die Kreativität der Giftmörder schien damals fast grenzenlos zu sein. Caterina de' Medici tötete durch präparierte Handschuhe, Juan von Austrias, der Sieger von Lepanto, kam um, weil sein Stiefelleder mit Gift bestrichen worden war, zumindest murmelten das die Chronisten der Zeit. Die am meisten verbreitete Mordmethode bestand jedoch schlicht darin, jemanden zu beseitigen, indem man ihm Gift ins Essen oder in ein Getränk mischte. Deshalb waren in einer Zeit, wo jeder jedem mißtraute, nicht nur Vorkoster, sondern auch Gefäße und Becher aus Einhorn bzw. mit Einhorngriff heiß begehrt: Es hieß nämlich, eine Flüssigkeit, die Gift enthielt, finge in dem Becher von allein an zu schäumen.

Um den hohen Preis zu rechtfertigen, war Einhorn aber auch gegen Pest, Fallsucht und Leibschmerzen wirksam. Und gegen Impotenz, das Horn war schließlich seit Olims Zeiten ein Zeichen der Fülle und Fruchtbarkeit. Wo und wie man die kostbaren gewundenen Hörner fand – nun ja, es ist als gesichert anzunehmen, daß in dieser Beziehung ein wenig geschummelt wurde und daß so manches Reh und so mancher Narwal als Einhorn geendet hat …

Mithridat: Das Wundermittel aus dem Orient

Als wahres Wundermittel bei Vergiftungen galt auch das Mithridat, so benannt nach dem orientalischen König Mithridates VI., der ein unendlich grausamer und deshalb, was seine eigene Sicherheit und Gesundheit betraf, nicht zu Unrecht sehr ängstlicher Herrscher war. Auf der Suche nach einem vollkommenen Gegengift blieben seine

Mutter, etliche Frauen und diverse Kinder als Testpersonen auf der Strecke. Aber er probierte zahllose Mischungen auch selber aus.
Als er schließlich nach einer schweren Niederlage gegen die Römer Selbstmord begehen wollte und (natürlich) Gift nahm, war er so resistent, daß das Mittel nicht wirkte. Sein Leibsklave mußte ihn schließlich mit dem Schwert töten. Die römischen Sieger trugen als Kriegsbeute seinen kostbaren Besitz, eine ganze Kiste mit allen nur denkbaren Giftmischungen, Rezepten und Antidoten in die Heimat zurück. Darunter befand sich auch das aus fünfzig Komponenten bestehende Allheilmittel, das unter dem Namen Mithridat in die Medizingeschichte eingegangen ist.

Theriak:
Der Wundercocktail

Ein weiteres hochgeschätztes Wundermittel des Mittelalters war Theriak, ein angeblich unfehlbares Medikament nach dem Biß giftiger Tiere wie Schlangen, Kröten, Spinnen, Skorpione. Die dazu erforderlichen Heilkräuter mußten zu einer bestimmten Tageszeit ausgegraben werden.
Im Lauf der Zeit wurde es auch erfolgreich gegen Epilepsie, Seuchen und Entzündungen eingesetzt, sogar der berühmte arabische Arzt Avicenna hielt viel davon. Es garantierte als Theriak coeli, himmlisches Theriak, ein so langes Leben, wie es der griechischen Götternahrung Ambrosia und Nektar oder dem indischen Göttertrank Amrita nachgesagt wurde. Weil es in der Herstellung so teuer war, da es aus mindestens 864 Pflanzen bestand, und es deshalb viele Fälschungen gab, wurde Theriak schließlich öffentlich zubereitet. Das war dann immer eine gigantische Show für das ganze Volk: Ärzte, Apotheker erschienen in Gala und Perücke, umgeben von goldlivrierten Dienern, und bereiteten unter der Aufsicht hoher Beamter vor der staunenden Öffentlichkeit die kostbare Arznei zu. Erst gegen 1750 kam das Wundermittel langsam aus der Mode.

Schlangenmedizin: Der etwas unappetitliche Versuch, aus der alten Haut zu schlüpfen

Die Schlange, so hatten unsere Ahnen beobachtet, warf in regelmäßigen Abständen ihre alte Haut ab und wirkte dann »wie neugeboren«. Da eine jährliche Häutung bei Menschen leider nicht vorgesehen war, mußten sie die Schlangen verzehren, um in den Genuß ihrer ewigen Jugend zu kommen. Insbesondere die giftige Viper galt als Grundsubstanz für ein universelles Heilmittel. Schlangenfleisch, gekocht und gesotten, oder Blut in jeder Form war ein wichtiger Bestandteil der Zigeunermedizin.

Ein verbreitetes Mittel gegen Schwäche war das folgende Rezept: »Schneide eine tote Schlange in Stücke, und koche sie mit einem Liter Wasser, dem du Thymian und Rosmarin zugesetzt hast.« Dazu der Kommentar der modernen Medizin: Schlangen ernähren sich von Tieren und sind daher sehr reich an Eiweißbausteinen. In Verbindung mit Thymian und Rosmarin wirkt das Rezept in der Tat stark durchblutungsfördernd. Eine ähnliche Hoffnung mögen sich auch heute noch die vorwiegend männlichen Kunden auf den Nachtmärkten Asiens erhoffen, wenn sie das Blut lebend aufgeschlitzter Schlangen zu sich nehmen.

Geborgte Jugend: Die Lebenskraft einer Jungfrau

Als es den Menschen des Mittelalters schließlich (nachdem die Pest ein Drittel der Bevölkerung Europas hinweggerafft hatte) dämmerte, daß Krankheiten ansteckend sein könnten, zog man folgerichtig den Umkehrschluß, daß auch Gesundheit ansteckend sein müsse. Daraus entwickelte sich die (äußerst langlebige) Hoffnung, daß alte Männer den Alterungsprozeß aufschieben und ihre Gesundheit auffrischen könnten, indem sie sich neben eine (gelegentlich auch mehrere)

Jungfrau(en) legten und ihren »Odem«, das heißt ihre Lebenskraft, einatmeten.
Diese pikante Praktik war zwar schon im Alten Testament beschrieben worden, aber in Vergessenheit geraten (1. Könige, 1-4): »Als aber der König David alt war und hochbetagt, sprachen seine Großen zu ihm: Man suche unserm Herrn, dem König, eine Jungfrau, die vor dem König stehe und ihn umsorge und in seinen Armen schlafe und unsern Herrn, den König, wärme. Und sie suchten ein schönes Mädchen im ganzen Gebiet Israels ... und brachten sie dem König. Und sie war ein sehr schönes Mädchen und umsorgte den König und diente ihm.« In der Bibel ist sogar der Name des Mädchens und ihr Heimatort erwähnt, Abisag aus Sunam, daher stammt auch die Berufsbezeichnung für die Mädchen, die nach ihr diese Tätigkeit ausübten: Sie wurden die Sunamiterinnen genannt (was vom Klang her stark an Samariterinnen erinnert ...).
Obwohl selbst der große König eines Tages sterben mußte, wurde dieses Verjüngungsmittel bis weit ins 18. Jahrhundert unter wohlhabenden alternden Männern als Geheimtip gehandelt. Darüber, daß andererseits auch Frauen ihr Leben auf diese Weise verlängerten, indem sie sich Jünglinge ins Bett holten, wurde mir leider nichts bekannt.

Frischzellentherapie: Lebensenergie von ungeborenen Lämmern

Im 19. Jahrhundert kam die Mode auf, zerquetschte Hoden von Haustieren, vor allem Schafen und Ziegen, alternden Menschen zu injizieren, um deren Lebenskraft zu erhöhen. Wie viele Menschen diese riskante Prozedur das Leben gekostet hat, ist nicht bekannt, und leider auch nicht, wie wirkungsvoll die Methode war. Aber die Nachfrage soll, ungeachtet des Risikos, immens gewesen sein.
Das Prinzip lebt noch heute in der (mittlerweile in Deutschland verbotenen) Frischzellentherapie weiter, bei der frische oder ein-

gefrorene Zellen von ungeborenen oder neugeborenen Schafen, Schweinen oder Kaninchen Menschen eingespritzt wurden, um eine allgemeine Revitalisierung zu bewirken. Obgleich die Wirksamkeit nie bewiesen wurde, schwören zahllose Patienten auf diese medizinisch sehr umstrittene Methode. Vor Jahren habe ich einmal in einer Agentur gearbeitet, die unmittelbar neben einer solchen Klinik lag, in der Mittagspause traf man die Patienten am Bootssteg, und manchmal ergab sich ein Gespräch. Wir waren damals alle noch sehr jung und ziemlich überheblich und hielten die Frischzellentherapie für blanken Unsinn. Deshalb traute ich meinen Ohren nicht, als der nette Herr, der aussah wie Anfang Fünfzig, berichtete, er komme schon seit zwölf Jahren hierher.
»Glauben Sie denn tatsächlich an diese Behandlung?« fragte ich skeptisch.
Der Mann schmunzelte: »Was glauben Sie denn, wie alt ich bin?« Das fragen die Leute immer, wenn sie glauben, daß sie viel jünger aussehen, als sie tatsächlich sind, und dann freuen sie sich, wenn sie ihr tatsächliches Alter verraten.
Dem werd' ich's zeigen, dachte ich und sagte: »Ich weiß nicht, vielleicht sechzig?«
Er schüttelte den Kopf und sagte lächelnd. »Letzte Woche habe ich meinen 82. Geburtstag gefeiert.« Seitdem denke ich manchmal, daß an der Frischzellentherapie vielleicht doch etwas dran sein muß.

Ayurveda: Der aktuellste Weg zur ewigen Jugend

Der Adler, glaubte man vor uralten Zeiten, fliege regelmäßig nach Indien, badete dort in einem Jungbrunnen und kehrte anschließend jung und stark, wie Phönix aus der Asche eben, in die Heimat zurück. Heute machen die Menschen etwas Ähnliches, indem sie zur dreiwöchigen Panchakarmakur in eine Ayurveda-Klinik fliegen, wo sie

Das ayurvedische Wunder

Dr. K. H. Fürst war ein Arzt der alten Schule. Als ihm seine Stieftochter 1991 ein Buch von Deepak Chopra schickte, in dem es um die Verbindungen zwischen Körper und Geist ging, blätterte er es höflich durch und stellte es dann in den Bücherschrank.

Dr. Fürst war von den spirituellen Überlegungen seines Kollegen wenig angetan. Bis er einige Zeit später feststellen mußte, daß er Prostatakrebs im fortgeschrittenen Stadium hatte. Von einer Operation rieten die Ärzte ab, der Krebs galt bereits als »inoperabel«. Eine Hormontherapie, so hieß es, würde ihm bestenfalls zwei Jahre bringen.

Da fiel ihm ein, daß er in Chopras Buch gelesen hatte, durch Meditation könnte man die Krankheit stoppen oder sogar rückgängig machen. Also meditierte er täglich eine halbe Stunde, betete fünf Minuten lang und las alle Bücher von Chopra vorwärts und rückwärts. Dann verschwand der Tumor plötzlich.

Das tun Tumoren bisweilen, aber Dr. Fürst ist überzeugt, daß er das nur Chopra und seiner Methode zu verdanken hat. »Meine Professoren würden sich im Grabe umdrehen«, sagt er fröhlich. »Es ist eine Schande, daß nicht mehr Ärzte auf ihn hören.«

durch vegetarische Ernährung, innere Entschlackung, Meditation, Yoga und Kräuterölbehandlungen »runderneuert« werden.

Der indisch-amerikanische Arzt Deepak Chopra, der die vollkommene Gesundheit und die Herauszögerung des Alterungsprozesses zu seinem Lebensthema gemacht hat, ist längst zum Guru des ayurvedischen Wegs für Westler geworden. Jedes seiner Bücher ist ein

Bestseller, in dem er immer wieder anschaulich beschreibt, wie wir durch Ayurveda, Streßreduktion, gesunde Ernährung, Spiritualität und In-Harmonie-mit-unserem-Körper-Sein unsere Lebensspanne mühelos auf 130 gesunde Jahre ausdehnen können. Seine Bücher sind rund um den Globus viele Millionen mal verkauft worden, der Chopra-Anhänger sind Legion. Selbst Ärzte, die Chopra nicht freundlich gesinnt sind und kritisieren, daß er nicht zwischen Fakten und Metaphern unterscheidet und grundsätzlich mit seinen Versprechungen übers Ziel hinausschießt, müssen widerwillig zugeben, daß er in manchen Punkten recht hat:
1978 wurde bei wissenschaftlichen Untersuchungen in den USA festgestellt, daß Meditation den Alterungsprozeß verlangsamt oder sogar rückgängig macht. Menschen, die regelmäßig meditieren, waren im Durchschnitt fünf Jahre jünger als ihrem chronologischen Alter gemäß, Menschen, die seit vielen Jahren meditierten, sogar zwölf Jahre. Diese Ergebnisse aus den USA wurden einige Jahre später in England bestätigt.

Warum der Traum von der Unsterblichkeit leicht zum Alptraum werden kann

Heilig ist die Sternenzeit;
öffnet alle Grüfte;
Strahlende Unsterblichkeit
Wandelt durch die Lüfte.
Gottfried Keller

Die 130 gesunden Lebensjahre, die Chopra verspricht, sind nach Ansicht führender Altersforscher dagegen eine Illusion. Sie behaupten, daß die menschliche Höchstlebensdauer genetisch bedingt ist und seit etwa hunderttausend Jahren festliegt, und zwar bei 115 Jahren. Daß die Menschen heute länger leben als früher, ist zwar unbestritten. Doch das stimmt nur in bezug auf die mittlere, nicht aber auf die maximale Lebenserwartung. »Weder statistisch nur biomedizinisch gibt es irgendwelche Anhaltspunkte dafür, daß sich die menschliche Höchstlebensdauer verlängert hätte. Sie liegt noch heute da, wo sie vor 100 000 Jahren lag, bei 115 Jahren.«* Die Lebenserwartung bei der Geburt liegt heute in den Industrieländern bei 75 Jahren. Ein in unseren Tagen geborenes Baby wird – statistisch gesehen – also seinen 75. Geburtstag feiern können, wenn die Sterbewahrscheinlichkeiten während seiner gesamten Lebenszeit so bleiben wie jetzt. Ließen sich alle Todesursachen medizinisch aus der Welt schaffen, so würde sich die Lücke zwischen mittlerer und maximaler Lebenserwartung (diese Lücke beträgt etwa vierzig Jahre) wohl fast völlig schließen. Die meisten Menschen würden

* Leonard Hayflick: *Auf ewig jung?* Köln 1996, Seite 62

dann etwa 115 Jahre alt. Unsterblich wäre aber niemand – auch durch eine medizinische Großtat, durch den Sieg über alle heutigen Todesursachen, ließe sich die Lebenshöchstgrenze nicht weiter hinausschieben.

Der Lebensstil beeinflußt die Lebensdauer, das ist immer noch eine Binsenweisheit, und Fitneß, gesunde Ernährung und ein maßvoller Lebenswandel tragen unzweifelhaft zur Gesunderhaltung bei. Aber den Alterungsprozeß an sich kann man auch heute noch nicht bremsen. »Das Ziel, das wir heute stillschweigend anstreben«, so der amerikanische Gerontologe Leonard Hayflick weiter, »ist jenes, bei dem alle Menschen im Vollbesitz ihrer geistigen und physischen Kräfte die Höchstgrenze der menschlichen Lebensspanne erreichen und dann einen schnellen Tod sterben. Doch irgendwann ist ein Endpunkt erreicht, und damit sollten wir uns bescheiden. Wir sollten nicht die Hybris haben, dem lieben Gott in diesem Punkt ins Handwerk zu pfuschen.« Denn selbst wenn es uns gelängte, unser Ziel zu erreichen: Die Folgen wären verhängnisvoll.

Jonathan Swift hat uns *Gullivers Reisen* vor Augen geführt, was geschehen würde, wenn der Wunsch der Menschen nach Unsterblichkeit in Erfüllung ginge. Seine fiktive Gesellschaft, die »Struldbrugs«, werden immer älter, immer schwächer, aber sie sterben nie. Die Unsterblichkeit, ewige Senilität ohne die Hoffnung auf Erlösung, hat sie als ein entsetzlicher Fluch getroffen. Sie haben nur eine Sehnsucht: endlich sterben zu dürfen. Und selbst wenn es gelänge, durch eine Pille, ein Bad im Jungbrunnen, die geheimnisvolle Pflanze, nicht nur Unsterblichkeit, sondern ewige Jugend zu erzielen: Wer bekäme das Mittel? Was wären die Kriterien? Und vor allem: Was wären die Folgen? Nahezu die gesamte biomedizinische Forschung arbeitet fieberhaft daran, die Krankheiten, die zum Tode führen, zu besiegen. Damit sind sie teilweise schon recht erfolgreich, aber die Folgen wären erschreckend: Wenn die Zahl der Menschen auf unserem Planeten weiter so wächst wie bisher, wird sich jede Sehnsucht nach Lebensverlängerung erübrigen. Denn dann wird die Welt kein Ort mehr sein, wo man sich gerne aufhalten möchte. Aus diesem

Grund sollten wir vielleicht besser damit aufhören, dem Herrgott auf dem halben Wege entgegenzukommen und kein weiteres Lotterielos mehr kaufen. Zu groß wäre das Entsetzen, wenn unser Los tatsächlich gewinnen würde!

Epilog:
Ein letztes Wort über Wunder

Medizin ist die Kunst,
die Kranken von ihrem Leiden
gänzlich zu befreien,
die schwersten Anfälle
der Krankheiten zu lindern –
und sich von der Behandlung
derjenigen Personen fernzuhalten,
die von der Krankheit
schon überwältigt sind,
da man wohl weiß, daß hier
ärztliche Kunst nichts mehr vermag.

Rhazes, einer der größten Ärzte Arabiens

Nun war ein ganzes Buch lang die Rede von Wundern, die geschehen sind. Bleibt der Versuch einer Antwort auf die brennende Frage: Warum bleiben sie so häufig aus? Warum wird ein todkrankes Kind durch ein Wunder gerettet, und zur gleichen Zeit sterben in der Dritten Welt zehntausend andere an einer simplen Infektionskrankheit?

Warum, wenn es die moderne Medizin gibt *und* den Glauben *und* die alternative Heilkunde *und* die Heiler mit den begnadeten Händen, warum haben wir dann die Krankheit in der Welt immer noch nicht ausgerottet?

Ich glaube, die Krankheiten sind ein den Menschen auferlegtes Gut, und das werden sie bleiben bis zum Ende der Zeit. Natürlich hat jeder von uns ein Interesse daran zu glauben, daß die moderne Medizin die beste ist, die es je gab, denn im Notfall sind wir ja auf sie angewiesen. Doch in Wirklichkeit bleibt sich die Krankheits»masse«, die in der

Welt erscheint, immer gleich, zumindest ist ihre Veränderung von keinem menschlichen Eingriff abhängig. Und wenn es noch so viele brillante Ärzte, Heiler, Heilmethoden (oder auch Wunder) gibt, so wird dadurch nicht ein Stück Krankheit aus der Welt geschafft – sowenig wie Materie durch Verbrennung vernichtet wird oder die Nacht durch elektrisches Licht abgeschafft. Es wird nur diesem einen Menschen der individuelle Krankheitsanteil genommen – und einem anderen aufgebürdet.

Wenn es uns in der westlichen Welt gelingt, die schwarzen Pocken nicht aufkommen zu lassen, so ist damit keineswegs ein Stück Krankheit vernichtet, sondern die Pocken sind eingetauscht gegen etwas anderes, das als Krankheit schwächer auftritt, dafür aber verbreiteter ist. Wir haben rapide heftige gegen chronische flachkurvige eingetaucht, Infektionskrankheiten gegen Allergien, das ist alles. Der Tausch ist vom Menschen aus gesehen durchaus vorteilhaft, und jeder wird ihn eingehen, aber an der globalen Gesetzmäßigkeit ändert sich nichts. Die wahre Krankheit eines Menschen ist die »Erbsünde«, und die ist unheilbar. Mit Erbsünde meine ich nicht etwa moralische Schuld oder juristische, sondern die Hypothek, mit der wir alle angetreten sind. Wer das durchschaut, überlegt es sich zweimal, ob er zum Arzt geht oder lieber sein Leiden auf sich nimmt. Aber wer es durchschaut, ist auch schon geheilt.

Krankheiten können von der Medizin häufig kuriert werden, aber nie geheilt. Echte Heilung kann nur durch Versöhnung mit dem Göttlichen geschehen.

So wie die Krankheit von einer verletzten Gottheit in die Welt gesandt wurde, so kann auch die Heilung nur von dort kommen. Die Medizin kann uns ein Stück auf dem Weg begleiten. Doch wenn sie am Ende ist, ist der einzig mögliche Weg der spirituelle, die Sühne in welcher Form auch immer.

Aber die meisten Menschen denken im Zusammenhang mit der Krankheit längst nicht mehr an den metaphysischen Begriff der Schuld, zumindest nicht an die eigene. Ganz im Gegenteil: Sie sehen sich als Opfer der Krankheit an, und es gibt keine Instanz, die sie daran erinnert, daß es auch anders sein könnte: Schuld an Krankheiten ist für die Wissenschaft wie für die Kirche ein zu heißes Thema, darum machen alle am liebsten einen großen Bogen. Und so machen wir uns, wenn es uns schlechtgeht, nicht auf den Weg der Erkenntnis und der Sühne, sondern auf den Weg zum Arzt. Doch dann kann niemals ein Wunder geschehen. Wunder sind nur möglich, wenn man der Gottheit einen Schritt entgegenkommt. Auf welchem Weg auch immer.

Wir können uns, wenn wir vertrauensvoll genug sind, direkt an diese oberste Instanz wenden. Aber wir können auch, wenn wir uns zu schwach fühlen, Jesus Christus, die Jungfrau Maria, einen Schamanen oder den Wunderheiler aus der nächsten Kreisstadt um Vermittlung bitten, der (hoffentlich) ein wenig von der göttlichen Kraft mitbekommen hat. Darauf kommt es nicht an. Wichtig ist nur eins: Es geht nicht ohne Glauben und nicht ohne Liebe. Nur wenn Glaube sich mit Liebe trifft, dann kommt Heilung zustande.

Heilung ist immer ein Akt der Liebe. Der geschenkten wie der empfangenen. Liebe ist dort, wo alle Mysterien enden.

Krankheit ist nur ein anderer Name für Sünde,
Heilung ist nur ein anderer Name für Gott.
Das Wunder ist somit ein Ruf an ihn.

»Ein Kurs in Wundern«

Nützliche Adressen

Zu Teil 1: Heilungsgottesdienste

Manche Kirchengemeinden veranstalten Heilungsgottesdienste. Die größten Aussichten haben Sie bei einer *Freikirche.* Bei konservativen evangelischen oder katholischen Gemeinden müssen Sie bei einer entsprechenden Anfrage unter Umständen mit einer etwas barschen Reaktion rechnen. Die konservativen Pfarreien haben immer die Befürchtung, daß eine nicht geglückte Heilung mit einer Strafe Gottes in Verbindung gebracht werden könnte, und davon möchten sie sich distanzieren. Noch die größten Chancen haben Sie in den größeren Städten.
Bekannt ist, daß die *katholische* Gemeinde St. Bonifaz in München, Karlstr. 34, Heilungsgottesdienste veranstaltet. Auskunft erhalten Sie unter der Telefonnummer 0 89/55 17 12 00.
Evangelische Heilungsgottesdienste veranstaltet in München einmal im Monat die Lukaskirche mit der Gruppe um Pfarrer Boerschtmann: Thierschstr. 28, 80538 München, Telefon 0 89/22 17 62.

Christliche Wissenschaft

Kontaktadresse für Deutschland:
Christliche Wissenschaft KfV Büro
Mommsenstr. 22
10629 Berlin-Charlottenburg
Telefon 0 30/3 24 10 33

In allen großen Städten Deutschlands gibt es Gemeinden der CS. Die Anschriften finden Sie im Telefonbuch unter »Christliche Wissenschaft«.

Zu Teil 2: Hypnotherapie

Arbeitsgemeinschaft für Hypnosetherapie e. V.
Johannes-Müller-Str. 50
50735 Köln

Zu Teil 3: Heiler Deutschland

Die Adressen seriöser Heiler erfahren Sie über den
Dachverband geistiges Heilen
Harald Wiesendanger
Zollerwaldstr. 28
69436 Schönbrunn-Allemühl

Schweiz

Stiftung Obi-Haus
Hansruedi und Margrit Obi
Toblerstr. 9
CH-8044 Zürich
Telefon 00 41/12 61 85 42

Trager-Therapie

Trager Mentastics
Verband Deutschland e. V.
Schmiedegasse 40 II
50735 Köln,
Telefon 02 21/7 40 41 78

Literaturverzeichnis

Anthology: *The Fireside Treasure of Light,* Simon and Schuster 1990

Blüher, Hans: *Traktat über die Heilkunde,* Klett 1926

Brookesmith, Peter (Hrsg.): *Survival of Death,* Orbis 1984

Brookesmith, Peter: *Against All Reason. The Paranormal on Test,* Orbis 1984

Chopra, Deepak: *Ayurveda, Gesundsein aus eigener Kraft,* Goldmann 1987

Chopra, Deepak: *Perfect Health,* Bantam 1996

Collins, Doris: *A Woman of Spirit,* Panther Book 1983

David-Neel, Alexandra: *Magic and Mystery in Tibet,* Indus, New Dehli 1993

Eason, Cassandra: *Miracles,* Piatkus, London 1997

Edwards, Harry: *The Power of Spiritual Healing,* Burrows Lea 1978

Ein Jahrhundert Christlich-Wissenschaftlichen Heilens, The Christian Science Publishing Society, Boston, Massachusetts, USA, o. J.

Ein Kurs in Wundern, Greuthof Verlag 1994

Habiger-Tuczay, Christa: *Magie und Magier im Mittelalter,* Eugen Diederichs Verlag 1992

Al Haqqani, Sheik Nazim: *Natural Medicines,* Zero Productions, London 1995

Hayflick, Leonard: *Auf ewig jung?,* vgs 1996

Heinzmann, Joseph: *In Lourdes glauben lernen,* Kanisius Verlag 1985

Hertzka, Gottfried: *So heilt Gott. Die Medizin der heiligen Hildegard,* Christiana Verlag 1992

Hirshberg/Barasch: *Unerwartete Genesung,* Droemer Knaur 1995

Hodgkinson, Liz: *Psychic Counseling,* Aquarian Thorsons, London 1994

Hodgkinson, Liz: *Spiritual Healing,* Piatkus, London 1990

Kreuter, Marie-Luise: *Wunderkräfte der Natur,* Heyne 1977

MacDonald-Bayne, Murdoch: *Spiritual and Mental Healing,* Fowler and Co., London 1986
Magie, Alchimie, Astrologie und die Heilkunde, R. G. Fischer Verlag 1988
Markoff Asistent, Niro: *Das heilende Ja. Die Geschichte einer Rückkehr ins Leben,* Heyne 1993
Morgan, Marlo: *Traumfänger,* Bertelsmann 1994
Özelsel, Michaela M.: *40 Tage. Erfahrungsbericht einer traditionellen Derwischklausur,* Diederichs 1993
Poole, William: *Heilen durch Hoffnung,* vgs 1994
Proto, Louis: *Self Healing,* Piatkus, London 1990
Randi, James: *In Search of the Paranormal,* Boxtree, London 1991
Rawcliffe, D. H.: *Occult and Supernatural Phenomena,* Dover Publ., New York 1992
Rosa, Peter de: *Der Jesus-Mythos,* Droemer Knaur 1991
Senger, Gerti: *Zigeunermedizin,* Ariston 1987
Stearn, Jess: *Edgar Cayce. A Prophet in his Own Country,* Bantam 1974
Stewart, Gail: *Alternative Healing,* Greenhaven Press Inc., San Diego 1990
Talbot, Michael: *Das Holographische Universum,* Droemer Knaur 1994
Trager, Milton/Cathy Hammond: *Meditation und Bewegung,* Irisiana 1996
Valentinitsch, Helfried (Hrsg.): *Hexen und Zauberer,* Leykam Verlag, Graz/Wien 1987
Weil, Andrew: *Spontanheilung,* Bertelsmann 1995
Werner, Helmut: *Die Magie der Zauberpflanzen, Edelsteine, Duftstoffe und Farben,* Knaur-Tb. 86019
White, Ian: *Australische Bush-Blüten-Essenzen,* Laredo 1996
Whitmont, Edward C.: *Die Alchemie des Heilens,* Burgdorff Verlag 1993
Wiesendanger, Harald: *Das große Buch vom geistigen Heilen,* Scherz 1994

Yogananda, Paramahansa: *Autobiographie eines Yogi*, Knaur-Tb. 86109
York, Ute: *Mondzeit*, Knaur-Tb. 86042
York, Ute: *Kursbuch alternative Therapien*, vgs 1996

Bildnachweis

Archiv: S. 79
Archive Photos: S. 151
Bettman Archive: S. 48, 147
Mary Evans Picture Library: S. 17, 31, 95, 179
John G. Fuller: S. 249
The Greenwich Workshop, Inc.: S. 187
W. Kent & Co.: S. 160
Magnum Photos: S. 190
Sammlung Alfred Seiffert, Galerie Gingko Biloba, Nürnberg: S. 271, 293
Lilo Slumiok-Müller: S. 85